4차
산업혁명과
인간

* 본 도서는 교육부의 재원으로 지원 받아 수행된 대학특성화사업의 결과물입니다.

4차
산업혁명과
인간

4TH INDUSTRIAL REVOLUTION

김성동 지음

연암서가

김성동

서울대학교에서 철학과 윤리학을 공부하고 철학박사 학위를 받았으며, 현재 호서대학교 문화기획학과 교수로 있다. 저서로는 『테야르 드 샤르댕』, 『현대사회와 인문학』, 『돈 아이디』, 『인간 열두 이야기』를 비롯하여 '열두 이야기 시리즈'로 『문화』, 『영화』, 『기술』, 『소비』 등이 있고, '아버지는 말하셨지 시리즈'로 『인간을 알아라』, 『너희는 행복하여라』, 『문화를 누려라』 등이 있다. 옮긴 책으로는 『기술철학』, 『현상학적 대화철학』, 『다원론적 상대주의』, 『윤리의 진화론적 기원』, 『실천윤리학』, 『예술은 무엇을 위해 존재하는가』, 『숲속의 평등』 등이 있다.

4차
산업혁명과
인간

2018년 3월 15일 초판 1쇄 인쇄
2018년 3월 20일 초판 1쇄 발행

지은이 | 김성동
펴낸이 | 권오상
펴낸곳 | 연암서가

등 록 | 2007년 10월 8일(제396-2007-00107호)
주 소 | 경기도 고양시 일산서구 호수로 896, 402-1101
전 화 | 031-907-3010
팩 스 | 031-912-3012
이메일 | yeonamseoga@naver.com
ISBN 979-11-6087-034-3 03190

값 17,000원

머리말

이 책은 4차 산업혁명의 정체를 파악하고 그러한 혁명적 상황에 적극적으로 대응해 가기 위하여 모였던 조그만 모임에서부터 비롯되었다. 이 모임의 참석자들과 나누기 위해 지은이는 발표문을 하나 준비하였는데, 그 제목이 "4차 산업혁명과 인간"이었다. 이 책은 이 발표문을 확대하고 재편성한 것이다.

4차 산업혁명과 관련하여 기존의 도서들이 많이 있음에도 불구하고 이러한 시도를 한 것은 두 가지 이유에서이다.

첫째, 기존의 도서들이 대개 경영자들이나 정책입안자들을 대상으로 만들어져 일반 독자들이 읽고 이해하기에는 다소간 불편한 점들이 있었다. 애초의 발표문의 의도가 정체 모를 무엇인가가 오고 있다고 하니, 그것이 무엇인지를 한번 따져보고자 하는 취지였기 때문에, 이 책은 4차 산업혁명을 선도하는 그러한 막중한 임무를 띠고 있는 분들이 아니라 일상에서 4차 산업혁명의 파고를 타고 넘어야 하는 보통사람들의 입장에서 4차 산업혁명을 이해하려 하였다.

둘째는 철학적 인간학과 기술철학을 연구한 지은이의 입장에서는 4차 산업혁명 역시 궁극적으로는 기술과 인간의 문제로 귀착되고, 4차 산업혁명의 문제는, 이전의 기술혁명들의 문제와 마찬가지로, 인간이 새롭게 등장한 기술과 더불어 어떻게 살아갈 것인가의 문제라고 생각했다. 그래서 이 책은 기술의 확대측면뿐만 아니라 축소측면도 제대로 보고자 하였으며, 또 이러한 기술이 인간의 삶에 미치는 긍정적이고 부정적인 영향을 아울러 보고자 했다.

지은이는 사실 '4차 산업혁명'이라는 표현이 유행을 타고 있거나 조금 성급할 수 있는 표현이라고 생각한다. 물론 그 속도, 범위와 깊이, 그리고 시스템 충격에서 차별성을 보이고 있기는 하다. 하지만 이러한 표현의 타당성은 역사가 결정할 것이며, 아직 진행 중인 사건을 두고 "이미 와 있는 미래"라고 이야기하는 것은 다소간 성급한 결론이라고 보기 때문이다.

과거에 포스트모더니즘이라는 표현이 유행을 탄 적이 있었는데, 그때 포스트모더니즘은 모더니즘과의 단절성을 의미하는 '탈근대'로 번역되기도 했었고 모더니즘과의 연속성과 차별성을 한꺼번에 의미하는 '후근대'로 번역되기도 했었다. 이제 포스트모더니즘의 존재를 부정할 수는 없지만, 우리는 모더니즘과 포스트모더니즘이 혼재한 상황에서 살아가고 있다.

이와 비슷하게, 지은이는 4차 산업혁명이 나름대로의 특성을 가질 것이기는 하지만 우리의 미래세계에서는 3차 산업혁명과 연속성과 차별성을 한꺼번에 가지는 4차 산업혁명이, 3차 산업혁명과 혼재할 것으로 예상하고 있다. 사실 혁명이란 구제도의 파괴이기는 하지만 반면에 어느 정도는 구제도를 계승하기 마련이다. 4차 산업혁명은 그 정체가 무엇이든 간에 3차 산업혁명과의 차별성과 더불어 연속성을 가질 것이다.

　이런 이유로 이 책은 4차 산업혁명을 인류사에서 전개된 여러 혁명들의 연장선상에서 바라본다. 4차 산업혁명은 그 이전의 산업혁명들 즉 3차, 2차, 1차 산업혁명과 별개의 혁명일 수 없으며, 산업혁명은 그 이전의 혁명들 즉 도시혁명과 신석기혁명과 별개의 혁명일 수 없기 때문이다.

　그러므로 이 책에서는 4차 산업혁명을 제대로 이해하기 위하여 먼 과거에 인류의 현재의 삶의 원형을 만들었던 신석기혁명과 도시혁명, 그리고 가까운 과거에 인류의 현재의 삶의 내용을 만들었던 1차, 2차, 3차 산업혁명을 우선 검토한다. 이러한 검토를 통해서 4차 산업혁명의 정체를 입체적으로 조명할 수 있게 될 것이기 때문이다.

　물론 4차 산업혁명과 관련된 논의는 다분히 예측이다. 예측이라는 것은 아직 일어나지 않은 일에 대한 서술이기 때문에 이미 일어난 일에 대한 서술보다도 훨씬 많은 불확실성을 가지게 마련이다. 과거의 추세를 쫓아 미래의 진로를 예상하는 것이 맞을 경우보다 틀릴 경우가 더 많았음도 사실이겠지만, 그럼에도 불구하고 그러한 시도를 통해서 미래를 개척해 나가는 것이 또한 인간의 특성일 것이다.

　이 책은 바로 그러한 시도를 하고 있다. 전반부에서는 4차 산업혁명의 비전을 일단 살펴보고 이러한 비전에 이르기까지의 인류의 혁명들과 그러한 혁명들이 인간에게 가져다준 삶의 방식들을 검토한다. 후반부에서는 전반부의 검토들에 기초하여 4차 산업혁명이 진행되고 있는 오늘날 우리의 상황을 몇 가지 주제 중심으로 분석해 보고 말미에 4차 산업혁명 아래서의 인류의 미래를 예상해 본다.

　물론 이 책은 4차 산업혁명과 더불어 살아갈 독자들에게 4차 산업혁명의 정체나 그 속에서 살아갈 인간의 삶에 대해 하나의 정답을 제시하고자 하지 않는다. 지은이가 원하는 것은 하나의 견해를 들려드림으로써 독자들과 대화를 나누고자 할 뿐이다. 그리고 이 책에 인용된 다른 저자들과의 대화를 위하여 각 장의 끝에 "더 넓고 더 깊게 읽을거리"를 추천하였다. 이러한 필자의 시도가 성공하기를 기대해 본다.

　본문에서 인용처는 약호로 표시하였다. 책의 끝에 참고문헌 약호표를 붙여두었으니 출전이 필요한 경우에는 약호표를 참고하시기 바란다. 그리고 웹페이지에서 인용한 경우에는 후주로 그 출처를 표시하였다. 마찬가지로 책의 말미를 참고하시기 바란다.

차례

그림 차례

제1장

4차 산업혁명과
새로운 세계

1. 4차 산업혁명이다!

4차 산업혁명의 정의

'4차 산업혁명'The Fourth Industrial Revolution이라는 단어가 하나의 유행어가 되었다. 이 단어는 소위 다보스 포럼Davos Forum이라고 불리는 세계 경제 포럼WEF: World Economic Forum을 통하여 우리에게 다가왔다. 위키피디아Wikipedia에 따르면, 세계 경제 포럼은 저명한 기업인·경제학자·저널리스트·정치인 등이 매년 스위스의 조그마한 산골 스키 리조트인 다보스에 모여 세계 경제에 대해 토론하고 연구하는 국제민간회의이다.

경제학과 공학 그리고 행정학 분야를 전공한 융합형 학자이자 실천가인 클라우스 슈밥Klaus Schwab이 1971년 창설한 유럽 경영 포럼European

Management Forum이 그 모태이다. 1976년에 회원 기준을 세계 1,000개 선도 기업으로 설정하였고, 1987년 세계 경제 포럼으로 그 명칭을 변경하여 명실 공히 세계경제올림픽으로 불릴 만큼 권위와 영향력을 가지게 된 유엔 비정부자문기구이다.

이 세계 경제 포럼의 2016년 연차 총회의 핵심주제가 '제4차 산업혁명의 이해'였다. 인류가 자신들의 과거에 이름을 붙여온 경우는 역사라는 이름으로 늘 있었던 일이었지만, 아직 이르지 않은 미래에 대하여 이름을 붙인 일은 색다른 경우라고 할 수 있는데, 이것이 사실 4차 산업혁명의 특징이기도 하다. 즉 인류가 그만큼 자신과 자신이 하고 있는 일에 대하여 자의식을 가지고 있다는 증거이다.

4차 산업혁명은 18세기에 시작된 산업혁명의 넷째 단계라는 뜻인데, 1차 산업혁명이 증기, 물 그리고 기계적 생산 장치들을 통하여 인간 삶에 기계적 혁명을 가져왔다면, 2차 산업혁명은 분업, 전기, 그리고 대량 생산을 통하여 인간 삶에 산업적 혁명을 가져왔고, 3차 산업혁명은 전자, 정보기술, 그리고 자동화된 생산을 통하여 인간 삶에 디지털 혁명을 가져왔다.

4차 산업혁명은 이러한 디지털 혁명에 기반 하여 인공지능, 자율주행기능, 사물인터넷, 생명기술, 그리고 가상 물리 시스템Cyber Physical System를 통하여 이전의 산업혁명과는 다른 수준의 혁명을 가져올 것으로 예상되고 있다. 세계 경제 포럼의 창시자인 슈밥은 『제4차 산업혁명』이라는 제목의 책에서 4차 산업혁명을 다음과 같이 설명하고 있다.

오늘날 우리는 제4차 산업혁명의 시작점에 있다고 말할 수 있다. 디지털 혁명을 기반으로 한 제4차 산업혁명은 21세기의 시작과 동시에 출현했다. 유비쿼터스 모바일 인터넷, 더 저렴하면서 작고 강력해진 센서, 인공지능과 기계학습이 제4차 산업혁명의 특징이다.(슈밥 25)

이 장에서는 4차 산업혁명의 의미에 대해서 이 용어를 유행시키기 시작한 슈밥의 논의를 중심으로 추적해 보고자 한다.

4차 산업혁명의 주요 기술들

슈밥이 지적한 4차 산업혁명의 한 특징인 유비쿼터스 모바일 인터넷의 일상적인 예는 75억 인류 중 26억 명이 소유하고 있는 그것, 바로 스마트폰이다. 과거에 전화기를 사용하던 사람들은 스마트폰을 전화기라고 생각하는 경향이 있는데, 정확히 표현하자면 스마트폰은 컴퓨터, 그것도 슈퍼컴퓨터이며, 그것의 다양한 기능들 중에서 아주 작은 영역이 전화이다. 스마트폰으로 할 수 있는 온갖 일들을 열거해 보면 음성통화가 스마트폰의 얼마나 작은 영역인지 이해할 수 있다.

스마트폰이 슈퍼컴퓨터인 까닭은 1985년 세계에서 가장 빠른 컴퓨터가 크레이2cray-2였기 때문이다. 2010년에 출시된 아이폰4는 크레이2에 견줄 만 했는데, 2015년 출시된 애플워치는 아이폰4의 두 배의 속도를 가졌다.(슈밥 194) 오늘날 세계 인구의 43%가 인터넷에 연결되어 있는데, 2014년 한 해에 12억 대의 스마트폰이 판매되었다. 이는 컴퓨터 매출의 6배에 해당한다. 전문가들은 몇 년 이내로 세계 인구의 4분의 3이 언제 어디서든 인터넷을 사용할 수 있을 것이며, 2025년까지

전 인류의 90%가 유비쿼터스 모바일에 연결될 것이라고 예상하고 있다.(슈밥 186-87)

스마트폰의 영향으로 오늘날 우리는 모든 사물들 앞에 스마트smart라는 관형어를 붙이길 좋아한다. 스마트 워치, 스마트 글래스, 스마트 카는 물론이고, 스마트 소재, 스마트 공장, 심지어 스마트 도시라는 표현도 사용하고 있으며, 스마트 더스트, 스마트 타투, 스마트 계약과 같이 아직 낯선 표현들도 있다.

이러할 때 스마트라는 관형어의 의미는 전자센서가 달려있고 그것들이 서로 연결되어 있다는 의미이다. 급속한 발전을 지속하고 있는 컴퓨터 하드웨어 가격 인하로 아주 작은 가격으로 이러한 하드웨어가 인터넷에 연결되는 것이 가능하다. 오늘날 우리 삶에 개입하기 시작한 소위 커넥티드 홈Connected Home은 가전제품들을 인터넷 상에서 제어가 능하게 함으로써 이러한 미래의 한 모습을 보여주고 있다.

전문가들은 2025년까지 1조 개의 센서가 인터넷에 연결되어, 모든 사물이 유비쿼터스 통신 기반시설에 연결되고, 사람들은 어디에나 존재하는 센서를 통해 자신이 처한 환경과 상황에 대해 정확히 인식하고 반응하게 될 것이라고 보고 있다.(슈밥 198)

이러한 인터넷과 센서와 더불어 4차 산업혁명을 특징짓는 또 하나의 기술은 인공지능이다. 우리 사회는 인공지능인 알파고AlphaGo와 이세돌 프로기사 간의 바둑대국을 통하여 인공지능 쇼크를 겪었다. 이러한 충격 때문에 우리 사회는 한때 기계에 의한 인간의 패배라는 성급한 결론을 맺기도 했지만, 사실 장기나 바둑은 인간의 두뇌능력을 최소한으로 제한하는 게임이기 때문에, 장기나 바둑에서와 달리 복잡한 현실에서 인공지능이 인간을 쉬 추월할 수는 없다.

하지만 인공지능은 복잡한 현실에서 인간 지능에 대해 상당한 보완역할을 할 수 있다. 그러한 한 예는 아이비엠IBM: International Business Machines Corporation의 인공지능 왓슨Watson이다. 우리나라에도 몇 개의 병원에 이미 도입된 왓슨은 폐암 진단 능력에서 이미 인간 의사보다 더 정확하다. 몇 가지 테스트에서 왓슨이 90%의 적중률을 보인 반면, 인간 의사의 경우 50%의 정확도를 나타내었다.(슈밥 222)

왓슨이 아무리 어떤 측면에서 인간 의사보다 낫다고 해도 의사가 인공지능에 의해 대체될 확률은 그렇게 높지 않다. 인공지능과 로봇공학 등에 의한 자동화로 인하여 없어질 직업군을 조사한 옥스퍼드 마틴 스쿨Oxford Martin School의 연구에 따르면 내과의사와 외과의사가 없어질 가능성은 0.0042인데 반해, 텔레마케터나 세무대리인은 그 가능성이 0.99라고 한다. 이 연구에 따르면 향후 10년에서 20년 사이에 미국 내 모든 직업의 약 47%가 자동화로 위험에 처할 수 있다.(슈밥 69-70)

이러한 4차 산업혁명의 현실은 이전의 대표 기업 지역이었던 디트로이트와 오늘의 대표 기업 지역인 실리콘밸리를 비교해 보면 숫자적으로 더 확실히 알 수 있다.

> 1990년 디트로이트 3대 대기업의 시가 총액은 360억 달러, 매출 2,500억 달러, 근로자는 120만 명이었다. 2014년 실리콘밸리에서 가장 큰 기업 세 곳의 경우, 시가총액은 훨씬 높았고(1조 900억 달러) 매출은 디트로이트와 비슷했으나(2,470억 달러), 근로자의 수는 10분의 1 정도(13만 7,000명)에 불과했다.(슈밥 30)

2. 4차 산업혁명과 경제

세계 경제 포럼이 4차 산업혁명을 바라보는 모습은 이중적이다. 4차 산업혁명은 기회이면서 동시에 위기일 수도 있다는 것이다. 이러한 이중성을 우선 경제 측면에서 살펴보면 성장의 가능성과 고용의 위기로 요약할 수 있다. 앞에서 본 디트로이트와 실리콘밸리의 경제적 차이는 두 가지를 특징으로 하고 있는데, 하나는 시가총액에서의 차이이며, 다른 하나는 근로자의 수에서의 차이이다.

성장의 가능성

비록 매출 상으로 큰 차이가 없다고 하더라도, 시가총액의 큰 차이는 그 기업들의 현재의 가능성뿐만 아니라 미래의 가능성을 포괄했을 경우의 기대치를 반영하고 있다. 아울러 그러한 기대치를 구입하려는 자본의 풍요성을 또한 가리키고 있다. 이는 오늘날 가격변화에 대한 공급의 민감도인 공급탄력성이 가장 낮은 생산요소는 더 이상 자본도 아니고 기술도 아니고 지적 재산 즉 아이디어라는 것을 여실히 보여주고 있다.

인간들이 모여살고 나라를 만든 다음에 했던 일은 그 당시에 공급탄력성이 가장 작았던 토지를 확대하는 일이었다. 모든 나라들이 자신들의 영토를 확장하려고 했었다. 알렉산더와 징기스칸이 그리고 로마가 했던 일이 바로 이것이었고 이는 산업혁명이 일어나기까지의 인류의 역사였다.

산업혁명에 즈음하여 공급탄력성이 가장 작았던 재화는 자본이었다. 우리나라가 근대화를 시작하려고 했을 때 가장 절박했던 것은 산업화를 시도할 최소한 자본이었고 한일국교정상화에 따르는 배상금이 그러한 자본의 일부가 되었다. 중국의 산업화 또한 외국자본의 열렬한 유치를 통하여 시작되었다.

산업화가 진행되는 동안 공급탄력성이 가장 낮았던 것은 기술이었다. 우리나라가 산업화를 진행해 나갈 때 '기술입국'이라는 용어가 회자되었는데, 산업화 과정에서 기술의 상대적인 희소성을 보여주고 있다. 오늘날 우리는 기술수준에서, 적어도 정보통신 기술에서, 세계의 선두그룹들과 지위를 다투고 있다.

하지만 오늘날 공급탄력성이 가장 작은 자산은 아이디어이다. 거대기업들이 스타트업을 인수하는 이유는 물리적 토지를 넓히기 위해서도 아니고, 자본을 확충하기 위해서도 아니며, 새로운 기술을 도입하기 위해서도 아니다. 오직 새로운 아이디어를 확보하기 위해서 그렇게 한다. 오늘날 가장 부족한 재화는 높은 부가가치를 창출할 수 있는 아이디어, 바로 그것이다.

세계적인 컨설팅 업체인 롤랜드 버거Roland Berger는 4차 산업혁명을 산업계가 3차 산업혁명의 성과인 기존산업의 노후화에 따라 새로운 가능성을 추구하고 있는 상황으로 진단한다. 산업의 자동화를 불러온 3차 산업혁명은 설비투자 집약적 제품을 높은 수준의 자동화 및 모던 머신 파크에서 생산하여 높은 부가가치와 이익을 창출하였다. 자동차 산업이 그 전형적인 모델이 될 것이다.

하지만 오늘날 자동차 산업은 통합되지 못한 낡은 생산 수단과 노동자들의 끊임없는 인건비 상승으로 인하여 점차 부가가치와 이익이 낮아지고 있는 중이다. 이러한 상황에서 3차 산업혁명에 의해 확립된 혁명적인 생산성 향상의 패러다임이 그 효능을 다하고 있다는 진단이 가능하다. 롤랜드 버거는 바로 이런 상황에서 작은 자본으로 기업의 수익성을 높여주는 4차 산업혁명이 시작되었다고 지적하고 있다.

3차 산업혁명의 제조업 경제 원리는 대량 생산에 기초한 원가 및 가격 경쟁력의 확보에 기초하고 있으나 90년대 이후의 선진국 제조업은 투하된 자본에 비해 수익성과 매출이 크게 성장하지 않았으며, 투자에 의해 형성된 자산은 유연성이 매우 떨어져 자본이익률ROCE: Return on Capital Employed 이 급격히 하락한 것을 확인할 수 있다. 심지어 프랑스 등 일부 선진국에서는 제조업에 투자된 자본이 감가상각에도 미치지 못해 탈산업화가 심각하게 진행되고 있기도 하다. 이러한 사실은

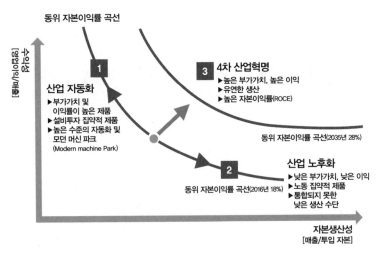

그림 1 3차 산업혁명과 4차 산업혁명(롤랜드버거 37)

3차 산업혁명의 패러다임이 수명을 다했으며 또 다른 차원의 생산성 향상을 위한 산업혁명의 필요성을 반증한다.(롤랜드버거 13)

슈밥은 현재의 경제상황의 특징을 '저성장 시대'로 규정했는데, 이는 2008년 경제·금융 위기가 발생하기까지 세계 경제는 연간 약 5퍼센트 성장했지만, 서브 프라임 사태로 촉발된 대침체the Great Recession의 여파 이후 세계경제는 제2차 세계대전 이후 평균 경제성장률보다 낮은 연 3~3.5 퍼센트의 성장률에 고착된 것에서도 알 수 있다.(슈밥 58)

이러한 상황에 대한 한 진단은 생산성의 역설productivity paradox이다. 최근에 와서 기술의 기하급수적 진보와 혁신에 대한 투자가 폭발적으로 증가했음에도 불구하고 생산성의 증대는 부진한 상태이다. 2007년을 기준으로 보면 미국의 경우 이전 7년이 2.6%였던 것에 반해 이후 7년은 1.3%에 불과하다.(슈밥 61) 이처럼 과학기술의 혁신이 생산성의 증대로 연결되지 않는 현상을 생산성의 역설이라 부른다.

그러나 이러한 통계치는 3차 산업혁명 시대에 통용되던 통계방식으로 4차 산업혁명시대를 측정했기 때문에 나타났다고 볼 수 있다. 슈밥 또한 바로 이러한 점을 지적하고 있다.

제4차 산업혁명에서 창출되는 혁신적인 재화와 서비스는 놀라울 정도로 높은 수준의 기능성과 품질을 갖추었지만, 우리가 기존에 생산성 지표를 측정하던 시장market과는 근본적으로 다른 시장을 통해 유통되고 있다. 새로운 형태의 재화와 서비스는 비경합적non-rival 특성을 지니고 한계비용이 없으며 디지털 플랫폼을 통해 상당한 경쟁력을 갖춘 시장으로 유통되는데, 이 모든 요소 때문에 가격이 더욱 낮게 책정된다. 이런 조건하에 소비자 잉여consume surplus가 총매출이나 수익 증대에 반영되지 못해, 기존의 통계 방법으로는 실제 가치 상승이 정확히 파악되지 않을 수도 있다.(슈밥 62)

과거에 새로운 장소에 누구를 초대하려고 했다면 자세한 약도를 초대장에 첨부 하고 그 초대장을 우편을 통하여 보내야만 했다. 그러나 오늘날 우리에게는 문자서비스와 내비게이션이 있기 때문에 초대장에 인쇄될 내용을 문자에 담고 약도는 생략한 채 주소만 적어 보낸다. 초대장을 인쇄하고 우편으로 송부하는 비용도 없어졌지만, 절약된 시간과 노동이라는 편의성은 그 비용보다 더 크다. 이러한 소비자 잉여는 기존의 통계에는 플러스가 아니라 마이너스로 잡힐 가능성이 높다.

이러한 생산성의 기업 버전이 우버Uber이고, 페이스북Facebook이고, 알리바바Alibaba이고, 에어비앤비Airbnb이다. "세계에서 가장 큰 택시 기업인 우버는 소유하고 있는 자동차가 없고, 세계에서 가장 많이 활용되는 미디어인 페이스북은 콘텐츠를 생산하지 않는다. 세계에서 가장 가치 있는 소매업체인 알리바바는 물품 목록이 없으며, 세계에서 가장 큰 숙박 제공업체인 에어비앤비는 소유한 부동산이 없다."(슈밥 44 재인용)

실업의 가능성

하지만 4차 산업혁명이 희망 찬 소식만을 전달하고 있는 것은 아니다. 디트로이트의 근로자 숫자와 비교했을 때 실리콘밸리의 근로자 숫자는 겨우 10%에 불과했다. 1/10의 인원으로 비슷한 매출액을 내고 있는 것이 4차 산업혁명의 희소식이기는 하지만, 이를 뒤집어 보면 안정된 소득의 근거가 되는 일자리의 90%가 줄어든다는 절망 찬 예측이다.

이러한 실업 가능성은 일찍이 "기술적 실업'이라고 지적되었다. 거시경제학의 아버지로 불리는 존 케인스John Maynard Keynes는 1923년에 발표한 『화폐개혁론』에서 "우리는 지금 이름조차 생소한 새로운 병을 앓고 있다. 하지만 앞으로는 자주 듣게 될, 이 병의 이름은 바로 기술적 실업technological unemployment이다. 이 병은 인간이 노동의 새로운 용도를 찾아내는 것보다 노동을 절약하는 방법을 더 빠른 속도로 찾아내고 있기 때문에 생긴다."(브매 69)라고 적었다.

> 케인스의 예언은 틀리지 않았다. 오늘날 많은 직업이 로봇과 자동화에 의해 빠른 속도로 밀려나고 있다. … 그리고 이러한 변화는 직업 구조에서 생활 방식에 이르기까지 전방위적이다. 노동의 변화는 삶의 전면적인 변화를 뜻한다. 인간의 노동이 기계에 의해 거의 대부분 밀려날 수 있다는 사실만으로도 미래는 '혼돈' 그 자체일 수 있다.(이민희 〈프레시안〉 2016. 12. 10)[1]

물론 기술이 실업을 유발하기만 하는 것은 아니다. 기술이 기계를 구입하고 운영하는 자본을 통하여 노동을 대체하는 것은 사실이지만, 기술은 새로운 직종, 새로운 산업을 통하여 새로운 일자리를 만들어 내기도 한다. 대표적인 이러한 사례는 우리가 앱이라고 약칭하는 애플리케이션 경제이다.

이 새로운 직종은 2008년, 애플Apple의 창립자인 스티브 잡스Steve Jobs
가 외부 개발자에게 아이폰 애플리케이션 개발을 맡기며 등장했다.
2015년 중순에는 세계 앱 경제가 1,000억 달러 이상의 수익을 낼 것
으로 기대되었고, 이는 100년 이상 존재해온 영화산업의 수익을 넘어
서는 수준이다.(슈밥 67)

　세계 최대 인터넷 검색 서비스 기업 구글Google이 선정한 최고의 미
래학자이며 유엔미래포럼이사인 토머스 프레이Thomas Frey는 2030년까
지 전 세계 직업 40억 개 중 20억 개가 사라질 것이라고 전망했다. "하
지만 이건 인구의 절반이 실업자가 된다는 의미가 아니라 지금 산업에
종사하는 사람들이 다른 일에 종사하게 되는 것이다. 19세기의 미국
인구 70%가 농업에 종사했지만 지금은 불과 2%에 불과하다. 하지만
식량 생산량은 훨씬 더 많다. 효율이 향상되어 더 적은 수의 사람으로
더 많은 일을 하게 되는 것을 의미한다."(김영우 〈IT동아〉 2017. 11. 23)[2]
　과거의 산업혁명들에서도 이러한 양면적인 효과가 발생하였지만,
기술이 상당한 양의, 때로는 질 높은, 새로운 일자리를 생성해 내었기
때문에 기술의 노동력 축소 효과는 그 확대 효과와 어느 정도 균형을
맞추었다. 미국의 농업인구는 공업인구와 서비스산업인구로 전환되어
우리가 알고 있는 오늘날의 미국사회가 형성되었다.
　하지만 전문가들은 이번은 조금 다를 것이라고 예측하고 있고, 우리
가 일상에서 느끼는 것도 마찬가지이다. 새로운 거대산업이 등장하고
있는 것은 느껴지지만 그만큼의 일자리가 생겨난다고 느껴지지 않는
다. 애플은 노스캐롤라이나의 수십만 평방미터의 부지에 건설한 클라

우드 컴퓨터 데이터 센터를 운영하는 데에 겨우 50명의 풀타임 직원을 고용했을 뿐이다.(포드 172) 슈밥은 이러한 경향이 실업의 문제뿐만 아니라 모래시계 모양의 노동시장, 즉 노동시장의 양극화 문제 또한 만들어 낼 것으로 예상하고 있다.

> 이는 과거의 산업혁명에 비해 훨씬 넓은 범위의 일자리 붕괴 현상이 일어나고, 더욱 빠른 속도로 노동시장이 변화하고 있음을 의미한다. 더욱이 노동시장 내 양극화 현상은 심화될 것으로 보인다. 고소득 전문직과 창의성을 요하는 직군, 저소득 노무직에서는 고용이 늘어날 전망이지만, 중간소득층의 단순 반복 업무 일자리는 크게 줄어들 것으로 보인다.(슈밥 69-70)

3. 4차 산업혁명과 사회

불평등의 심화

4차 산업혁명은 희망과 더불어 절망을 또한 인류에게 계시하고 있다. 자본이 신기술을 도입함으로써 일자리가 줄어들고, 전문적인 기술을 갖춘 사람들에게만 좋은 일자리가 제공되고 나머지 사람들에게는 허드레 일자리만 제공될 것이며, 수입의 양극화가 진행되고, 사회적 불평등이 더욱 깊어질 것이라는 예측이다.

사실 오늘날에도 이미 우리 세계는 충분히 양극화되어 있다. 세계의 상위 1%가 전 세계 자산의 50%를 소유하고 있으며, 세계의 하위 50%의 자산을 모두 합쳐도 전 세계 자산의 1%에 미치지 못한다.(슈밥 149)

김만권 교수가 미국의 정치경제학자인 로버트 라이시Robert Reich 교수의 연구에서 인용한 바에 따르면 미국의 상위 1%의 인구가 국가 전체 소득의 23.5%를 가지고, 미국의 부호 400명이 지닌 재산이 하위 50%(미국인 1억 5000만명)가 지닌 재산보다 많다.(김만권 134) 김만권 교수가 동국대 김낙년 교수의 연구에서 인용한 바에 따르면, 우리 사회도 미국과 마찬가지이다. 상위 1%에게 25.9%의 자산이 집중되어 있으며, 하위 50%는 단지 1.7%의 자산을 소유하고 있다.(김만권 312-3)

이러한 현상은 신흥 산업국에서도 확인할 수 있는데, 중국의 경우 1980년대 약 30정도였던 지니지수가 2010년 45로 상승하였다.(슈밥 149) 지니지수란 인구의 누적비율과 소득의 누적 점유율 사이의 상관관계를 나타내는 로렌츠 곡선과 기울기 1인 대각선에서 윗쪽을 A 아래쪽을 B라고 하고, A/(A+B)라는 공식으로 나오는 지수를 뜻한다. 일반적으로 A가 크다는 것은 소득의 불평등을 의미하므로 지수가 높아지면 불평등이 높아진다는 것을 의미한다.

지금의 상황을 계속 유지하면서 불평등이 심화될 수 있다면 현재 상위 구

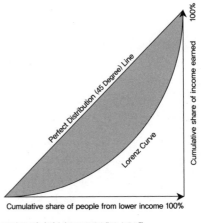

그림 2 지니지수(위키피디아 "지니계수")

성원에게는 편리한 세계가 될 수 있을 것이다. 하지만 불평등을 연구한 학자들에 따르면 불평등한 사회는 그 사회의 하위 구성원에게는 물론이고 상위 구성원에게도 결코 바람직한 사회가 되지 못한다. 왜냐하면 불평등이 높으면 높을수록 경제성장에 장애가 되고 이는 결국 정치적인 문제로 제기되기 때문이다. 불평등이 10% 줄어들면 성장기간이 50% 늘어난다는 연구가 있기 때문에(포드 330) 불평등을 무시하고 전체적 성장만을 중시하는 정책은 사실 정치적 재앙을 예비하고 있는 셈이다.

> 오늘날에는 중산층 직업은 더 이상 그들의 삶의 수준을 보장하지 못하고, 지난 20년간 전통적으로 중산층을 결정지은 네 가지 속성(교육, 건강, 연금, 그리고 주택)의 실적이 인플레이션보다 열악했다. 미국과 영국의 학비는 교육이 사치로 간주될 만큼 높아졌다. 중산층에게 있어 기회를 제한하는 승자독식 체제의 시장경제는 사회문제를 복잡하게 만드는 민주주의에 대한 불만과 포기를 조장할 수도 있다.(슈밥 150-51)

시민과 권력

4차 산업혁명이 가져오는 사회적 영향은 경제적 불평등에 국한되지 않는다. 4차 산업혁명은 인류가 오랫동안 몸담아 왔던 공동체라는 개념에 대해서도 근본적인 변화를 가져온다. 20세기의 사회학자 페르디난트 퇴니스Ferdinand Tönnies는 인간이 속하게 되는 사회를 세 가지로 분류하였다. 가족과 같은 공동사회, 학교나 교회와 같은 협동사회, 회사와 같은 이익사회가 그것이었다. 그러나 오늘날 우리는 이와 같은 전통적인 사회에서 한참 벗어나 있다.

슈밥은 이렇게 변화된 사회를 '개인 중심me-centered'사회라고 호칭하고 있다. 이러한 변화의 중심에는 디지털 미디어가 있다.

> 디지털 미디어는 우리를 일대일, 일 대 다수라는 완전히 새로운 방식으로 연결해 시간과 거리를 초월한 인간관계를 유지할 수 있도록 해주고, 새로운 이익집단을 형성하며 사회적, 물리적으로 고립된 사람들을 자신과 생각이 비슷한 사람들과 연결한다. 높은 효용성과 낮은 비용, 그리고 지리적으로 중립적인 디지털 미디어의 특정으로 인해 사회적, 경제적, 문화적, 정치적, 종교적, 이념적 경계를 뛰어넘는 소통이 가능해진 것이다.(슈밥 152-53)

과거 인터넷이 처음 등장하였을 때 진행되었던 한 논쟁은 인터넷이 소수의 사람들이 사용하는 언어를 보존하는 데에 기여할 것인지, 아니면 다수의 언어가 더 큰 힘을 얻게 되어 그러한 언어를 소멸시키는 데에 기여할 것인지 여부였다. 결과적으로 인터넷은 그러한 소수의 언어를 보존하는 데에도 기여했지만, 영어라는 인터넷 공용어를 더 확장시키는 데에도 기여하였다.

인터넷은 민주주의와 관련해서도 비슷한 논쟁을 야기했는데, 인터넷이 민주주의를 진작시킬 것인지 억압할 것인지에 관한 것이었다. 소수의 의견이 다수에게 알려질 기회를 크게 한다는 의미에서 인터넷은 민주주의에 크게 기여할 것으로 간주되었다. 하지만 다수가 소수의 의견을 억압할 가능성 또한 크게 강화되어 민주주의에 오히려 장애가 될 것이라는 반론도 만만하지 않았다.

슈밥은 페이스북의 '투표를 합시다' 운동의 영향에 대한 한 연구를 인용하여, 직접적으로 증가한 투표자의 수가 6만 명에 달했고, 소셜 미디어의 파급력에 의해 간접적으로 28만 명의 투표자가 늘어나 총 34만의 추가 투표가 이루어졌다고 언급하고 있다.(슈밥 154)

그는 이를 "온라인 기술이 전통적 시민연계(지역, 지방, 그리고 국가의 대표자 선출을 위한 투표)와 혁신적인 방법을 결합해 시민이 속한 공동체에 영향을 끼치는 의사결정 과정에 시민이 더 직접적인 영향력을 행사할 수 있는 기회를 제공"(슈밥 154)했다고 평가하고 있다.

이런 방식으로 4차 산업혁명을 통하여 시민이 권력을 얻었다고 평가할 수도 있지만, 과거 인터넷에 대한 논의처럼 시민이 권력을 잃었다고 평가할 수도 있다. 슈밥은 소셜 미디어 사용의 전형적인 특징인 공유의 힘이 의사결정을 왜곡하고 시민사회에 리스크를 가할 수 있다고 강조하면서 "직관에 반대되게도, 디지털 채널을 통해 미디어가 범람하면서 개인이 활용하는 뉴스 제공의 원천이 편협해지고 양극화될 수도 있다."(슈밥 154)고 지적하고 있다.

이러한 현상에 대한 설명은 독일의 사회과학자 엘리자베스 노엘레-노이만Elisabeth Noelle-Neumann이 제시했던 '침묵의 나선 이론'Spiral of Silence Theory으로 알려져 있다. 이러한 나선은 4단계로 이루어져 있다. 1단계는 권력자가 주목되어 있지 않았던 화제를 꺼낸다. 2단계는 주목 되어 있지 않았던 화제에 대해서는 곧바로 반대 의견이 나오기 어렵기 때문에 일단 옳은 것으로 인식된다. 3단계는 이후 나오는 비판에 대해서,

옳지 못하다는 평가를 내려 배제를 실시한다. 4단계는 소수파가 된 비판 세력은 다수의 압력을 받아 비판을 포기한다. 이런 결과로 하나의 특정한 의견이 다수의 사람들에게 인정되고 있다면, 반대되는 의견을 가지고 있는 소수의 사람들은 다수의 사람들이 자신들을 고립시킬 것이라는 공포로 인해 침묵하려 하는 경향이 크게 된다.(wikipedia "Spiral of Silence")

슈밥은 세계 경제 포럼의 "2016년 세계 위험 보고서"를 인용하면서 이러한 가능성의 극단적인 경우를 지적하고 있다.

> 가장 극단적으로는 정부가 기술의 결합을 활용해 정부와 기업의 활동에 투명성을 요구하고 변화를 촉구하는 시민사회와 개인 그룹을 진압하거나 탄압하려 할 수도 있는 매우 현실적인 위험이 있다. 전 세계적으로 많은 국가에서 실제로 정부가 시민사회 그룹의 독립성과 활동을 제한하기 위해 법과 정책을 마련하면서 시민사회가 목소리를 낼 수 있는 공간이 줄어들고 있다는 증거가 있다.(슈밥 155)

4. 우리는 어디로 나아갈 것인가?

4차 산업혁명에 대한 슈밥의 논의는 두 가지로 요약할 수 있다. 하나는 4차 산업혁명이 3차 산업혁명과 달리 막강한 힘을 가지고서 어떤 근본적인 변화를 인간의 삶에 가져오고 있다는 것이며, 다른 하나는 그러한 변화가 낙관과 비관을 동시에 불러일으키지만, 우리가 노력하는 데에 따라서 비관적 전망을 최소화할 수 있다는 것이다.

4차 산업혁명의 혁명성

'혁명'이라는 용어는 일반적으로 급격한 변화를 의미하지만, 그 원래의 용처인 정치학에서 보면 정치권력의 교체 후 새로운 정치 지도력에 의해 추진되는 사회 제도의 일관성 있는 변화이다. 그 어원인 『주역』의 '혁괘' 풀이를 보아도 혁명은 계절이 바뀌듯이 하늘(즉 자연)과 사람(즉 사회)에 따라 삶이 바뀌는 것을 의미한다.(天地革而四時成 湯武革命順乎天而應乎人: 하늘과 땅이 바뀌어 네 계절을 이루고, 탕왕과 무왕이 삶을 바꾼 것은 하늘의 뜻에 순응하고 사람의 뜻에 대응한다.)

경제학적인 용어로서의 혁명은 이러한 표현에서 '정치권력' 대신 '경제권력' 혹은 슈밥의 논의를 반영한다면 '기술 패러다임'이라는 용어를 대체하면 될 것이니, 이렇게 보면 산업혁명은 기술 패러다임의 교체 후 새로운 산업체계에 의해 진행되는 사회 제도의 일관성 있는 변화라고 정의할 수 있다.

슈밥은 4차 산업혁명이 3차 산업혁명과 분명히 다르다고 지적하면서 다음 세 가지를 강조하고 있다.

• 속도Velocity 제3차 산업혁명과는 달리, 제4차 산업혁명은 선형적 속도가 아닌 기하급수적인 속도로 전개 중이다. 이는 우리가 살고 있는 세계가 다면적이고 서로 깊게 연계되어 있으며, 신기술이 그보다 더 새롭고 뛰어난 역량을 갖춘 기술을 만들어냄으로써 생긴 결과다.

• 범위와 깊이Breadth and Depth 제4차 산업혁명은 디지털 혁명을 기반으로 다양한 과학기술을 융합해 개개인뿐 아니라 경제, 기업, 사회를 유례없는 패러다임 전환으로 유도한다. '무엇'을 '어떻게' 하는 것의 문제뿐 아니라 우리가 '누구'인가에 대해서도 변화를 일으키고 있다

• 시스템 충격Systems Impact 제4차 산업혁명은 국가 간, 기업 간, 산업 간 그리고 사회 전체 시스템의 변화를 수반한다.(슈밥 12-13)

서문에서 밝힌 것처럼 지은이는 슈밥과 달리 4차 산업혁명을 3차 산업혁명의 연장선으로 이해하기 때문에 그의 의견에 전적으로 동의하는 것은 아니지만, 디지털혁명의 영향이 산업이나 지역을 넘어 전 세계의 인간의 삶 전체에 미치게 되었으며, 심지어는 인간의 관계와 인간의 정체에까지 미치게 되었다는 슈밥의 통찰을 적합한 것으로 간주한다.

낙관과 비관 사이에서

슈밥은 이러한 4차 산업혁명이 양면적인 성격을 가졌다고 지적하고 있다. 즉 낙관적 견해와 비관적 견해가 서로 교차하고 있지만, 자신을 실용적 낙관론자라고 규정하는 슈밥은 더욱 중요한 문제가 있다고 지적한다.

과학기술 혁신이 노동시장에 끼치는 영향을 두고 두 가지 의견이 상충한다. 해피엔딩을 확신하는 쪽에서는 기술 발달로 일자리를 잃은

노동자는 새로운 직업을 찾게 되고, 기술은 새로운 번영의 시대를 열 것이라고 말한다. 또 다른 의견은 기술적 실업이 대대적으로 발생하여 점차 사회적, 정치적 아마겟돈이 일어나게 될 것이라고 보고 있다. 역사를 들여다보면 결과는 어느 한쪽에도 치우치지 않은, 이 두 가지 관점의 중간에서 일어났다. 중요한 문제는 '더욱 긍정적인 결과를 이끌어내고 변화로 인해 곤란에 빠진 사람들을 돕기 위해서 어떻게 해야 하는가?'다.(슈밥 66-67)

과거에는 곤란에 빠진 사람을 돕는다는 윤리적 문제가 개인적인 문제였었다. 그러나 오늘날은 더 이상 이는 개인적인 문제일 수가 없다. 왜냐하면 그러한 곤란은 사후적으로 개인이 돕는다고 해결될 수 있는 문제가 아니라 사전적으로 사회가 방지해야만 해결할 수 있는 문제로 변경되었기 때문이다.

과학기술의 복잡성과 여러 분야에 걸친 상호연계성 때문에 오늘날의 문제는 지구 전체적인 문제이자 사회 전체적인 문제이다. 한 지역이나 한 계층의 힘만으로 이러한 문제들을 해결할 수 없다. 슈밥이 자신의 견해를 집단적 지혜collected enlightened wisdom의 산물 또는 대중이 저자인 도서crowd-sourced book라고 강조하는 이유도 바로 이러한 이유 때문이다.(슈밥 15)

이런 까닭에 슈밥은 4차 산업혁명을 어떻게 활용해야 할지에 대하여 더 많이 고민함으로써 더 나은 기회를 포착해야 한다고 주장한다. 아래와 같은 외침은 슈밥이라는 개인의 소망이 아니라 4차 산업혁명 속에서 더욱 강력하게 연결된 운명공동체가 될 인간 존재들 전체의 외침이라고 이해해야 할 것이다.

> 제4차 산업혁명이 분열적이고 비인간화되기보다 인간에게 힘을 불어
> 넣어주고 인간이 중심이 되게 하는 것은, 비단 특정 이해관계자나 부
> 문, 지역, 산업, 문화가 할 수 있는 일이 아니다. 이 혁명의 근본적이고
> 글로벌한 특성은 모든 국가와 경제, 부문, 개인이 서로에게 영향을 주
> 고 또 영향을 받는다는 것을 의미한다. 따라서 학문적, 사회적, 정치
> 적, 국가적 그리고 산업적 경계를 아우르는 다양한 이해관계자 간의
> 협력에 관심과 에너지를 투자하는 것이 매우 중요하다. 이러한 교류
> 와 협력을 통해 전 세계의 개인과 조직이 변화의 진행에 참여하여 그
> 수혜를 입을 수 있도록 하는 긍정적이고 희망찬 공통의 담론을 만들
> 어내야 한다.(슈밥 14)

이 글을 읽고 있는 독자가 지금 처해 있는 입장은 어떤 의미에서 컴
퓨터가 체스 경기를 시작할 때 '오프닝 북'opening book을 읽지 않고 경기
에 임하는 상황과 비슷하다. 오프닝 북은 이미 치러진 수준 높은 경기
의 아주 방대한 데이터베이스이다. 컴퓨터가 펼치는 오프닝은 컴퓨터
의 '생각'에 의해서가 아니라 '지금까지 축적된 인간의 지식' 중 최선
의 것으로 기록된 것에 의해 이루어진다. 이러하기 때문에 일반인들이
체스 프로그램과 경기에서 초반부터 열세에 몰리게 되는 것이다. 그래
서 실제로 대부분의 체스 프로그램은 사용자가 오프닝 북 기능을 자의
적으로 끄거나 켤 수 있도록 하고 있다.(코웬 129-130)
 우리는 당장 4차 산업혁명의 핵심을 파헤치기를 원하지만, 이러한

새로운 도전에 성공적으로 응전하기 위해서는 오프닝 북을 우선 공부하는 것이 필요하다. 그래서 이 책의 전반부에서는 '지금까지 축적된 인간의 지식'에 해당하는 여러 혁명들의 역사를 검토하고자 한다.

더 넓게 더 깊게 읽을거리

1. 슈밥, 『클라우스 슈밥의 제4차 산업혁명』, 송경진 옮김, 서울: 메카스터디, 2016.
2. 롤랜드버거, 『4차 산업혁명 이미 와 있는 미래』, 김정희, 조원영 옮김, 파주: 다산북스, 2017.
3. 김만권, 『호모 저스티스』, 서울: 여문책, 2016.

슈밥은 4차 산업혁명이 이전까지의 산업혁명과 그 속도와 규모 그리고 충격에서 다르다고 지적하였지만, 시야를 넓혀보면 4차 산업혁명은 여전히 산업혁명이다. 다시 말해 다른 산업혁명과 같이 산업혁명으로서의 특징을 가지고 있다. 하지만 이런 방식으로 좀 더 시야를 넓혀보면 산업혁명 또한 인류가 겪은 그 이전의 혁명들, 즉 도시혁명이나 신석기혁명과 같이 인간존재의 삶의 방식에서의 중요한 혁신이다.

4차 산업혁명을 제대로 이해하기 위해서는 슈밥처럼 과거의 혁명과 지금의 혁명이 어떻게 다른가에 주목할 필요도 있지만, 지금의 혁명이 어떠한 토대 위에서, 즉 과거의 혁명과 어떤 관계 속에서, 진행되고 있는지에도 주목할 필요가 있다. 이런 이유로 이 책에서는 4차 산업혁명에 이르는 진화의 궤적에 대해서 살펴보고자 한다.

인류사를 살펴보는 여러 관점이 있겠지만, 이 책에서는 200만 년 전쯤 이루어진 도구혁명을 통하여 인간이 다른 동물들과 구분되었다고 보고, 호주의 고고학자였던 비어 차일드Vere Gordon Childe를 쫓아 지금으로부터 1만 년 전에 이루어진 신석기혁명 그리고 그로부터 대략 5,000년이 지난 다음에 생겨난 도시혁명, 그리고 18세기 중엽부터 시작된 산업혁명이 인류사에서 주목할 4대 혁명이라는 관점을 채택한다.

그래서 이 책의 전반부에서는 앞 장의 4차 산업혁명에 대한 이해를 전제하고, 도구혁명, 신석기혁명, 도시혁명, 그리고 1차, 2차, 3차 산업혁명과 그러한 혁명들 속에서 변화된 인간의 삶의 방식에 대해서 검토해 보고자 한다. 이러한 검토가 바탕이 되었을 때에만 4차 산업혁명에 대한 우리의 대응이 좀 더 효과적일 것이라 생각하기 때문이다.

1. 인간과 도구혁명

인간이란 무엇인가?

인간의 문제를 다루기에 앞서 다루어야 할 한 문제는 '인간이란 무엇인가?'라는 문제이다. '인간이란 무엇인가?'라는 질문을 던지는 존재는 신도 아니고 동물도 아니고 그 물음의 대상인 바로 인간이다. 사실 물음을 던지고 그 물음에 대한 논리적 답을 만드는 능력은 인간의 고유한 속성이다. 인간이 없었다면 이 세상에는 '인간이란 무엇인가?'라는 질문도 그에 대한 대답도 존재하지 않았을 것이다.

이러한 의미로 인간은 문제적 존재이다. 우리는 지금 4차 산업혁명의 문제에 관심을 가지고 논의를 진행하고 있지만, 이렇게 문제를 던지고 답을 찾는 인간의 고유한 속성을 또한 발휘하고 있는 것이다. 인간은 도대체 어떻게 이렇게 물음을 던지고 답을 찾는 능력을 가지게 되었을까?

생물학자들은 인간과 유인원의 공통조상이 대략 6~700만 년 전에 존재했을 것이라고 보고 있다. 예를 들어, 인간과 침팬지의 유전자는 오직 1.5%만 다르고 98.5%는 일치한다. 이러한 변화는 자연적인 돌연변이에 의해 생겨났다고 보는데, 이렇게 1.5%의 변화가 자연적으로 생겨나는 데에 걸리는 시간을 대략 6~700만 년이라고 추정하는 것이다.(다이아몬드 제54)

인간이 이처럼 자신이 무엇인지를 묻게 된 것은 그렇지만 사실 그렇게 오래된 일이 아니다. 스웨덴의 칼 폰 린네Carl von Linne가 인간을 분류학의 범주에 넣은 최초의 학자로 알려져 있다. 그의 대표작인 『자연의 체계』(1735)에서 그는 사람을 안드로포모르파Anthropmorpha 즉 인간형상을 한 두 존재, 즉 호모homo와 시미아simia 중의 호모로 분류하였고, 그 책의 제10판에서 포유류와 영장류라는 표현을 도입하고 사람을 호모 사피엔스로 명명하였다.(wikipedia "Carl Linnaeus")

린네의 이러한 시도는 그 당시나 지금이나 당연히 비판을 받는데, 서양의 기독교적인 전통에서 볼 때, 인간을 다른 동물과 같은 종류로 분류하는 것은 인간과 신에 대한 모독으로 간주되었기 때문이다. 이때와 마찬가지로 4차 산업혁명에서도 인간의 정체성에 대한 문제가 여전히 제기되고 있는데, 이는 이러한 생물학적 문제제기와 비견되는 생명기술적 문제제기이다. 예컨대, 만약 인간이 인간의 DNA 정보를 조작하여 새로운 종이 생겨난다면, 그는 여전히 호모 사피엔스에 속할까 아니면 다른 종으로 분류해야 할까 등의 문제이다.

하지만 고고학자들은 생물학자들의 추론이나 분류에 만족하지 않고서 그 경험적 증거들을 찾아 나섰다. 전통적인 인류의 진화사에서 인간종의 특징과 관련하여 언급되는 세 이름이 있는데, 호모 사피엔스homo sapiens, 호모 에렉투스homo erectus, 호모 하빌리스homo habilis가 그것들이다.

호모 사피엔스를 우리말로는 슬기사람이라고 부르는데 현생인류 즉 우리가 속해 있는 인간종으로서 대략 10만 년 전후로 보인다. 호모 에렉투스를 우리말로는 곧선사람이라고 부르는데 직립보행을 그 특징으로 하는 인간종이다. 이들은 발견된 지역에 따라서 자바원인, 하이델베르크원인, 북경원인 등으로 불린다. 이들은 대개 50만 년 전후로 보인다. 호모 하빌리스를 우리말로는 손쓴사람이라고 부르는데, 그 까닭은 이들이 도구와 더불어 발견된 가장 오래된 화석인류이기 때문이다. 이들은 175만년 전후로 보인다.(김성동 인16)

하지만 최근의 연구는 이러한 단선적인 인류진화를 포기하고 복선적인 인류진화를 주장하고 있다. 새로운 견해는 약 200만 년 전 호모 하빌리스, 호모 루돌펜시스homo rudolfensis, 호모 에르가스터homo ergaster 세 종이 동시적으로 살고 있었으며, 호모 하빌리스보다는 호모 루돌펜시스가 호모 에르가스터를 거쳐 호모 에렉투스에 이르렀을 것으로 추정하고 있다.(목정민 〈경향신문〉 2012. 8. 23)**3**

단선적인 진화라는 입장을 따르든, 복선적인 진화라는 입장을 따르든, 호모 하빌리스나 호모 루돌펜시스, 그리고 호모 에르가스터가 중

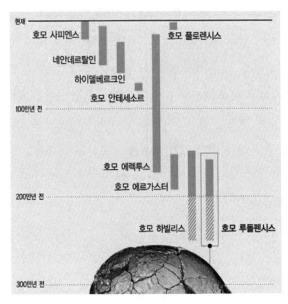

현재
호모 사피엔스
네안데르탈인
하이델베르크인
호모 안테세소르
호모 플로렌시스
100만년 전
호모 에렉투스
호모 에르가스터
200만년 전
호모 하빌리스
호모 루돌펜시스
300만년 전

그림 3 화석인류의 역사

요한 까닭은 그들이 최초의 '도구' 제작자라는 점이다. 호모 에르가스
터의 의미는 일하는 사람working man이다.

도구혁명

우리는 도구의 '사용'을 인간과 동물을 구분하는 경계선으로 생각하
기도 하지만, 많은 동물들이 도구를 사용하며 심지어는 도구를 '고쳐
사용'한다. 인간의 손에 대하여 연구했던 존 네이피어John Napier는 제인
구달Jane Goodall의 연구를 인용하면서 침팬지의 경우 흰개미를 잡아먹
기 위하여 식물의 잔가지를 가공하여 사용하는데, 이는 인류의 도구사

용의 원형을 보여주는 것이라고 평가하고 있다.(네이피어 161-62)

그는 인류의 도구사용이 다른 동물들과 다른 것은 도구 '만들기'에 있다고 지적한다. 그에 따르면 다른 동물들이 결코 할 수 없는 것은 "눈에 띈 물체를 이미 써봤던 균형 잡힌 방식으로 일정한 목적에 맞게 적절한 도구를 만드는 활동"(네이피어 155)이다. 최초의 호모들은 바로 이렇게 도구를 만들 수 있었기 때문에 호모라는 이름을 가지게 되었다. 네이피어는 인류최초의 도구라 할 이 조약돌 도끼의 특징을 다음과 같이 지적하였다.

> 훈련받지 않은 눈으로 보면 조약돌 도끼는 자연의 작용으로 조각이 된 돌하고 똑같아 보인다. 하지만 이들이 의심의 여지가 없이 가공품이라는 데는 두 가지 강력한 근거가 있다. 첫째, 수천 개의 표본에서 유사한 조각 기술이 놀라울 정도로 일관적으로 반복되어 나타난다. … 둘째, 사용된 재료는 항상 그 지점에 자연적으로 나타나는 것이 아니다. 올두바이에서 사용된 재료에는 용암과 규암이 포함되어 있는데, 이들 물질은 분명히 사람이 옮긴 것이다.(네이피어 171)

인간은 최초의 도구에서부터 재료를 선택하고, 디자인을 적용하는 도구제작의 원형을 보여주고 있다. 우리는 지금 신석기혁명이 인간의 삶에 어떤 혁신을 가져왔던가를 탐구하고자 하지만, 사실 인류 최초의 혁명은 바로 이 도구혁명이다. 왜냐하면 인간은 이러한 도구사용을 통하여 자연적인 삶을 넘어서 인공적인 삶에 들어섰기 때문이다.

기술철학philosophy of technology이라는 말을 처음 사용한 것으로 유명한 독일의 철학자 에른스트 카프Ernst Kapp에 따르면, 인간은 도구를 통하여 자신을 확대재생산한다. 인간의 이러한 확대재생산이 바로 기술의 비밀이자 호모 탄생의 비밀이다.

> [기계적] 도구와 [생체적] 기관의 본질적인 관계야말로 우리가 밝히고 강조해야 할 바로 그것이다. 그러한 관계의 요지는 인간이 도구 속에서 끊임없이 자신을 재생산한다는 것이다. 하지만 이는 의식적 발명품이라기보다는 무의식적인 발견품이기 쉽다. [도구에 의해] 증대되는 유용성과 출력을 담당하는 기관이 지배적인 요소이기 때문에, 도구의 적당한 형태는 기관으로부터 도출될 수밖에 없다.(Mitcham 23-24)

카프는 인간의 의식적인 다양한 지적 창조물들이 사실은 인간의 손과 발과 이와 같은 생체기관으로부터 무의식적으로 발견된 것임을 지적하고 있다. 그의 예를 따르자면, 구부러진 손가락이 고리가 되었으며, 손으로 에워싸진 공간이 그릇이 되었다. 여러 가지 다른 용도로 사용되는 칼이나 창, 노나 삽, 쟁기나 가래도 이와 같은 방식으로 설명될 수 있다.

하지만 이러한 예들은 그래도 그 형태에서 금방 유사성을 알아챌 수 있는 그러한 것들이다. 유사성을 알아채기 위해서 상당한 우회로를 거쳐야 하는 그러한 예들도 있는데, 예를 들자면, 철도는 혈액순환시스템의 외면화이며, 전보는 신경전달시스템의 외면화이다. 더 근본적으로는 언어는 인간의 정신생활의 외면화이며 국가는 인간본성의 외면화이다.

카프의 논의를 연장하자면, 오늘날 우리가 가지게 된 컴퓨터도 두뇌라는 인간 생체 기관의 외면화이다. 인류 최초의 도구 조약돌 도끼가 손끝의 외면화라면, 인류 최근의 도구 컴퓨터는 두뇌의 연산능력의 외면화이다. 4차 산업혁명은 바로 이러한 컴퓨터가 초래한 디지털혁명에 기반하고 있다. 그러므로 4차 산업혁명 또한 인간이 만든 도구의 최신버전과 인간 그 자체와의 관계의 문제이다.

1968년의 스탠리 큐브릭Stanley Kubrick의 영화 『2001: 스페이스 오디세이』에서 원숭이가 던진 뼈 한 조각이 우주선으로 변하는 장면은 원숭이가 뼈 조각을 도구로 사용하는 일이 오늘날 인류가 우주선을 도구로 사용하는 일과 같은 맥락에 있음을 지적하고 있다. 물론 네이피어에 따르면 원숭이의 도구사용과 인간의 도구제작은 본질적으로 다른 것이긴 하지만 그렇다.

미국의 기술철학자 돈 아이디Don Ihde는 이러한 도구혁명의 구조를 간단히 도식화하여 제시하였다. 그는 우선 현상학자들의 모범을 따라서 인간은 지향성을 통해 세계와 관계를 맺는다고 지적하였다.

인간→세계

위에서 '인간'은 가능한 인간경험의 모든 영역을 의미하며, '세계'는 경험가능한 모든 영역을 의미한다. 화살표는 일반적으로 '지향적'이라고 말해지는 관계, 즉 연루involvement나 겨누어짐directedness을 의미하는데, 이는 어떤 것에 대한 어떤 경험에서나 모두 있는 것이다.(아이디 62)

하지만 그는 이러한 지향성은 우리의 경험세계의 아주 기초적인 측면들인 맨살의 지향성에 불과하며 경험세계의 대부분을 차지하고 있는 것들은 도구매개적인 지향성이라고 지적하고 있다.

'맨살'의 관계란 어떤 인공물이나 도구의 사용 없이 사물들과 가질 수 있는 그러한 관계이고, 매개된 관계란 어떤 방식으로든 인공물들이나 도구들을 사용하는 관계이다 … 매개되는 관계들은, 적어도 우선은, 그 상관관계 속에 (아직은 결정되지 않은) 어떤 방식으로 도구를 포함하게 된다.(아이디 63)

인간-도구→세계

호모라고 불리게 된 존재들은 바로 이러한 과정을 통하여 동물의 세계로부터 인간의 세계로 진입하였다. 언제 인류가 탄생했는지에 대한 여러 논의들이 있을 수 있지만, 도구혁명을 통한 도구매개적인 세계야말로 인간이 인간으로서 존재하게 된 결정적 계기이며, 이러한 도구매개성이라는 계기는 4차 산업혁명의 시대에서조차도 모바일 인터넷, 각종 센서, 인공지능과 같은 도구들을 통하여 여전히 인간 경험의 전제조건이 되고 있다.

2. 신석기혁명

수렵채집으로부터 농목축업으로

신화에는 인간의 원시적인 기억이 담겨있는 경우가 많다. 노아의 홍수라고 불리는 사건은 유대신화의 한 부분이자, 많은 민족의 신화 속에 기술된 사건이다. 유대의 『성서』에 따르면 인간은 무한행복의 나날을 에덴동산에서 보내다가 하느님께 죄를 짓고 에덴에서 쫓겨나 이 세상에서 땀 흘려 일해서만 생계를 유지하게 되었다. "너는 사는 동안 줄곧 고통 속에서 땅을 부쳐 먹으리라."(『성서』「창세기」 3:17)

에덴동산으로부터의 추방은 무엇을 의미하는 것일까? 그것의 실제적인 의미는 아담의 두 아들 카인과 아벨에게서 볼 수 있다. 『성서』「창세기」 4장2절에 따르면 "아벨은 양치기가 되고 카인은 땅을 부치는 농부가 되었다." 에덴동산에서 추방된 결과는 바로 농업과 목축업이었다.

그렇다면 농업과 목축업 이전의 인류의 삶의 방식이 바로 에덴동산에서의 삶의 방식인 셈인데, 우리가 익히 알고 있는 것처럼 그 이전의 삶의 방식은 수렵과 채집이라고 불리는 것이었다. 수렵채집의 삶과 농목축업의 삶이 바로 신석기혁명이라는 하나의 분수령에 의해서 나누어졌던 것이다.

신석기혁명Neolithic Revolution이란 도구를 제작하는 방식의 차이에서 비롯된 표현인데, 돌을 깨어서 도구를 만들던 구석기 시대와 대비되게 돌을 갈아서 도구를 만드는 신석기 시대가 등장하였다는 의미이다. 물론 타제석기에서 마제석기로 도구의 제작방식이 변경되었다는 것도 중요하지만, 신석기혁명 이전과 이후의 차별성은 사실 들판에 흩어져 있는 식물과 동물들을 따고 사냥하여 먹느냐와 카인과 아벨처럼 식물과 동물을 길러 먹느냐에 있었다.

인류 발전의 다양한 측면을 연구했던 문화인류학자 재레드 다이아몬드Jared Diamond는 그의 대표작인 『총, 균, 쇠』에서 신석기혁명이 야생 동식물의 조악성에서부터 비롯되었다고 분석하였다.

> 야생 동식물 중에서 인간이 먹을 수 있고 사냥 또는 채집할 만한 가치가 있는 종은 소수에 불과하다. … 나머지 대부분은 좋은 음식으로서 쓸모가 없다. … 사람이 먹을 수 있는 얼마 안 되는 동물종과 식물종들만 선택하여 키움으로서 그것들이 일정한 넓이의 땅에서 전체 생물 자원의 0.1%가 아니라 90%를 차지하게 한다면 단위 면적당 얻을 수 있는 식품 열량은 훨씬 더 많아진다. 따라서 같은 면적의 땅에 의존하여 먹고 살 수 있는 사람의 수도 수렵 채집민보다 목축민이나 농경민이 훨씬 더 (대략 10배에서 100배 정도) 많아진다.(다이아몬드 총120-21)

다이아몬드는 이밖에도 수렵채집에 대해 상대적으로 유리한 농경목축의 여러 가지 이점을 지적했다. 예를 들자면, 젖을 내는 많은 가축들은 인간들이 그 가축들을 죽여 고기로 섭취할 단백질보다 훨씬 더 많은 단백질을 제공한다. 하지만 이보다 더 큰 상승효과가 있었는데, 그것은 가축들의 분비물을 비료로 사용하게 된 것과 가축들을, 특히 소나 말을, 땅을 깊게 파는 쟁기질에 이용하게 된 것이다.

오늘날 우리는 화학비료를 사용하여 농사를 짓지만, 산업혁명을 통하여 화학비료를 생산하기 이전에는 자연비료, 주로 분뇨를 사용하여 농사를 지었다. 비료를 사용하는 농사와 사용하지 않는 농사의 생산성은 크게 차이가 난다. 북한의 농업 생산성이 남한에서 지원하는 비료에 달려있었던 이유가 바로 이러한 것이다.

하지만 생산성에 더 큰 변화를 가져온 것은 쟁기질이었다. 신석기혁명이 처음 시작되었을 때 농사가 시작되었던 곳들은 주로 강가였는데, 이는 "땅을 파는 막대기만 하나 있어도 경작할 수 있을 만큼 흙이 무른 곳에 국한되어 있었다." 하지만 가축들이 쟁기질을 돕게 되자 "흙이 단단하고 질긴 풀뿌리가 뒤엉켜 경작하기는 어렵지만 면적은 훨씬 더 넓은 지역에까지 경작지를 확대할 수 있었다."(다이아몬드 총122) 이는 다른 부족을 정복하여 땅을 넓히는 것보다 훨씬 효율적인 영토확장이었다.

이러한 농업생산성의 향상을 통하여 더 많은 인구를 부양할 수 있게 되었기 때문에 인구밀도가 높아졌지만, 인구밀도를 높이는 데에 중요한 역할을 한 삶의 변화는 정착생활이었다. 수렵채집인들이 들판의 먹거리들을 찾아 떠돌며 그 들판의 먹거리가 다하면 다른 들판으로 떠돌아다닐 수밖에 없었던 것에 반하여, 농업목축인들은 자신들이 가꾼 식물과 동물을 간직하기 위하여 한 곳에 머물 수밖에 없었다.

한 곳에 머무는 것은 태어나는 아이들의 터울을 짧게 만들었다. 왜냐하면 수렵 채집민의 어머니는 먼저 태어난 아기가 혼자서 유랑길을 따라올 수 있을 때까지 다음 아기를 낳을 수 없었다. 하지만 정주형 사회에서는 어린아이들을 데리고 다니는 문제가 없기 때문에 이러한 제약을 고려할 필요가 없었다. 다이아몬드에 따르면 수렵 채집민의 터울은 4년 정도이지만 농경민족의 터울은 2년 정도로 그 절반에 불과하다.(다이아몬드 총123)

이러한 정주형 생활의 또 한 가지 장점은 아기뿐만 아니라 수많은 도구들도 가지고 다닐 필요가 없기 때문에 도구들이 보다 정교해지고 커지기 시작했다는 것이다. 수렵채집인들은 이동의 편의성을 고려하여 최소한의 도구들만을 사용할 수 있었지만, 농업목축인들은 이들과 달리 최대한의 도구들을 사용할 수 있었고 이것이 기술의 발전에 촉매 역할을 하였다.

> 정주형 생활은 기술의 역사에서 결정적인 역할을 담당했는데, 그러한 생활 덕분에 사람들은 들고 다닐 수 없는 소유물들을 축적할 수 있었기 때문이다. 유랑 생활을 하는 수렵 채집민들은 휴대할 수 있는 기술밖에 가질 수 없다. 자주 옮겨 다니면서도 탈것이나 짐 나르는 동물을 갖지 못한 사람이라면 아기와 무기류 그리고 들고 다닐 수 있을 만큼 부피가 작은 최소한의 절대 필수품 정도로 자기 소유물을 제한해야 하기 때문이다. 인류의 몇 가지 기술이 매우 일찍부터 나타났으면서도 오랫동안 발전하지 못했던 현상은 아마 이러한 현실적인 어려움 때문이었을 것이다.(다이아몬드 총379)

에덴으로부터 추방?

이렇게 보면, 사실 신석기혁명이 걱정 없는 에덴으로부터 힘 들여 땅을 부쳐 먹는 세상으로의 추방이었는지 의문이 든다. 물론 수렵채집인들의 삶이 들판에서 공짜 먹거리를 주어먹는 삶이었다면, 농경목축인들의 삶은 들판에 자신을 힘을 투입함으로써 소출을 올리는 힘든 삶이었을 것이다.

하지만 적어도 힘이 더 들 수는 있었겠지만, 농경목축인들은 수렵채집인들보다는 훨씬 더 나은 생활을 영위할 수 있었을 것으로 보인다. 과학자들이 수렵채집인들의 생활을 토마스 홉스Thomas Hobbes의 표현을 빌어 '고달프고 야만스럽고 짧은 삶'이라고 표현하는 것도 바로 이러한 점을 보여준다.

> 수렵 채집민들은 고되게 일하고 날마다 먹거리를 장만해야 하는 일에 쫓기고, 걸핏하면 굶어 죽을 위기에 처하고, 부드러운 잠자리나 적당한 옷가지와 같은 기본적인 물질적 안락조차누리지 못하고, 또 일찍 죽음을 맞이했다고 생각된다.(다이아몬드 총160)

하지만 이와 상반되는 연구결과도 있다.

> 고고학자들이 밝혀낸 바에 따르면 많은 지역에서 최초의 농경민들이 수렵 채집민을 교체했지만 그들은 수렵 채집민보다 체격도 작고 영양 상태도 좋지 않았으며, 심각한 질병을 더 많이 앓았고 평균적으로 더 젊은 나이에 죽었다.(다이아몬드 총160)

다이아몬드는 이러한 현상이 늘어난 식량생산에도 불과하고 인구밀도가 먹거리의 증가에 비하여 좀 더 빠르게 상승했기 때문에 생겨난 현상이라고 설명하고 있다. 그는 식량 생산의 도입이 '자가 촉매 작용'으로, 즉 일단 시작된 후에는 스스로 촉매 작용을 되풀이하여 점점 더 가속화되는 현상으로, 작동하였다고 지적한다. 인구밀도가 증가하면서 더 많은 먹거리가 필요 했고 이러한 상황에서 먹거리 기르기가 오히려 저주로 작용하는 경우도 있었다는 것이다. 그러나 어찌하였든 간에 식량의 절대량은 농목축업을 통하여 증대되었다.

이렇게 보면, 에덴으로부터의 추방이라는 표현은 수렵채집 시기의 좋았던 한 날과 농목축업 시기의 나빴던 한 날을 비교한 결과라고 볼 수도 있다. 절대적으로는 생산량이 늘어났지만 조밀한 인구 때문에 상대적인 궁핍에 빠진 힘들었던 농목축인들의 설화적 환상이 에덴동산이었을지 모른다.

아니면 수렵채집민의 삶은 먹을 것을 우연히 발견하면 먹고 발견하지 못하면 굶을 수밖에 없는, 그래서 걱정한다고 하더라도 아무 소용없는 그래서 걱정 없는 삶이었는데 반해, 농경민들의 삶은 배고팠던 과거를 기억하고 그러한 배고픔을 모면하기 위하여 미래를 준비하고 대비해야만 하는, 그래서 더 좋은 삶을 위해 걱정이 많은 삶이었기에, 그들의 일상과 다른 걱정 없는 시절을 에덴이라고 표현했을 지도 모른다.

신앙인들의 삶을 보면 일반적으로 신앙을 가지지 않은 사람들보다도 걱정이 덜한데, 자신이 신봉하는 절대자가 자신을 위해 준비해 주리라고, 혹시 준비해 주지 않는다면 그것이 절대자의 뜻이라고 믿기 때문이다. 이런 자세야말로 에덴에 사는 사람들의 삶의 방식이고 수렵채집민의 삶의 방식이라고 볼 수 있다.

3. 신석기혁명과 4차 산업혁명

동식물의 개량

인류가 도구혁명을 통하여 동물의 세계에서 벗어나 인간의 세계로 진입했다고 하더라도, 도구혁명을 진화시켜 온전한 인간으로서의 위상을 확보하게 된 것은 자기주변의 세계를 인공화한 신석기혁명을 통해서였다. 신석기 자체도 생산의 효율성을 증대시켰겠지만, 신석기를 가진 인류가 식물과 동물을 자신의 사용에 맞도록 길들임으로써 인간은 동물적인 포식자에서 주변세계의 관리자로 자신을 승격시켰다.

하지만 인간이 길들인 동식물들은 생각하는 것처럼 그렇게 많지 않다. 작물화된 대표적 식물은 12가지, 가축화된 동물은 5가지가 거명된다. 식물 12종으로 거명되는 것은 곡물로는 밀, 옥수수, 벼, 보리, 수수 5종이고, 콩류로는 메주콩 1종, 뿌리 또는 덩이줄기 작물로는 감자, 마니오크, 고구마 3종이고, 설탕 공급원으로는 사탕수수와 사탕무 2종, 과일로는 바나나 1종이 있다. 물론 이외에도 섬유로 사용되기 위하여 길들여진 아마, 대마 등도 있다. 동물 5종으로 거명되는 것은 양, 염소, 소, 돼지, 말이다. 물론 이외에도 가축화된 대형 초식 포유류로는 단봉낙타, 쌍봉낙타, 라마, 알파카, 당나귀, 순록, 물소, 야크, 발리소, 인도소가 거론된다.

이러한 길들임의 대상이 된 것들은 쉽게 짐작할 수 있는 것처럼 인간에게 이익이 되는 특성이 상대적으로 많이 있고 또한 상대적으로 길들이기 쉬운 종류의 것들이었다. 다이아몬드의 지적에 따르면 동물의 경우에는 식성, 성장속도, 감금 상태에서 번식시키는 문제, 골치 아픈 성격, 겁먹는 버릇, 사회적 구조 등을 모두 충족시키는 경우에 한하여 가축화되었으며,(다이아몬드 총250-58) 식물의 경우에는 유용한 부분의 크기, 맛, 씨의 여부, 기름의 과다, 섬유의 길이 등의 각각의 특성에 따라 길들여졌다.(다이아몬드 총178-80)

식물의 경우에는 주로 크기가 커지는 쪽으로 길들여졌다. 우리가 일상적으로 경험하듯이 야생사과는 지름이 2-3cm에 불과하지만 슈퍼마켓의 사과는 7-8cm에 달하며, 원래 옥수수는 자루 길이가 1-2cm에 불과했지만 슈퍼마켓의 옥수수는 15cm 전후이다.(다이아몬드 총178) 동물의 경우에는 이와 반대로 소, 돼지, 양과 같은 경우 크기가 작아지는 쪽으로 길들여졌는데,(다이아몬든 총238) 이는 다 자란 가축이 인간을 해치는 경우를 염려한 까닭이라고 보인다.

10,000년 이상이 경과한 오늘날 우리는 신석기인들이 선택한 품종들에 여전히 의존하고 있다. 이처럼 길들인 식물들과 동물들은 분명 야생의 식물과 동물과는 다른 것들이지만, 우리는 이들이 원래부터 그러했던 존재인 것처럼 아주 자연적인 식물과 동물이라고 간주하며 그들에 의존하여 살아가고 있다.

다이아몬드는 신석기인들의 이러한 길들임에 두 가지 측면이 있다고 지적하고 있다. 그 하나는 이러한 길들임의 대상들이 최선의 선택이었다는 것이다. 신석기인들은 자기주변의 야생 동식물에 대하여 아주 전문적인 지식을 가지고 있었으며, 그러한 전문적인 지식에 의거하여 아주 효율적인 선택을 하였고, 이러한 까닭에 오늘날의 동식물학자들이나 식품공학자들조차도 더 효율적인 선택을 할 수 없다는 것이

다.(다이아몬드 총218-19)

다른 하나는 이러한 선택이 신석기 시대에는 지역적이었다는 것이다. 지리나 기후나 기질적인 이유로 효율적인 품종이 있는 장소에서만 이러한 선택이 이루어졌고 나중에 이러한 선택받은 품종들이 다른 지리나 기후의 지역으로 전파되었을 때 아주 열정적으로 채택되어 심지어는 토종 품종들을 멸종시키는 단계에까지 이르렀다는 것이다.(다이아몬드 총204-7, 225-26, 239-44) 하지만 기본곡물은 대륙별로 자리 잡았다고 볼 수 있는데, 미국에서는 옥수수가, 아시아에서는 쌀이, 유럽에서는 밀이 주된 곡물이 되어 나머지 대여섯 개의 다른 곡물들과 더불어 식생활의 중심이 되었다.

과거의 개량과 오늘날의 개량

오늘날 우리는 크리스퍼CRISPR: Clustered Regulary Interspaced Short Palindromic Repeats 유전자 가위 등의 생물학적 기술을 이용하여, 유전자 변형을 통해 더 경제적이고 지역 환경에 더 적합한 방식으로 동물들을 기를 수 있게 되었고, 극단적 기후나 가뭄에서도 자랄 수 있는 식용작물도 재배할 수 있게 되었다. 우리는 이러한 변화를 단 시간 내에 이루어내지만, 긴 시간이 걸렸을 뿐이지 과거 인류도 이미 이에 못지않은 개량을 이루어내었다.

이러한 개량은 신석기혁명과 더불어 농업과 목축업이 시작되었을 때 이미 시작되었다. 이리에서 개로의 개량은 바로 이러한 개량의 드라마틱한 예를 보여준다.

그레이트 데인 같은 개들은 이리보다 훨씬 크고 페커니즈 같은 개들은 훨씬 작다. 또 그레이하운드 같은 개들은 날씬해서 경주에 알맞는 체격이고, 닥스훈트 같은 개들은 다리가 짧아서 경주에는 전혀 쓸모가 없다. 개들은 털의 모양이나 색도 서로 크게 다르고 어떤 개들은 아예 털이 없어졌다. 폴리네시아와 아스텍인들은 먹기 위해 기르는 품종도 개발했다. 이러한 사실을 전혀 모르는 사람이 닥스훈트와 이리를 비교해 본다면 전자가 후자에서 파생되었다고는 짐작조차 할 수 없을 것이다.(다이아몬드 총 238-39)

가령 비트는 바빌로니아 시대에 이미 (근대에 이르러 생긴 비트의 변종인 근대처럼) 잎을 쓰기 위해 재배되고 있었다. 그러다가 뿌리를 먹도록 개발되었고 18세기에 들어와서 다시 당분을 얻기 위해 사탕무로 개발되기도 했다. 양배추의 조상 식물의 경우 원래 기름이 많은 씨앗 때문에 재배되었을지도 모른다. 양배추는 비트보다도 더 다양한 변화를 겪어서 각각 잎(현대의 양배추와 케일), 줄기(콜라비), 새싹(싹눈양배추), 꽃봉오리(꽃양배추, 브로콜리)를 목적으로 선택되었다.(다이아몬드 총185)

실제로 과거의 개량이나 오늘날의 개량이나 돌연변이를 이용한다는 점에서는 다를 바가 전혀 없다. 마찬가지로 다를 바가 없는 것은 그러한 개량의 대상들이다. 우리는 오늘날 우리의 막강한 생물학적 지식을 통하여 새로운 품종을 만들어낼 것 같은 기세이지만, 투자 대 성과를 고려할 때, 새로운 품종이 아니라 신석기혁명과 그 이후 이루어져온 품종을 개량하는 데에 그칠 뿐이다. 다만 그러한 돌연변이를 발견하느냐 발명하느냐 그것에서 차이가 날 뿐이다. 4차 산업혁명에서 생명기술은 주로 인간 자신과 관련되어 있지만, 이에 못지않은 것이 식량생산의 확대이다. 신석기혁명의 육종결과를 제쳐두면 4차 산업혁명의 생명기술은 허공 위에 서 있게 된다.

다이아몬드는 식물의 개량에서 이러한 돌연변이의 다양한 예들을 지적하고 있다. 예컨대, 야생 아몬드는 쓴 맛이 나지만 우리가 먹는 아몬드는 그렇지 않다. 우리가 돌연변이 아몬드를 퍼뜨렸기 때문이다. 이러한 경우는 그 식물에게는 재앙이었지만 인간에게는 행운이었다.(다이아몬드 총179)

이런 경우는 다양하게 나타난다. 완두콩, 렌즈콩, 아마, 양귀비 등이나 밀이나 보리의 경우에는 꼬투리가 터져서 씨앗이 흩어져야 하는데 이를 하지 못하는 돌연변이를 이용함으로써 수확할 수 있는 주된 식재료가 되었다. 한해살이 식물들은 멸종을 방지하기 위하여 다양한 주기를 두고 발아하는데, 인간들이 사용하는 한해살이 식물들은 매년을 주기로 하는 돌연변이들이다. 식물들도 동물들과 마찬가지로 암수로 나뉘어 생식하는 경우가 많은데 어떤 돌연변이들은 이러한 번잡한 과정 없이 동일한 유전정보를 유지하는 방식으로 생식한다. 인간들은 바로 이러한 돌연변이를 채택함으로서 바나나, 포도, 오렌지, 파인애플, 자두, 복숭아, 사과, 살구, 체리를 확보하였다.(다이아몬드 총181-85)

이처럼 자연에서 발견되는 돌연변이를 이용해 온 인류는 이러한 육종과정을 통하여 생산량이 획기적으로 증대되는 녹색혁명을 이루었지만, 자연계 내에 이미 존재하는 돌연변이체 중에서 우수한 품종을 선발해야 하기 때문에 한계가 있었다. 이러한 한계를 극복하기 위한 방법으로 그간 인류가 발전시켜온 생명공학적 지식을 이용하여 인공적으로 돌연변이를 만들고 이용하는 유전자 변형 작물을 인류는 만들게 되었다. 이렇게 하여 생산량이 많고 영양가와 스트레스 저항성이 강화된 적응력이 큰 재배종을 만들 수 있게 되었다. 마이크로소프트의 창업자인 빌 게이츠와 그의 부인이 설립한 빌 앤 멜린다 게이츠 재단Bill and Melinda Gates Foundation에서 지원하고 있는 과제는 제초제 저항성 카사바의 생산이다.

> 카사바는 사하라 이남에 사는 아프리카 사람들에게 매우 중요한 탄수화물 공급원이다 이 식물이 완전히 성숙하려면 1년 반이 걸린다. 커다란 덩이뿌리는 탄수화물과 전분의 함량이 높은데, 한 가지 문제는 잡초다. 네 번 정도 잡초를 솎아 주면 제초제를 사용할 때와 수확량이 거의 같아지지만 정기적으로 풀을 뽑지 않으면 수확량이 20-80퍼센트 감소한다. 카사바는 일반적으로 손으로 뽑는 방식으로 잡초를 방제하는데, 이것은 굉장히 노동시간 집약적이고 비효율적이다. 주로 여성과 아동이 카사바의 잡초를 제거하는데, 이로 인해 여성들은 다른 일을 거의 못하고 아이들은 학교도 다닐 수 없다.(전방욱 145-46)

제초제 저항성을 갖는 카사바를 만들게 되면, 아프리카의 여성과 아이들의 수고를 훨씬 덜 수 있고 그들은 그 수고를 자신들의 삶을 더욱 발전시킬 영역에 투자할 수 있게 된다. 오늘날 우리는 신석기혁명을 통하여 선택했던 품종에 조그만 변화를 부여함으로써 우리 삶의 새로운 가능성을 찾고 있는 중이다. 크리스퍼 가위를 이용한 다양한 연구들은 다양한 작물들에게 행해지고 있지만, 특히 이미 길들여진 12종의 식물과 5종의 동물에 집중되고 있다.(전방욱 138-192)

하지만 주목할 만한 한 가지 차이점은 신석기혁명의 품종개량에서 어류에 대한 개량은 없었다는 점이다. 아마도 그들에게는 어류를 잡아 가두고 바람직한 개체를 생식시킬 수단이 없었기 때문이었을 것이다. 현대의 인류는 이러한 점에서 신석기인들보다 훨씬 유리한 입장에 있다. 이런 의미로 어류에 대한 육종은 현대인들의 고유한 성과라고도 하겠다.

> 유전자변형 어류는 시눅 연어의 생장호르몬 유전자와, 뱀장어와 유사한 등가시치로부터 부동 단백질의 프로모터 서열이라는 두 가지 다른 형질전환유전자의 도입을 통해 현재의 대서양연어보다 두 배나 빨리 자랄 수 있다.(전방욱 188)

4차 산업혁명을 통하여 우리는 정보통신분야가 우리 삶의 초점이라고 생각하지만 이러한 초점은 식생활이라는 기본적인 토대 없이는 불가능하다. 미국의 심리학자인 에이브러햄 매슬로Abraham Harold Maslow는 인간의 욕망을 결핍욕구와 존재욕구로 구분하고 결핍욕구는 충족되지 않으면 고통을 느끼지만 충족되면 평상심을 유지하고, 존재욕구는 충족되지 않더라도 고통을 느끼지는 않지만 충족되면 행복을 느낀다고 구분했는데, 이에 비추어 보면 농업목축 분야는 결핍욕구와 같고, 정보통신 분야는 존재욕구와 같다.

농업기술의 혁신을 통하여 우리는 이러한 기본적인 토대를 상당히 충족시켰기 때문에 이러한 측면에 무관심하지만, 지구상에는 배고픔을 겪고 있는 수십억의 사람들이 여전히 존재한다. 인간의 삶을 균형을 가지고 살펴보자면 이러한 농업생산의 부문에 대해서도 적절한 비중을 부여해야 한다.

더 넓게 더 깊게 읽을거리

1. 네이피어, 『손의 신비』, 이민아 옮김, 서울: 지호, 1999.

2. 다이아몬드, 『제3의 침팬지』, 김정흠 옮김, 서울: 문학사상사, 1996.

3. 전방욱, 『DNA 혁명 크리스퍼 유전자 가위』, 서울: 이상북스, 2017.

제3장

도시혁명:
노동과 여가의 분리

1. 분업의 탄생

수평적 분업

신석기혁명을 통하여 동식물을 길들이고 그에 따라 한 곳에 뿌리 내리고 살게 됨에 따라 인류는 또 한 차례의 혁명을 향하여 나아갔는데, 그것은 도시혁명Urban Revolution이었다. 이러한 도시혁명의 모습은 이른바 고대문명, 즉 메소포타미아, 이집트, 인도, 중국, 마야문명의 탄생을 의미한다. 도시는 정주생활의 규모가 커지면서 생겨났다. 하지만 도시혁명은 규모의 증대라는 양적인 팽창만 보인 것이 아니라, 그 속에서 수행하는 역할의 나눔이라는 질적인 변화도 가져왔다. 이러한 역할의 나눔, 즉 분업은 유랑하는 수렵채집인의 사회에는 생겨날 수 없었고 오직 정주하는 농업목축인 사회에서 생겨났다.

유대의 『성서』에 따르면, 최초의 농업인이 카인이 목축인인 아벨을 죽이고 난 다음에 놋 땅으로 추방된 카인은 아들 에녹을 낳았는데 그는 성읍 하나를 세우고 자기 아들의 이름을 따라 그 성읍을 에녹이라고 하였다. 그의 후손 라멕은 두 아내에게서 아들들을 얻었는데, 야발은 집짐승을 치며 천막에 사는 이들의 조상이 되었고, 유발은 비파와 피리를 다루는 모든 이의 조상이 되었으며, 투발 카인은 구리와 쇠로 온갖 도구를 만드는 이였다.(『성서』「창세기」4:17-22)

이러한 설화가 직업의 탄생을 이야기하고 있다는 것은 명백하다. 그 것도 에녹이라는 성읍에서 이러한 직업들이 탄생하였음을 지적하고 있다. 인류는 신석기혁명의 결과인 잉여식량을 가지고 기능전문가들을 탄생시켰다. 다이아몬드는 도시의 성립을 위해서 "식량을 생산하지 않는 기능 전문가들을 먹여 살리기 위해서는 저장한 음식이 필수적" (다이아몬드 총123)이라고 지적하고 있다.

이러한 기능전문가들의 탄생은 사실 수평과 수직 두 차원에서 생각할 수 있다. 수평적 분업은 성서에서 보듯이, 다양한 직업의 탄생을 가리킨다. 이러한 분업은 농업과 목축업을 통하여 인간이 동식물 자원을 전문화하였듯이, 인간이 인간을 개량하여 인간을 전문화한 경우에 해당한다. 다만 차이가 있다면 동물의 경우에는 신체적인 형질을 전문화하였다면, 인간의 경우에는 신체적인 기능을 전문화하였다.

앞에서 투발 카인이 구리와 쇠로 온갖 도구를 만드는 사람이라고 했는데, 이는 오늘날의 직업분류상으로 보면 대장장이에 해당한다. 영미의 스미스Smith, 독일의 슈미트Schmidt, 이탈리아의 페라로Ferraro, 아일랜드의 고흐Gaugh, 스웨덴의 스메드Smed, 프랑스의 파블Fabre, 폴란드의 코왈스키Kowalski는 모두 대장장이를 뜻한다. 성서에서 인용된 만큼이나 대장장이가 대표적인 기능전문가임을 짐작할 수 있게 한다.

앞에서 지적했던 것처럼 정주생활은 동식물과 사람뿐만 아니라 기술도 전문화시킨다. 신체적 기능이 전문화된 사람들이 사용했던 기술들은 그러한 전문적인 신체적 기능을 보완하기 위하여 계속하여 정교화되고 보다 전문화되었다. 도구혁명을 통하여 동물의 세계에서 인간의 세계로 넘어온 인류는, 신석기혁명을 통하여 동식물을 전문화시켰지만, 도시혁명을 통하여 인간과 그들이 사용하는 기술을 전문화시켰다.

대장장이라는 직업이 이름이 된 것을 보며 도시혁명에서의 수평적 분업을 확인할 수 있지만, 이러한 예로는 대장장이Smith는 물론이고, 돼지사육사Bacon, 제빵사Baker, 정육점주인Butcher, 병제작자Butler, 목수Carpenter, 마부Carter, 요리사Cook, 통제조업자Cooper, 나무꾼Foster, 정원사Gardner, 제분제빵사Miller, 짐꾼Porter, 집사Stewart, 재단사Taylor, 마차제작자Wagner 등도 있다.

수직적 분업

이러한 수평적 분업은 사실상 신석기혁명의 연장선상에 있다. 인간의 일반적인 필요에 따라 효율성을 극대화하는 방향으로 나아갔기 때문이다. 각자가 수월성을 가지는 작업에 전념함으로써 사회전체의 생산성은 증대되었다. 이것은 동식물의 전문화와 사실상 같은 맥락이다.

그러므로 도시혁명이 가져온 삶의 본질적인 차별성은 수직적 분업

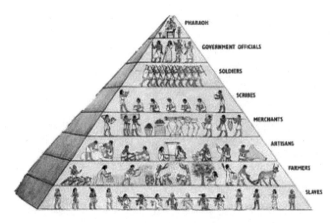

그림 4 이집트의 수직적 분업(http://m.blog.daum.net/osu0582/1200?categoryId=15)

에 있다. 이것 또한 인간들에 대한 길들이기였지만, 이것은 단순히 한 인간의 신체적 기능을 길들인 것이 아니라, 그것을 넘어서서, 그렇게 전문화된 인간들을 '마치 하나의 인격체'인 것처럼 작동하게 길들이는 것이었다. 간단히 말하자면 왕과 관료제 그리고 이에 입각한 중앙 집권적 정치 체제의 탄생이다.

수렵 채집민 사회는 비교적 평등한 사회이며 전업 관료나 세습적인 추장이 없고 무리 또는 부족 수준의 소규모 정치 조직이 있을 뿐이다. 몸이 성한 수렵 채집민이라면 누구나 빠짐없이 먹거리를 얻는 일에 시간을 쏟아야 했기 때문이다. 그와 대조적으로 일단 식량을 비축해 둘 수 있게 되면 정치적 엘리트 계급은 남들이 생산한 식량을 통제하고 조세 징수권을 주장하고 스스로 먹거리를 장만해야 하는 문제에서 벗어난다. 그리하여 정치적 활동에만 전념할 수 있게 된다. 그러므로 중간 규모의 농업 사회는 흔히 추장 사회로 조직되고 왕국들은 대규모 농업 사회에 국한된다.(다이아몬드 총123-24)

하나의 사회를 '마치 하나의 인격체'처럼 움직이게 만드는 기술은 신석기혁명의 자가 촉매 작용으로 생겨난 새로운 경작지의 필요에서 비롯된 것으로 보인다. 다양한 도구나 기술의 발달을 통하여 자체적으로 경작지를 확대하였겠지만, 급속히 늘어나는 인구로 인하여 물리적으로 더 넓은 경작지를 필요로 하였을 농업목축인들과 그 지도자들은 오래 지속되는 정복전쟁으로 나아갈 수밖에 없었을 것이다.

그와 같이 복잡한 정치적 단위들은 오래 지속되는 정복 전쟁을 치르는 데에 평등한 사냥꾼들보다 훨씬 유능하다. … 조세를 통하여 비축한 잉여 식량이 있으면 왕이나 관료 이외의 전업식 전문가들도 부양할 수 있다. 그중에서 정복 전쟁과 가장 직접적인 관계가 있는 것은 전문적인 병사들을 먹여 살리는 데 쓰인다는 점이다. … 그리고 저장된 식량이 있으면 정복 전쟁에 종교적 정당성을 부여하는 사제들, 칼이나 총기를 비롯하여 각종 기술을 발전시키는 금속 기술자 등의 숙련공, 그리고 기억력에 의존하는 것보다 훨씬 더 많은 정보를 정확하게 보존시켜 주는 필경사 등도 먹여 살릴 수 있다.(다이아몬드 총124)

2. 지배자와 피지배자

추장제와 국가

미국의 문화인류학자 엘만 서비스Elman Rogers Service는 『원시시대의
사회조직』Primitive Social Organization(1960)이라는 그의 책에서 인간들의 집
단생활을 무리band, 부족tribe, 추장제chiefdom, 국가state로 구분하였는데,
이는 인구단위로 보면 대략 수십 명, 수백 명, 수천 명, 수만 명이상으
로 분류된다. 무리가 대략 신석기혁명 이전의 구석기시대에 해당한다
면, 부족은 신석기시대에 해당하고, 추장제와 국가는 청동기와 철기
시대인 도시혁명시기 전후에 해당한다.

이러한 추장제나 국가의 특징은 지배자와 피지배자의 구분에 있다.
무리나 부족의 경우 학자들은 보통 평등한 사회였다고 간주하지만, 추
장제와 국가의 수준에 이르게 되면 공공건물이 들어서고 분묘와 부장
품이 화려해지는 현상을 볼 수 있다. 이렇게 사회가 변화된 것은 인구
밀도가 보다 높아지면서 그러한 복잡한 사회가 유지되기 위해 강력한
중앙 집중적인 권력이 필요했기 때문일 것이다.

이는 자신들의 사회 내의 질서를 유지하기 위해서도 필요했겠지만,
자신들의 사회를 외적으로부터 지켜내기 위해서도 필요했을 것이다.
유대 『성서』에서는 이러한 필요성을 이렇게 표현하고 있다. "너희는
너희 하느님 야훼께서 주시는 땅에 들어가서 그 땅을 차지하고 자리를
잡으면, 이내 주변에 있는 모든 민족들처럼 왕을 세우고 싶은 생각이
들 것이다."(『성서』「신명기」17:14)

그리하여 추장은 무력을 사용할 수 있는 권리를 독점하였으며, 이러한 독점은 세습제로 유지되는 공인된 직위였다. 이러한 결과로 나타난 추장제 사회의 일반적인 특징은 노예제와 공물제였다.

> 추장에게는 전문화된 기능인뿐 아니라 천한 일을 하는 하인도 필요했으므로 추장 사회는 노예가 할 일이 많았다는 점에서도 부족 사회와 달랐다 이 노예들은 대개 습격에서 사로잡은 포로들이었다.(다이아몬드 총397)
>
> 어떤 추장이 수확기에 그 추장 사회의 모든 농경민들로부터 밀을 거둬들인 후 … 평민들로부터 받은 물품 중에서 많은 양을 그들에게 재분배하지 않고 추장의 계보나 기능인들이 차지하고 소비한다면 그 같은 재분배는 공물이 되는 것이며 이것은 추장 사회에서 처음 나타난 조세의 선행 형태였다.(다이아몬드 총398)

이러한 체제를 유지하기 위하여 추장제는 다양한 전술(다이아몬드 400-3)을 구사하는데, 그것이 도시혁명 이후에 인간이 그 속에서 살아갈 수밖에 없는 틀이 되었다.

첫째, 대중을 무장 해제하고 엘리트 계급을 무장시킨다. 그리하여 대중은 언제나 지배자의 폭력적 통제 아래에 놓이게 된다.

둘째, 거둬들인 공물을 대중이 좋아하는 일에 많이 사용하여 재분배함으로써 대중을 기쁘게 한다. 지배자는 오직 억압만을 하는 것이 아니라 선정을 베풀어 피지배자의 동의를 얻어 좀 더 효율적인 통치를 수행한다.

셋째, 무력을 독점하여 공공질서를 유지하고 폭력을 억제함으로써 대중의 행복을 도모한다. 경찰력을 통하여 사적인 보복이 아니라 공적인 처벌을 집행함으로서 공동체의 안녕과 질서를 유지한다.

넷째, 지배자는 자신의 정치를 정당화하는 이데올로기나 종교를 구성한다. 이를 통해서 지배자는 생산자로부터 권력자에로의 부의 이동을 정당화하고, 공동체의 유대감을 형성하며, 공동체를 위한 개인의 자발적인 희생을 유도한다.

국가는 이러한 추장제의 확대판이다. 인구규모가 더 커지고 지역이 더 넓어짐에 따라 수직적이고 수평적인 분업의 크기가 커져서 사회는 더욱 복잡해지기는 하지만, 본질적으로는 이러한 추장제의 연장선상에 있다. 다만 차이점을 들자면 혈연 중심이 아니라 정치적 계열 및 세력을 중심으로 조직이 이루어지며, 여러 개의 언어를 사용하거나 여러 민족으로 구성되는 경우도 있었다는 점 등이다.(다이아몬드 총406)

전제주의와 민주주의

도시혁명을 이와 같이 이해한다면, 민주주의 사회에 살고 있는 우리는 자기이해상의 어려움에 봉착한다. 이러한 도시혁명의 궁극적인 결과로 국가가 등장하였는데, 이러한 국가는 우리가 현재 살고 있는 국가와는 약간 다른 모습을 보이고 있기 때문이다. 우리가 살고 있는 민주주의 국가는 지배자가 피지배자에 의해 일정한 주기로 교체되는 그러한 특징을 보인다.

동물생태학자이자 문화인류학자인 크리스토퍼 보엠Cristopher Boehm

은 유인원과 인간의 평등에 대한 연구서인『숲속의 평등』에서 우리의
이러한 정치적 삶을 다음과 같이 묘사하고 있다.

> 우리는 민주주의 사회에 살면서 스스로를 정치적으로 평등한 존재라
> 고 생각한다. 그리고 유권자의 무관심과 위협적인 로비활동이 있기는
> 해도 우리는 계속 투표권을 행사한다. … 우리의 통치 구조 속에서 우
> 리는 자신의 발언권이 유지되기를 바라기 때문에 이러한 유형의 정치
> 적 영향력을 행사한다. 하지만 우리가 영향력을 행사하는 더 근본적
> 인 이유는 우리가 모든 통치에 대해 의심을 하고 있으며, 우리를 이끌
> 어가다가 결국 지배하게 될지도 모르는 사람들이 가지고 있는 권력을
> 제한하고자 하기 때문이다. … 우리는 개인의 자유 극대화라는 개인
> 적 요구와 법·질서 유지 및 내전방지라는 국가적 요구 사이에서 합리
> 적인 타협을 하고 있다. 이러한 암묵적인 타협을 하고 있기 때문에, 우
> 리는 자신의 권리가 침해받지 않도록 주의 깊게 경계하는 성향을 가
> 지고 있으며 이는 당연하다.(보엠 7)

인간과 98.5%의 유전자를 공유하고 있는 침팬지의 삶의 방식은 전
제주의적이다. 그것들 중에는 서열이 가장 높은 알파 개체가 있고 나
머지 개체들은 이러한 알파 개체에게 복종한다. 도시혁명이 진행된 과
정을 보면 이러한 전제주의가 인간만의 고유한 능력과 더불어 더욱 강
화되는 모습을 확인할 수 있다. 보엠도 마찬가지로 평가하고 있다.

아주 최근의 공동 조상을 우리와 공유하고 있는 세 종류의 아프리카

고등 유인원들은 현저하게 위계적이다. 높은 서열의 수컷들이나 암컷들은 번식에 유리한 반면, 위계에서 아래쪽으로 밀려난 것들은 불리하다. 동일한 방식이 대략 5천 년 전부터 시작된 세계 대부분의 오늘날 인간 정치사회들에도 적용된다. … 전제주의적인 강력한 지도자들이 다스리는 여섯 개의 초기 문명들은 일반적으로 잘 발달된 추장제로부터 나타났다.(보엠 23)

[하지만] 원시적 왕국들과 초기 문명들에서의 중앙집권화된 정치적 통제는 영장류 기준에서 보면 아주 극단적인 것이었다.(보엠 406)

하지만 그는 도시혁명 이전의 부족으로서의 삶에서는 침팬지와 도시민들의 삶과 대립되는 평등주의적인 삶이 존재했었다고 지적한다.

수렵 채집인들의 평등주의는 여성들보다는 비교적 빈번히 남성들과 관련성을 가진다. 하지만 여성들은 아테네의 여성들보다 훨씬 큰 정치적 힘을 누렸으며, 이들 이동하는 먹거리꾼들은 노예를 두지 않았다. 그들이 누렸던 아주 평등한 형태의 정치적 삶은 선사시대로까지 거슬러 올라가는데, … 나는 위계적인 사회가 나타나기 전의 인간들은 수천수만 세대 동안 평등주의적이었을 것으로 추정한다.(보엠 24)

그래서 보엠은 인간의 본성에 양면성이 있다고 지적한다. 인간에게는 피해를 입을까봐 복종하는 경향이 있는 반면에, 이러한 복종에도 불구하고 다른 존재를 지배하고자 하는 경향을 계속하여 가진다는 것이다. 그래서 인간은 자신에게 지배할 기회가 주어진다면 그러한 기회

를 결코 사양하지 않지만, 자신에게 이득이 되는 복종할 기회가 주어
질 경우조차도 지배하고자 하는 욕망을 결코 포기하지 않는다.

이런 양면성 때문에 지배자들의 겸손은 피지배자에게나 지배자에게
나 일반적으로 최고덕목으로 여겨진다. 인간이라면 누구나 이러한 양
면성에 민감하기 때문이다. 임금이 자신을 낮추어 '덕이 적은 사람'寡德
之人이라는 의미로 '과인'이라는 표현을 사용하는 점이나 "가령 북미의
말 탄 사냥꾼인 아라파호 족은 그들의 추장이 백인들에게는 강력하지
만 동족들에게는 겸손하기를 기대하였고, 추장들은 그들 자신들의 젠
체하지 않는 역할을 싫어했다."(보엠 131)는 점에서도 이를 볼 수 있다.

하지만 이런 양면성은 도시혁명 이전의 부족사회를 일반적으로 평
등한 사회로 유지하였고, 도시혁명 이후에도 곳곳에서 지도자를 끌어
내리는 많은 사건들을 일으켰으며, 우리가 민주주의의 기원이라고 보
는 아테네의 도시국가나 미국의 이로쿼이 동맹의 평등주의를 확립시
켰다.(보엠 24) 영국의 시민혁명과 미국의 독립전쟁 그리고 이차세계대
전 이후의 민주주의의 확산은 인간의 이러한 양면성과 일치하는 제도
로서의 민주주의의 적합성을 보여주고 있다.

결국 우리가 그 속에서 살아가고 있는 민주주의는 플라톤Plato의 논
의에 따르면 글라우콘Glaucon의 정의관을 기초로 하고 있다.

> 서로에게 불의를 저지르기도 하고 또 당하기도 하면서 그 양쪽 다를
> 겪어보게 된 사람들은 불의를 온전히 피할 수도 없고 그렇다고 온전
> 히 저지르는 일도 불가능함을 알게 되고, 이에 서로 간에 불의를 저지
> 르지도 당하지도 않도록 약정을 히는 것이 이익이 되겠다는 생각을

하게 되었지요. 결국 이런 이유로 사람들은 자신들의 법률과 약정(계약)을 제정하기 시작했으며, 이 법이 내리는 지시를 합법적이며 정의롭다고 하게 된 겁니다. 이것이 바로 정의의 기원이자 본질이지요.(김만권 92 재인용)

효율성을 고려한다면 우리와 같이 인구가 조밀하고 영토가 넓으며 조직이 복잡한 사회에서 중앙 집권적 권력체계는 불가피하다. 하지만 우리의 본성은 그러한 권력체계에 복종하는 태도와 더불어 저항하는 태도를 늘 가지고 있다. 이것이 우리가 민주주의를 하는 이유이며, 도시혁명과 더불어 상실하기 시작한 개인적인 자유를, 산업혁명을 통하여 회복하게 된 이유이기도 하다.

3. 도시혁명과 4차 산업혁명

자본주의 사회의 지배자와 피지배자

도시혁명의 결과로서 인류는 지배하는 자와 지배받는 자로 나뉘어졌다. 지배자는 자신이 원하는 것을 하는 권력을 가진 자가 되었고, 피지배자는 자신이 원하지 않는 것을 해야만 하는 권력을 가지지 못한 자가 되었다. 하지만 지배자와 피지배자와의 관계는 그렇게 일방적인 것만은 아니었다.

중국문화권에서는 이러한 일방적이지 아닌 관계를 순자荀子의 표현을 인용하여 묘사하였다. "임금은 배요, 백성은 물이다. 물은 배를 띄울 수 있지만 뒤집을 수도 있다."君舟也 人水也 水能載舟 亦能覆舟(『순자』 「왕제」) 그러므로 도시혁명 후의 정치지도자들은 권력을 독점하고 있었지만 피지배자들의 반란을 염려하여 선정을 베풀기를, 즉 거둬들인 공물을 대중이 좋아하는 일에 많이 사용하여 재분배함으로써 대중을 기쁘게 하기를, 멈추지 않았다.

그리고 새롭게 지배가 되고자 하는 이들은 이러한 선정을 약속하기를 또한 멈추지 않았다. "그 한 예로, 하와이의 역사는 억압적인 추장에 대한 반란으로 점철되어 있다. 반란의 대부분은 추장의 동생들이 억압을 줄이겠다고 약속하면서 일으켰다."(다이아몬드 총400)

유럽사회에 시민혁명과 프랑스혁명을 통하여 전제주의가 축소 또는 폐지되고 그러한 과정을 통하여 정치적 평등에 입각한 민주주의가 도입되자, 이러한 봉건적인 지배자와 피지배자의 관계는 종결되었다. 이제는 누구나 다 선거를 통하여 주권을 행사하는 지배자가 되었기 때문에 더 이상 단순한 지배자와 피지배자의 관계는 없어졌다. 지배자는 피지배자로부터 한시적으로 위임된 지배권을 행사할 뿐이었다.

하지만 이러한 정치적 평등에도 불구하고 도시혁명의 결과로서 생겨난 사회적 불평등은 산업혁명 이후에도 여전히 잔존하였는데, 이러한 불평등은 주로 그 사람이 소유하는 자산에 기인하였다. 마르크스주의적인 표현에 따르자면, 유산계급인 부르주아는 무산계급인 프롤레타리아를 지배하고 착취하고 있었다. 이러한 상황에서 마르크스주의자들은 경제적 자유를 정치적 자유의 수준으로 올려놓음으로써 도시혁명의 결과들을 제로상태로 되돌려 놓으려고 시도했었다.

마르크스와 엥겔스는 진지한 이타주의자들이었고 정치적 개혁가들이었지만, 몽상적인 민주주의자들로서 그들은 현실적이지 못했다. … 그들은 인간 본성과 관련하여 확고하게 '루소적인' 입장을 지지했다. 착취적인 자본주의라는 암을 제거하라. 그러면 인간 사회 체계들은 거의 자동적으로 평등주의적이고, 비경쟁적이고, 비억압적이 될 것이다.(보엠 407)

우리가 익히 알고 있는 것처럼, 이러한 사회주의 혁명은 한 세기에 걸쳐서 열렬한 호응을 얻었다. 짐작하건대 침팬지와 같은 전제주의에서부터 부족사회와 같은 평등주의에로의 이동도 이와 같은 열렬한 호응 속에서 진행되었을 것이다.

일반 구성원의 정치적 권력화를 찬양하는 이데올로기에 기초한 공산주의의 신속한 보급은 평등주의 증후군이 후기 구석기에 (혹은 언제 그것이 일어났던 간에) 무리에서 무리로 어떻게 확산되었는지에 대한 가능한 모델을 제공해준다. 우리 인간들은 우리를 지배와 착취에서 해방시켜주는 정치적 '거래들'에 매력을 느끼는데, 그 이유는 분명 우리가 선천적으로 권위에 대하여 분노하는 경향이 있기 때문이다.(보엠 407)

이러한 마르크스주의자들의 시도는 이미 알고 있는 것처럼 실패로 끝났다. 그들은 지배하고자 하는 인간의 욕망이 너무 강해서 위계적인 경향성이 증발하거나 국가가 소멸될 수 없다는 것을 미처 알아채지 못했다. 물론 경쟁이 없어지고 국가가 소멸하는 그러한 비전은 어느 곳에서든 분노에 찬 피지배자들의 가슴을 사로잡는다. 보엠에 따르면 피지배자의 분노에 호소하는 이러한 혁명은 일시적으로는 성공하지만 궁극적으로는 지배에 대한 욕망 때문에 실패하고 만다.

노동과 여가의 분리

도시혁명에 이르기까지 모든 인간은 자신의 먹고 입고 사는 것을 스스로 또는 서로 도와 마련해야 했다. 신석기혁명 이전에는 유랑생활 때문에 주로 스스로 마련했지만, 신석기혁명 이후에는 정주생활로 인하여 서로 돕는 경향이 강해졌다. 하지만 추장제가 확립되기까지 일반적으로 평등주의 사회였다.

> 무리와 마찬가지로 부족에도 관료 경찰력 조세 따위는 없다. 그들의 경제 활동은 어떤 중심적인 권위체에 공물을 바치고 그것을 재분배하는 방식이 아니라 개인 또는 가족사이의 호혜적인 교환을 통해 이루어진다. 경제 전문화는 미미한 수준이다. 전업식 기능 전문가는 없고 신체 건강한 성인이라면 누구나(대인도 포함하여) 먹거리를 기르거나 채집하거나 사냥하는 일에 참여한다. … 부족 사회에는 이렇게 경제에서 전문가가 따로 없으며 노예에게 시켜야 할 전문화된 천한 일이 따로 없으므로 노예도 없다.(다이아몬든 총 394)

때로 부족사회에는 대인Big Man 즉 그 촌락에서 가장 큰 영향력을 가진 사람이 있기는 했다. 하지만, "이 자리는 항상 누군가 차지하고 있어야 하는 공식적인 직위가 아니며 그 권력도 제한되어 있다. 대인은 독자적으로 의사 결정을 할 수 있는 권위를 갖지도 못했고 어떤 외교적인 비밀을 혼자만 알고 있지도 않으며 고작해야 집단 전체의 결정을 다소 좌우할 수 있을 뿐이다. 대인의 지위는 자신의 자질을 통해 얻는 것이며 세습되지 않는다. … 대인도 다른 사람들과 다를 바 없는 오두막집에서 살고 똑같은 옷을 입고서 똑같은 장식을 하거나 남들과 마찬가지로 벌거벗고 있기 때문이다."(다이아몬드 총393)

하지만 이러한 평등주의적인 기풍은 도시혁명과 더불어 완전히 뒤바뀌었다. 과거에는 무리나 부족의 구성원이 어떤 이유로든 남보다 월등하거나 부유해질 수 없었다. 누군가가 그러한 시도를 하게 되면 그는 전체 구성원으로부터 저항을 받았다. 여론이 나빠지고, 비판이 시작되며, 조롱과 배척이 이루어지고, 나아가 불복종, 해임, 이탈이 일어나며, 궁극적으로는 암살에 이르렀다.(보엠 193-207)

그러나 이제 도시혁명이 일어나자 이러한 저항은 완전히 제압되었다. 상비군을 가진 지도자는 자신에 저항하는 인간에 대해서는, 그가 내부 구성원이든 외부 구성원이든 간에, 폭력을 행사하여 그들을 완전히 압살하였다.

평등주의 기풍은 오래 전에 없어졌고, 위계적인 세계관이 대신 그 자리를 차지하며, 사람들은 그 세계관에 의해 평민들과 왕족들을 구분할 뿐만 아니라, 노예들과 중간 귀족들을 포함할 수도 있는 주요한 차이들을 수용한다. … 적법한 통치자들이 경호원이나 상비군과 같은 전업 군사 전문가들을 통제할 권한을 가지게 될 때라야, 그들은 노골적인 강제력의 도구를 장악하게 된다. 그들의 혈통이 고귀하다는 사실이 또한 그들의 정치적 특권을 주장하는 데에 도움이 된다.(보엠 242-43)

이제 사회는 플라톤이 분류했던 것처럼 세 계층으로 분류된다. 정치가와 군인과 생산자이다. 플라톤이 자신이 생각하는 이상적인 국가상을 그려냈던 『국가』에서는 17세 정도부터 체육훈련을 실시하여 20세에 선발시험을 쳐서 탈락한 자는 생산계급이 되고, 선발된 자는 전사계급이 된다. 전사계급은 산술, 기하, 천문 등을 10년간 배운 다음 다시 선발시험을 쳐서 탈락한 자는 전사계급이 되고, 선발된 자는 수호자계급이 되어서 변증법을 배우게 된다. 이때 변증법이란 형이상학, 정치학, 철학 등을 의미한다. 5년 동안 이것을 공부한 다음 35세에 실제 정치에 나서게 된다. 물론 플라톤은 이러한 국가를 설립하는 데에, 중국에서 공자가 그러했듯이, 실패했다. 지배자들이 원한 것은 효율적인 지배였지 정의로운 지배가 아니었기 때문이다.

여하튼 이제 생산자들은 자신의 몫 이상의 것을 생산해야 한다. 그렇게 하지 않으면 정치가와 군인과 같은 전문가들의 몫이 없기 때문이다. 추장제와 영토 확장과 더불어 생겨났던 노예의 경우에는 오직 노동만이 있었고 여가가 없었다. 노예가 아닌 생산자도 공물을 생산하기 위해서는 여가를 가지고 노동에 임할 수 없었다. 유대의 성서는 당시의 이러한 관행에 대하여 자랑스럽게 자신들의 관행을 내세우고 있다.

8 안식일을 기억하여 거룩하게 지켜라. 9 엿새 동안 일하면서 네 할 일을 다 하여라. 10 그러나 이렛날은 주 너의 하느님을 위한 안식일이다. 그날 너와 너의 아들과 딸, 너의 남종과 여종, 그리고 너의 집짐승과 네 동네에 사는 이방인은 어떤 일도 해서는 안 된다. 11 이는 주님이 엿새 동안 하늘과 땅과 바다와 그 안에 있는 모든 것을 만들고, 이렛날에는 쉬었기 때문이다. 그러므로 주님이 안식일에 강복하고 그날을 거룩하게 한 것이다.(『성서』 「창세기」 20:8-11)

창조주의 휴식을 여가의 종교적 이유로 삼고 있기는 하지만, 유대인들은 남종과 여종, 그리고 이방인 노예들은 물론이고 심지어 동물들에게도 일주일에 하루의 휴식을 허용했다. 이러한 상황은 이렇게 강제적인 안식일을 지정해야 할 정도로 생산자의 노동조건이 열악하였음을 반증하고 있는 것으로 볼 수 있다. 그래서 동물이나 이방인이나 남종과 여종만이 쉬어야 하는 것이 아니라 아들과 딸, 자기 자신까지 쉬어야만 했다. 도시혁명의 직접적인 결과는 바로 이처럼 남을 위한 노동과 자신을 위한 휴식이라는 노동과 여가의 분리였다.

유대의 『성서』는 자유민과 노예라는 수직적인 분업을 무화시키는 도시혁명에 반하는 제도도 보여주고 있다. 그것은 7년마다 돌아오는 안식년과 50년마다 돌아오는 희년이다.

안식일에 모두에게 휴식이 주어지듯이, 안식년에는 땅의 소출이 모든 사람과 심지어는 가축과 야생동물에게 주어진다. "안식년에 땅에서 나오는 것이 너희뿐만 아니라 너희의 남종과 여종과 품팔이꾼, 그리고 너희와 함께 머무르는 거류민의 양식이 될 것이다. 또한 너희 가축과 너희 땅에서 사는 짐승까지도 땅에서 나는 온갖 소출을 먹을 것이다."
(『성서』「레위기」25:6-7)

안식년이 일곱 번 지난 다음 해인 희년은 재산과 삶을 재설정하는 해이다. 유대인들은 땅을 하느님의 것이라고 생각했기 때문에, 땅을 사고파는 것은 땅의 경작권을 사고파는 것이라고 생각했는데, 그러한 경작권조차도 희년을 기준으로 남은 해를 헤아려서 사고팔아야 했다. 왜냐하면 희년이 되면 산 땅을 원래의 소유주에게 돌려주어야 했기 때문이다. 이는 노예들에게도 마찬가지로 적용되었는데 사고팔 수 있는 것은 노예의 자유가 아니라 노예의 노동력, 그것도 희년이 되면 방면해야 할 노동력이었기 때문이다.

> 15 너희는 희년에서 몇 해가 지났는지 헤아린 다음 너희 동족에게서 사고, 그는 소출을 거둘 햇수를 헤아린 다음 너희에게 팔아야 한다. 16 그 햇수가 많으면 값을 올리고, 햇수가 적으면 값을 내려야 한다. 그는 소출을 거둘 횟수를 너희에게 파는 것이다. 23 땅을 아주 팔지는 못한다. 땅은 나의 것이다. 너희는 내 곁에 머무르는 이방인이고 거류민일 따름이다. 39 너희 곁에 사는 형제가 가난하게 되어 자신을 너희에게 팔 경우, 그를 종 부리듯 해서는 안 된다. 40 그가 품팔이꾼이나 거류민처럼 너희 곁에서 살며 희년이 될 때까지 너희 일을 하다가, 41 자기 자식들과 함께 너희를 떠나서 자기 씨족에게 돌아가 조상 전래의 소유지를 되찾게 해야 한다.(『성서』「레위기」25:15-41)

이렇게 주기적으로 자유와 재산을 재설정하는 규정을 만들었다는 것은 이러한 규정이 만들어진 사회가 수직적 분업이 강화되어 사회의 통합성을 점차로 상실하고 있었다는 반증이다. 하지만 유대인들의 지혜는 바로 여기까지였다. 왜냐하면 그들은 이러한 강제규정을 오직 자신들의 민족에게만 해당시키고 있기 때문이다.

> 44 너희가 소유할 수 있는 남종과 여종에 관해서는 다음과 같다. 너희는 주위 민족들에게서 남종과 여종을 사들일 수 있다. 45 또 너희 곁에 머무르는 거류민의 자식들 가운데에서나, 너희 땅에서 태어나 너희 곁에 머무르는 그들의 친척 가운데에서 사들여, 너희 소유로 삼을 수 있다. 46 너희는 그들을 너희 자손에게 대대로 물려주어 소유하게 할 수 있다. 너희는 그들을 언제까지나 종으로 부려도 된다. 그러나 너희 형제 이스라엘 자손들끼리는 가혹하게 다스려서는 안 된다.(『성서』 「레위기」 25:44-46)

남을 위한 노동과 자신을 위한 여가라는 도시혁명의 이러한 폐해는 도시혁명이 일어난 지 5,000년이 경과하였지만, 아직도 인류가 해결하지 못하는 해결할 수 없는 문제로 여전히 남아있었다. 하지만 4차 산업혁명은 어쩌면 도시혁명의 결과를 제로상태로 돌려놓을 해결책을 비로소 마련할 수 있도록 해줄 지도 모른다. 왜냐하면 우리는 이제 로봇이라는 이방인 노예를 둘 수 있게 되었기 때문이다. 이들은 안식일보다는 정비일을 가져야 하고 안식년보다는 교체년을 가져야 하겠지만, 어쨌든 우리는 언제까지나 그것들을 종으로 부릴 수 있기 때문이다.

더 넓게 더 깊게 읽을거리

1. 보엠, 『숲속의 평등』, 김성동 옮김, 서울: 토러스북, 2017.

2. 다이아몬드, 『총, 균, 쇠』, 김진준 옮김, 서울: 문학사상, 1998.

3. 성서 「창세기」와 「레위기」

제4장
1차 산업혁명과
인간의 소외

　1차 산업혁명이란 18세기 중엽부터 19세기 중엽 사이에 영국에서
시작된 수공업에서 기계공업으로의 생산방식의 전환을 의미하는데,
여기에는 석탄을 이용하여 물을 끓여 발생하는 증기의 사용, 기계적
도구들의 발달, 공장 체계의 발전이 포함된다. 이러한 산업적인 변화
는 또한 사회, 경제에도 커다란 변화를 일으켰다.

　산업혁명을 통하여 인류는 더 부유해지고, 더 건강해지고, 더 오래
살고, 인구가 급증했다. 1700년부터 1850년 사이에 영국 인구는 3배
로 늘었다. 부와 건강과 인구의 증대라는 이러한 추세는 그 이후의 산
업발전에 의해 계속되어 1800년부터 2000년 사이에 인플레이션을 감
안한 1인당 평균소득은 10배로 늘었다.(앤더슨 63)

　경제가 계속 성장하고 생활수준이 높아질 것이라는 기대는 수백 년

전에는 볼 수 없는 것이었다. 산업혁명 전에는 생활수준이 수천 년간 비참한 상태로 유지됐다. 1200~1600년 사이에 영국 귀족의 평균수명은 한 살도 채 늘지 않았다.(서민 수명에 대한 기록은 찾기 어렵다) 하지만 1800년 이후 서구 백인 남성의 평균 기대수명은 38세에서 76세로 2배 증가했다. … 성인이 된 사람들의 기대수명만 측정해보아도 1800년 이후 20세가 증가했다.(앤더슨 64)

시간과 노력의 활용이라는 측면에서 보면, 1차 산업혁명은 짧은 시간에 많은 것을 생산하는 기계를 통하여 육체노동을 기계노동으로 전환시켰다. 이에 따라 인간들은 오래 동안 오직 생필품 생산에 기울이던 노력과 시간을 다른 활동, 즉 발명, 학습, 정치, 예술 등에 투입할 수 있게 되었으며, 이를 통하여 인간 삶의 다방면에서의 비약적인 발전을 달성하게 되었다. 그래서 1차 산업혁명은 산업을 넘어서 정치, 사회, 문화에서도 혁명을 이끌었다.

400년 전 거의 모든 인간은 생필품을 생산하는 일을 하고 있었다. 반면 오늘날 생필품 생산에 종사하는 사람의 비율은 극히 낮다. 앞에서 인용한 것처럼, 19세기의 미국 인구 70%가 농업에 종사했지만 지금은 불과 2%에 불과하다. 하지만 식량 생산량은 훨씬 더 많다. 이러한 사실로 볼 때, 1차 산업혁명을 '시간의 식민화'라고 요약할 수도 있다.

증기기관의 주요 효과는 새로운 땅의 식민화가 아니라 시간의 식민화다. 많은 사람이 슘페테리안 성장Schumpeterian growth (혁신과 기업가 정신이 경제성장의 비결이라는 경제학자 조지프 슘페터의 성장 이론을 가리키는 말)을 '아이디어가 경제를 성장시킨다'는 이론으로 오해하고 있다. 아이디어는 시간을 절약해주고, 이렇게 절약된 시간의 일부를 새로운 아이디어를 구상한데 사용해 더 많은 시간을 절약하게 된다. 이러한 선순환이야말로 슘페테리안 성장의 본질이다.(앤더슨 67-68 재인용)

영국에서 산업혁명이 시작된 근인近因 즉 가까운 원인은 18세기 영국에서 유행하기 시작한 면직물에 있었다. 실제로 산업혁명을 추동한 것 중의

하나는 1690년대에 인도에서 수입한 값싼 옥양목과 모슬린을 환영하는 영국 소비자의 미친 듯한 열광이었다. 이 유행에의 갑작스런 수요가 국내생산과 해외수입을 새로운 활동규모에 이르게 하는 엔진 노릇을 한 새로운 소비자 기호의 초기 지표였다.(매크래켄 33-34)

이처럼 면직물에 대한 수요가 폭발적으로 증가하자 이러한 수요에 대응하기 위한 사업가들의 노력이 산업혁명을 촉발하였는데, 이로 인하여 자본의 이익률이나 고용의 문제 등도 발생하였다. 면직물의 원료가 되는 원면의 수입은 1700년대 초 500톤에서 1770년대에는 2,500톤으로 증대되었고, 1800년대에는 25,000톤에 이르렀으며,(송성수, "방적기로 산업혁명을 일구다, 리처드 아크라이트" 〈사인언스올〉)**4** 면직물이 1차 산업혁명 동안 영국경제에 기여한 비중은 1760년에 2.6%이었으나, 1801년에는 17%로 증대되었고, 1831년에는 22.4%에 이르렀다.(Wikipedia, "Industrial Revolution")

하지만 영국에서 산업혁명이 시작된 원인遠因 즉 먼 원인은 영국의 기술자들이 다양한 기술적 혁신을 이룩하였고, 영국정부는 이러한 기술적 혁신을 재산권으로 인정하는 법률을 가지고 있었으며, 아울러 영국이 해가 지지 않는 제국으로서 전 세계에 식민지를 가지고 활발한 무역활동을 하고 있었고, 광범위하게 진행된 공유지의 사유지화에 따라 경작지가 없는 많은 실업자가 있었던 때문이었다. 이러한 조건들이 면직물에 대한 관심과 결합되어 인류역사에서 최초로 산업혁명이 일어났다.

이러한 추세가 혁명으로 불리게 된 것은, 이전의 영국사회에서 국가적인 번영에도 불구하고 비교적 완만한 경제발전과 인구증가가 이루어졌지만, 이후의 영국사회에서는 결코 선례를 찾아볼 수 없는 경제발전과 인구증가가 이루어졌기 때문이다. 그리하여 역사가들은 일반적으로 1차 산업혁명을 신석기혁명 이후 인류역사에서 가장 중요한 사건으로 간주한다.

산업혁명이라는 용어는 1799년 프랑스 외교관 루이-기욤 오토Louis-Guillaume Otto의 편지글에서 처음 나타났지만, 카를 마르크스Karl Marx와 함께 자본주의 사회를 비판했던 프리드리히 엥겔스Friedrich Engels가 『영국 노동 계급의 형편』The Condition of the Working Class in England(1844)이라는 책에서 저술상 처음 사용하였고, 이 용어를 실질적으로 유행시킨 이는 인류의 역사를 도전과 응전의 법칙으로 해석했던 역사학자 아놀드 토인비Arnold Joseph Toynbee로서 『18세기 영국 산업혁명에 대한 강의들』 Lectures on the History of the Industrial Revolution in 18th and 19th century Britain(1881)에서 대중화하였다.(앤더슨 65)

1. 1차 산업혁명과 새로운 기술들

방적기와 방직기

인도에 대한 영국의 착취에 저항하던 마하트마 간디Mohandas Karamchand Gandhi가 물레를 돌리고 있는 모습은 인도독립운동의 상징이 되었다. 산업혁명 이전에는 영국이나 인도나 모두 수공업적으로 면직물을 생산하고 있었는데, 영국은 1700년과 1721년에 국내의 모직산업과 아마산업을 보호하기 위하여 인도 면직물의 수입금지령Calico Acts을 내렸다. 왜냐하면 그 당시만 하더라도 영국의 인건비는 인도의 인건비의 5배에 달했기에 경제적으로 인도의 면직물을 이겨낼 수 없었기 때문이다.

하지만 이러한 영국정부의 보호정책과 더불어 영국의 기술자들과 사업가들의 대응으로 인하여 영국의 섬유산업은 새로운 계기를 맞게 되었다. 면을 만드는 작업은 면화에서 실을 만드는 방적과 실을 가지고 천을 만드는 방직으로 구분된다. 애초에 방직기에 기술적 혁신이 이루어졌는데, 1733년 존 케이John Kay는 방직기의 부품인 북을 반자동화한 플라잉 셔틀flying shuttle을 개발하였다.

하지만 방직기는 방적기가 실을 충분히 공급해주지 않으면 효율을 발휘할 수 없었다. 케이가 발명한 반자동 북 덕분에 방직 부문의 생산성은 크게 증가했다. 하지만 상대적으로 방적 부문이 방직에 필요한 물량을 원활히 공급하지 못하는 상황이 발생했다.

이에 따라 다양한 형태의 방적기가 발명되었다. 1743년에 루이스 폴 Lewis Paul과 존 와이어트John Wyatt는 롤링 방적기를 개발하였는데 동력

그림 5 실을 잣는 간디(Wikipedia "Gandhi")

원으로는 당나귀를 사용하였다. 루이스 폴과 다니엘 번Daniel Bourn은 카
딩 머신Carding Machines이라는 개량된 방적기를 또한 개발하였는데, 이
것이 나중의 방적기들에 활용되었다. 1765년 제임스 하그리브스James
Hargreaves가 발명한 제니jenny 방적기, 1769년 리차드 아크라이트Richard
Arkwright가 개발한 수력 방적기Water Frame, 1779년 사무엘 크롬프턴
Samuel Crompton이 발명한 뮬Mule 방적기 등이 등장하였다. 이에 더하여
1785년 에드먼드 카트라이트Edmund Cartwright가 역직기Power Loom을 개
발함으로써 산업혁명을 촉발하였으며, 1850년에는 260,000개의 역직
기가 작동하고 있었다.(wikipedia "Power Loom")

1766년 잉글랜드 서북부 랭커셔 지방의 방직공이었던 하그리브스는
… 일렬로 늘어선 방추 여러 개가 아마에서 여러 가닥의 실을 뽑아내
는 광경을 상상했다. 그는 … 일련의 벨트와 도르래로 여러 방추를 연
결한 나무 기계를 만들었다. 그는 여러 시제품을 만든 끝에 역사상 최
초로 '스피닝 제니'('jenny'는 랭커셔 지방 속어로 '기계'라는 뜻)라는 다
축 방적기를 발명했다. 이는 방적공 한 명이 페달을 사용해 실타래 8
개를 동시에 돌릴 수 있는 기계다. 이 기계는 방적공 1인당 생산량을
단숨에 8배로 늘렸다. 또 기계를 개선하면 1인당 생산량을 손쉽게 더
늘릴 수 있었다. 이 기계는 영국 산업혁명의 출발점이 됐다.(앤더슨
59-60)

1771년 아크라이트는 더웬트 강을 끼고 있는 더비셔 지역의 크롬포드
에 대규모 공장을 설립했다. 크롬포드 공장에서는 수력 방적기를 비롯
한 근대적 기계 시스템을 이용한 덕분에 양질의 방적사를 매우 저렴한
가격으로 생산할 수 있었다. 아크라이트의 사업은 더욱 번창해 1776년
에는 크롬포드에 7층 높이의 두 번째 공장을 지었고 1782년에는 종업
원 수가 5천 명에 이르렀다. 이후 크롬포드 공장은 산업혁명을 상징하
는 공간으로 간주됐고 2001년 유네스코에서는 더웬트 계곡을 세계유
산으로 지정하기도 했다.(송성수)

19세기 중반에 맨체스터의 번영은 절정에 이르렀다. 잉글랜드에
서는 목화를 거의 재배하지 않았지만 맨체스터는 면직물의 수도
cottonpolis(1913년 세계 면직물 생산량의 65퍼센트를 맨체스터가 담당)

라는 이름이 붙을 정도로 섬유산업이 발전했다. 해외에서 목화를 수입해 실을 뽑아내고 천과 옷을 만들어왔다. 이렇게 생산한 제품을 수입한 경로와 똑같은 경로로 세계로 수출했다. 맨체스터는 이러한 글로벌 공급망, 비교우위, 자동화를 통해 세계 섬유무역의 중심지가 됐다.(앤더슨71)

증기기관

이러한 신기술의 발전에서 알아챌 수 있는 중요한 변화는 동력원의 전환, 즉 인간이나 동물의 근력에서 수력으로의 전환이다. 인류는 산업혁명에 이르기까지 동력원으로 인간이나 동물, 그리고 물이나 바람 즉 수차나 풍차를 사용하였다. 도시혁명과 더불어 시작된 추장제나 국가에서는 노예노동이 주된 동력원이었지만, 산업혁명이 시작될 즈음에는 노예를 대신한 가축이나 경작지를 잃고 도시로 몰려든 인간이 동력원으로 활용되고 있었다. 이러한 상황에서 아크라이트의 수력 방적기는 이전과 달리 수차를 사용함으로써 가내수공업에서 공장제공업으로의 전환을 일으켰고, 이후에 개발된 증기기관은 맨체스터의 공장들을 움직이고, 원자재를 수송하는 증기선과 증기기차를 움직였다.

하지만 증기기관 이전의 수차나 풍차는 중요한 제약이 있었다. 즉 수차나 풍차를 사용하기 위해서는 바람이나 물이 있는 곳에 가야만 한다는 것이었다. 오늘날 풍력발전기가 아무 곳에나 세워질 수 없는 것과 같은 이치이다. 풍차는 특히 제약이 많았으므로 물이 흐르는 계곡이 공장이 자리할 수 있는 유일한 장소였다. 게다가 이러한 수차는 예외적인 경우를 제외하고 나면 10마력 이하의 힘밖에는 낼 수가 없었다.

이러한 상황에서 증기기관의 발명은 공장제공업에로의 혁명을 가속화시켰다. 증기기관은 물과 석탄을 공급받아야 한다는 제약이 있기는 하지만 이는 비교적 쉽게 해결할 수 있었으므로 어디에나 설치될 수 있었고, 배에는 물론이고 나중에는 차에도 싣고 다닐 수 있었다. 비록 1800년까지 초기의 증기기관은 최대 50마력밖에 낼 수 없었지만, 점진적인 개량을 통하여 1810년대에는 100마력, 1876년에는 2,500마력, 1889년에는 10,000마력의 힘을 낼 수 있었다.(김성동 기74)

원래 증기기관은 광산의 지하에 고인 물을 배수시키기 위하여 고안되었다. 그 당시 사용되는 감압펌프는 대기압을 이용하는 것이었는데, 대기압은 수은은 76센티미터, 물은 9미터 정도만을 밀어 올릴 수 있을 뿐이기 때문에, 15미터 지하의 물을 끌어올릴 수 없다는 것이 문제였다. 이 문제는 광산에서는 중요한 문제였다. 광석이나 석탄을 캐기 위해서는 점점 더 지하로 내려가야 했지만 9미터 아래에서는 물을 펌프로 퍼 올릴 수 없었기 때문에 채굴작업을 하기가 어려웠다.

이 문제를 해결한 사람은 영국의 공학자 토마스 세이버리Thomas Savery였다. 그는 물을 봉쇄된 통 안에서 고압으로 끓게 함으로써 대기압보다 높은 압력의 증기를 얻어 이것으로써 물을 밀어올리는 방식으로 9미터보다 깊은 곳의 물을 퍼내었다. 세이버리의 증기기관은 고압기관이었기 때문에 제작이 어렵고 위험성을 내포하고 있었다. 특허문제로 세이버리와 함께 작업한 토마스 뉴커먼Thomas Newcomen은 실린더의 피스톤 아래에 증기를 넣어 피스톤을 밀어올리고, 증기를 찬물로 식혀 대기압으로 피스톤을 밀어내리는 방식으로 펌프를 작동시켜 광산에서의 배

수 문제를 실제적으로 해결했다.

그렇기는 하지만 뉴커먼의 방식은 실린더를 데웠다 식혔다함으로써 엄청난 양의 석탄을 소모시켰다. 그래서 싼 석탄을 구할 수 있는 곳에서는 사용할 수 있었지만 그렇지 않은 곳에서는 석탄 비용이 만만하지 않았다. 이 문제를 해결한 사람이 제임스 와트James Watt였다. 그는 실린더를 직접 식혀서 증기를 응축시키지 않고 증기를 다른 용기로 배출하고 식혀서 응축시키고 실린더는 계속 데워진 채로 유지했다. 이 방법으로 그는 증기기관에 소모되는 석탄의 양을 획기적으로 줄였을 뿐만 아니라 성능도 탁월하게 개선했다. 1800년 영국에는 500개의 증기기관이 움직이고 있었는데, 그 이후에 그 숫자는 급속도로 증대되었다.(김성동 기76-77)

제철기술과 기계를 만드는 기계

하지만 이러한 증기기관을 만들기 위해서는 상당한 수준의 제철기술이 또한 필요했다. 유럽에서 철을 액체 상태로 녹인 것은 1709년 영국의 에이브러햄 다비Abraham Darby가 최초였다. 나무를 숯으로 만들듯이, 석탄을 코크스로 만들어 숯 대신 사용함으로써 철을 녹일 수 있는 온도의 용광로를 가동시킬 수 있게 되었다. 이로써 고대에서부터 사용되어 오던 연철과 더불어 주철이 등장하게 되었다. 하지만 주철은 탄소함량이 높아서 연철처럼 압연하거나 단조하여 사용할 수는 없었다. 증기기관이 발명되자 철에 대한 수요가 늘어났는데 다비의 아들은 뉴커먼 증기기관을 제작하였다.

와트의 증기기관을 제작했던 헨리 코트Henry Cort는 1784년 철의 탄소함유량을 줄여 주철을 연철로 만드는 교련법puddling을 개발했는데, 이는 녹인 철을 저어서 탄소를 없애고 슬래그를 골라내는 방법이었다. 그리고 이와 더불어 홈이 있는 압연 롤을 개발함으로써 영국의 철 생산량을 상당히 증가시켰다. 1828년 스코틀랜드의 제임스 닐슨James Beaumont Neilson은 이전까지 찬 공기를 용광로에 불어넣던 방식에서 뜨거운 공기를 용광로에 불어넣는 방식으로 공기공급방식을 바꾸어 석탄소모량을 1/3로 줄였다.(김성동 기83-84)

이렇게 도구를 만들 수 있는 값싸고 질 좋은 철강이 제공되었기 때문에 각종 동력기관은 물론이고 다른 도구들도 값싸게 만들어질 수 있게 되었다. 이러한 도구들 중에서 가장 중요하다고 할 수 있는 도구는 기계를 만드는 기계이다. 예컨대 증기기관이라는 동력도구를 만들기 위해서는 실린더와 보일러를 만들어야 한다. 실린더와 피스톤을 만들기 위해서는 쇠를 깎는 제작도구가 있어야만 한다.

이러한 제작도구 중에서 전형적인 것이 선반旋盤 lathe이다. 선반은 도자기를 빚을 때 사용하던 녹로의 변형이라고 할 수 있다. 녹로를 수평으로 설치하고 흙더미 대신에 나무를 고정시킨 다음 끌로 모양을 새겨나가게 되면 목공용 선반이 된다. 이는 1395년경에도 이미 이용되었던 도구를 만드는 도구이다. 바퀴축을 깎는다면 이러한 선반은 손으로 작업을 하는 것보다 훨씬 용이하게 작업을 할 수 있다.

산업혁명 이후에 대부분의 도구들이 철로 만들어졌기 때문에 이제 선반은 철을 절삭해야만 했다. 하지만 기술의 발전과 더불어 요청된 다른 과제는 신속성과 정확성이었다. 신속성과 정확성을 확보하기 위해서는 인간의 손에 의존할 수는 없었다. 왜냐하면 숙련공을 양성하기도 어렵거니와 아무리 숙련공이라고 하더라도 인간이 확보할 수 있는 정확성에는 한계가 있었기 때문이다.

이런 까닭으로 정밀하고 신속한 작업이 가능한 선반이 1750년경부터 제작되기 시작하였다. 증기기관의 개발과 함께 선반의 속도는 더욱 빨라지고 작업을 자동으로 수행하는 방법 또한 개발되었다. 아울러 선반과 반대로 테이블 위에 일감을 고정시키고, 여러 개의 절삭날을 회전시켜 절삭하는 공작기계인 밀링 머신milling machine도 1848년에 개발되었다. 1810년경만 하더라도 대부분의 도구들이 손으로 만들어졌지만, 1860년경에는 대부분의 도구들이 모두 선반이나 밀링 머신과 같은 기계에 의해 만들어지게 되었다. 또 쇠를 깎는 이러한 도구들을 만들기 위해서는 쇠보다 강한 금속들이 필요했는데, 합금들은 이러한 필요에 대응하여 만들어졌다.(김성동 기85)

2. 1차 산업혁명과 인간소외

1차 산업혁명의 노동조건

증기기관으로 가동되는 방적기와 방직기로 가득 채워진 공장들이 등장함에 따라 생산성은 급속히 개선되었지만 이로 인하여 심각한 피해를 받은 사람들이 있었는데, 그들은 기계 이전에 방적과 방직을 하던 숙련공들이었다. 가내수공업 당시에는 대개 1개의 수동방직기가 있으면 5~6대의 수동방적기를 돌리는 방식으로 진행되었다. 이러한 방적기와 방직기가 전문기술을 요구하지는 않았지만 그래도 숙련된 노동을 요구했다.

그러나 공장에서 직물들을 생산하게 되자 이러한 숙련된 방적공들과 방직공들은 방적기와 방직기를 관리하는 비숙련노동자로 대체되었다. 공유지의 사유화에 의해 경작지를 잃고 도시로 내몰린 많은 실업자들이 있었기 때문에 노동자의 노동 가치는 더욱 하락하였다. 역사적으로 명성을 얻은 러다이트 운동Luddite Movement은 바로 이렇게 기술적 실업에 내몰려 그렇지 않아도 열악했던 삶의 형편이 더욱 열악해진 상황에서 생겨났다. 이러한 상황은 섬유산업뿐만 아니라 전체산업으로 전파되었다. 이렇게 산업혁명의 혜택이 노동자에게 돌아가지 않았던 기간을 이에 분노했던 엥겔스의 이름을 따서 '엥겔스의 휴지'Engel's Pause라고 부르기도 한다.

> 경제학자 아서 볼리Arthur Bowley의 설명에 따르면, 20세기 초에는 국내 총생산GDP에서 노동에 배분되는 몫이 자본에 배분되는 몫과 거의 동등하지만, 19세기 초의 국민 소득 증가분은 노동과 토지 비용의 희생으로 얻은 결과였다. 그러다가 19세기 중반 무렵에야 상황이 바뀌어서 임금이 생산성 향상에 발맞추어 정상적으로 증가하는 양상을 보인다.(체이스 49)

이러한 상황에 대하여 분노를 금하지 못했던 엥겔스는 산업혁명이라는 단어를 처음 사용한 것으로 알려진 『영국 노동 계급의 형편』에서 자본가들에 의한 노동자의 이러한 착취를 노예제와 같은 것이며 나아가 살인과 같다고 규정했다.

> 과거의 노골적인 노예제와 현대의 노예제의 유일한 차이는 오늘날의 노동자가 자유로워 보인다는 것인데, 그 이유는 그가 한 번에 팔리지 않고, 일, 주, 연 단위로 조금씩 팔리고, 어떤 주인도 그를 다른 주인에게 팔지 않기 때문이다. 그러나 노동자는 특정한 사람의 노예가 되는 대신 자산계급 전체의 노예가 되어 스스로를 팔지 않을 수 없다.(엥겔스 126)

> 만약 한 개인이 다른 이에게 육체적인 위해를 가하여 그로 인해 결국 공격받은 사람이 죽게 되면, 그것은 고살죄manslaughter가 된다. 반면에 공격자가 자신의 폭행이 치명적일 것이라는 것을 사전에 알고 있었다면, 그것은 모살죄murder가 된다. … 만약 이러한 상황이 계속되도록 내버려둘 때 불가피하게 수천의 노동자가 희생될 것이라는 것을 사회가 완벽하게 잘 알고 있다면, 이도 또한 모살이 된다. 이러한 종류의 모살도 개인적으로 행해진 모살과 마찬가지로 비난 받아 마땅한 것이다.(싱어 474-75 재인용)

1차 산업혁명과 내 소외

하지만 1차 산업혁명으로 질곡에 처한 노동자의 삶에 대하여 보다 철학적인 분석을 수행했던 이는 엥겔스와 함께 공산주의 운동을 창시했던 마르크스였다. 그는 산업혁명의 결과로 생겨난 공장제 기계공업

아래서 노동자는 네 가지 소외를 겪을 수밖에 없다고 지적하였다. 그 것은 생산물, 생산과정, 유적본질, 그리고 다른 인간들로부터의 소외이 다.(김성동 인211-235)

소외라는 용어는 원래가 독일의 관념론자인 게오르크 헤겔Georg Wilhelm Friedrich Hegel에서 비롯된 것이기 때문에 관념론적인 현학성이 있다. 헤 겔은 주관정신, 객관정신, 절대정신이라는 표현을 사용하였는데, 일상 적으로 정신이라는 것은 우리의 머리 안에 들어 있는 것이다. 그러므 로 정신이라는 것은 머리 안에 주관적으로 있는 것이지 머리 바깥에 객관적으로 있는 것이 아니다. 그러므로 적어도 주관정신이라는 말은 쉽게 이해할 수 있다. 이제 이러한 주관정신이 머리를 떠나 머리 바깥 으로 나가서 존재하게 되면, 헤겔은 이를 '정신이 외화되었다'라고 이 야기한다. 정신이 머리를 떠나 머리 바깥에서 존재하게 되는 경우란 어떤 경우일까?

가장 일상적인 예는 일기일 것이다. 예를 들어, 우리가 몇 년 전에 적 어 두었던 일기장을 읽는다고 해 보자. 그곳에서 우리는 낯선 나를 만 나게 되는데, 때로는 그때의 기억을 떠올리며 그 낯선 나를 과거의 나 로 다시 체험해 보기도 한다. 이때 체험되는 과거의 나는 일기로 객관 화된 과거의 나이다. 과거의 나는 이미 지나갔으나 그 때의 내가 일기 로 내 머리 바깥으로 나와서 나와 별개의 제3자적인 객관적인 존재로 존재하고 있는 것이다. 헤겔은 이렇게 외화된 주관적 정신을 객관적 정신이라고 이름 한다.

헤겔식으로 말하자면 소외란 외화된 주관정신, 즉 객관정신이 거꾸 로 주관정신에 대하여 강제력을 행사하는 것을 말한다. 외화의 일상적인 사례가 일기였다면, 소외의 일상적인 예는 약속이다. 친구에게 생일날 그럴듯한 선물을 주기로 약속하였다고 하자. 이러한 약속은 구두로 이루어질 수도 있고, 일기처럼 종이에 잉크로 객관화될 수도 있다.

일기와 약속의 차이는 일단 약속이 이루어지면 일기와 달리 내가 그 약속에 구속된다는 것이다. 물론 나는 약속을 위반할 수도 있다. 그러나 약속을 지키지 않는다고 하더라도 약속을 하지 않았던 것과는 전혀 다른 상황 즉 아무런 거리낌 없는 상황이 아니라 지켜야 할 약속을 지키지 않은 약속을 저버린 상황에 처하게 된다. 이처럼 약속은 나로부터 비롯된 것이지만 객관화되어서 오히려 나에게 강제력을 행사하게 된다. 이럴 경우 나는 소외되었다고 말한다.(김성동, 인212-214)

마르크스는 이러한 소외라는 개념을 노동자의 삶의 방식에 적용하였다. 그에게서 소외되는 것은 헤겔에서처럼 정신이 아니라 노동이었다. 노동자가 노동을 하게 되면 그의 노동은 생산물로 외화되는데, 이렇게 외화된 생산물은 노동자의 소유가 아니라 기업가의 소유가 되고 노동자는 그에 미치는 못하는 임금만을 받아 열악한 삶을 유지할 뿐이기에 노동생산물은 약속처럼 노동자에게 구속력을 행사하게 된다. 마르크스를 이를 노동생산물로부터의 소외라고 지적하였다.

이러한 사실은 결국 노동이 생산하는 대상 곧 노동의 생산물이 낯선 존재로서, 생산자와 무관한 권력으로서 노동과 맞선다는 것을 나타낼 뿐이다. 노동의 생산물은 하나의 대상 속에 고정되고 객관화된 노동이다. 즉 그것은 노동의 대상화이다. 노동의 현실화는 노동의 대상화이다. 국민경제학적 상황에서는 이러한 노동의 현실화가 노동자의 탈

현실화로, 대상화가 대상의 상실과 노예성으로, 획득이 소외 곧 외화로서 나타난다.(마르크스 56)

마르크스는 이러한 생산물로부터의 소외 때문에 다음과 같은 일이 벌어진다고 지적하였다.

노동자가 더 많이 생산하면 생산할수록 그는 더욱 적게 소비할 수밖에 없다. 노동자가 더 많은 가치를 창조하면 창조할수록 그는 더욱 더 무가치해 지고 더욱 더 품위가 떨어진다. 그는 생산물이 정형화되면 정형화될수록 노동자는 더 기형화된다. 노동자의 대상이 문명화되면 문명화될수록, 노동자는 더 야만화 된다. 노동이 더 많은 권력을 가지면 가질수록, 노동자는 더욱 더 무력해진다. … 노동은 기계들을 통해 노동을 보충하지만, 그 반면에 일부의 노동자들을 야만적인 노동으로 몰고 가며, 또 다른 일부의 노동자들을 기계로 만든다.(마르크스 57-58)

마르크스는 이러한 소외가 생산의 결과에만 나타는 것이 아니라, 오히려 생산행위 곧 생산하는 활동 내부에서 나타난다고 하면서 노동과정으로부터의 소외를 또한 이야기하고 있다.

노동은 노동자에 대해 외면적인 것으로 존재한다. 다시 말하자면 노동은 노동자의 본질에 속하지 않는다. 그러므로 노동자는 자신의 노동을 통해 자기 자신을 긍정하지 않고 부정하며, 행복을 느끼지 않고 불행을 느끼며, 자유로운 신체적 정신적 에너지를 개발하지 못하고,

자신의 신체를 채찍질하고 자신의 정신을 황폐화한다. 따라서 노동자는 노동 바깥에 있을 때 비로소 안도감을 느끼며 노동을 할 때에는 탈아감을 느낀다. … 따라서 그의 노동은 자발적인 것이 아니라, 강제된 것 곧 강제노동이다. 따라서 노동은 욕망의 충족이 아니라, 노동 이외의 욕망을 충족시키는 하나의 수단에 불과하다.(마르크스 58-59)

마르크스가 이야기하는 소외의 셋째 형태는 유적 본질로부터의 소외이다. 유적 본질이란 인간이라는 종류의 본질을 뜻하는데, 마르크스는 이를 자의식에 기반 하는 자유라고 보았다. 동물들은 신체적 욕망에 따라 생산하지만 인간들은 그렇게 하기도 하지만 그로부터 벗어나 자유롭게 생산하기도 한다고 마르크스는 지적한다. 인간의 유적 특성이 발휘된다면 노동은 강제노동이 아니라 자유노동이어야 하며, 노동은 곧 놀이여야 하며, 노동과 여가는 일치해야 한다. 마르크스는 이러한 인간의 유적 본질이 자본주의 사회에서는 좌절되고 만다고 비판했다.

소외된 노동은 인간에게 유적 생활을 개인적 생활의 수단으로 만든다. …… 왜냐하면 [소외된 노동에서] 우선 노동, 생명활동, 생산적 활동 자체는 인간에게 오로지 욕망 곧 신체적 생존의 보존이라는 욕망을 충족시키는 수단으로 나타나기 때문이다. 그러나 생산적인 생활이란 곧 유적 생활이다 … 자유로운 의식을 갖고 있는 활동은 인간의 유로서의 성격이다. [소외된 노동에서] 생활 자체는 오로지 생활수단으로서만 존재한다.(마르크스 61)

소외된 노동에 대한 마르크스의 마지막 분석은 다른 인간들로부터의 소외이다. "인간이 자신의 노동의 생산물, 자신의 생명활동, 자신의 유적 존재로부터 소외되어 있다는 데서 초래되는 직접적인 결과는 인간에 의한 인간의 소외이다."(마르크스 63) 이제까지 그는 노동자가 노동생산물, 노동과정, 유적 본질에 대하여 갖는 관계를 다루어 왔다. 이것들은 노동자라는 인간과 그 인간의 비인간적 대상과 특징들과의 관계이었다. 이제 여기에 이르러 마르크스는 인간과 다른 인간 즉 노동자와 노동자가 아닌 사람들과의 관계에 대하여 언급하고 있다.

> 만일 노동의 생산물이 노동자에게 속하지 않고 노동자에 대해 낯선 권력으로 존재한다면, 이러한 일은 오직 노동의 생산물이 노동자 바깥의 다른 사람에게 귀속됨으로써만 성립된다. 만일 노동자의 활동이 노동자에게 고통이라면, 그 활동은 다른 사람에게는 향유가 되고 다른 사람의 삶의 기쁨이 될 수밖에 없을 것이다. 인간에 대해 이처럼 낯선 권력으로 존재할 수 있는 것은 신들도 아니요, 자연도 아니요, 오로지 인간 자신일 뿐이다.(마르크스 64)

마르크스의 소외에 대한 이 마지막 분석은 노동자에게 낯설고 적대적이고 강제적이면서도 자신과 무관한 다른 사람이 있으며, 소외의 최종적인 결과는 바로 이 다른 사람과의 소외라는 것이다.

요컨대 노동자는, 소외된 노동 곧 외화된 노동을 통하여 노동에 대해 낯설고 노동 바깥에 존재하는 인간이 이러한 노동에 대하여 맺고 있는 관계를 산출한다. 노동에 대한 노동자의 관계는 노동에 대한 자본가의 관계를 산출한다. … 요컨대 사적 소유는 외화된 노동 곧 자연과 자기자신에 대한 노동자의 외적 관계의 산물이요 결과요 필연적 귀결이다.(마르크스 65)

1차 산업혁명이 가져온 생산의 효율성은, 시간이 걸리기는 했지만, 전반적으로 생활수준을 향상시켰다. 하지만 이것이 마르크스가 지적한 것처럼 산업사회에서의 불가피한 강제노동을 인류에게 부과한 것도 사실이며, 오늘날에도 확인할 수 있는 것처럼 경제적 불평등을 확대한 것도 사실이다. 마르크스의 많은 지적들이 타당하게 보이기는 하지만, 마르크스 시대의 산업능력은 마르크스의 꿈을, 각자의 능력껏 일하고 각자가 필요한 만큼 가져가는 꿈을, 실현하기에는 아직 역부족이었다. 얼마만큼이나 생산성이 향상되면 이런 꿈이 현실이 될 수 있을까? 아마도 4차 산업혁명이 완성되길 기다려야 했을 것이다.

3. 기술적 효율성에 의한 소외

조직적 기술과 현상적 기술

1차 산업혁명은 인력을 동력으로 하는 가내 수공업적 작업방식을 증기기관을 동력으로 하는 공장제 기계공업적 작업방식으로 교체하였다. 그러나 이러한 작업방식의 변화 외에도 1차 산업혁명을 통하여 기술의 성격 또한 변경되었다. 프랑스의 기술철학자 쟈크 엘륄Jacques Ellul은 이러한 변경을 조작적 기술technological operation과 현상적 기술technological phenomenon이라는 용어를 통하여 조명하고 있다.(김성동 기346)

엘륄은 산업혁명 이전의 기술은 조작적 기술로서의 성격을 가졌으나 산업혁명 이후의 기술은 현상적 기술로서의 성격을 가지게 되었다고 주장한다. 왜냐하면 이때에 이르러서야 인간은 일정한 작업에서 최상의 효율적 수단을 선택하기 위해 이용가능한 모든 기술들에 대해 합리적으로 평가하는 능력을 갖추게 되었기 때문이다.

> [무기학자인] 고르한이 … 줄루족의 칼과 화살의 효율성을 표로 작성할 때, 그의 작업은 그 칼을 만드는 … 대장장이의 작업과는 명백히 다른 일이다. 칼 만드는 사람의 칼의 형태에 대한 선택은 무의식적이고 자연발생적이다. 비록 그것이 지금은 수치적으로 합리화될 수 있지만 그러한 계산은 대장장이가 수행하는 기술적 작업 그 어디에서도 자리 잡을 여지가 없었다.(엘륄 37)

다양한 수단 가운데서 가장 효율적인 수단을 선택하는 능력은, "이전에는 실험적이고 무의식적이며 자연발생적인 것들을 보다 분명하고 자발적이며 합리적인 개념의 영역으로 끌어들임"(엘륄 37)으로써 가능해진다. 전통적 기술과 근대적 기술의 차이는 바로 이것이다. 이러한 개념적 객관화를 통하여 합리성과 효율성이 계속 증대되고 누적되어 그 결과로 현상적 기술이 등장하게 된다. 이런 의미에서 현상적 기술은 기술적 자의식의 결과라고 볼 수 있다.(김성동 기349)

이러한 현상적 기술은 조작적 기술과 여러 가지 점에서 차이를 보이는데, 레오나르드 왁스Leonard. J. Waks는 엘륄의 통찰을 네 가지로 분류하였다. ① 조작적 기술은 소수의 삶의 영역에만 적용되었는데 반해 현상적 기술은 삶의 영역 전체에 걸쳐 적용되며, ② 조작적 기술은 기술적 힘이 주로 신체적 한계 내에 제한되어 있었으며 사람들의 천부적 능력에 따라 아주 상이하고 다양하였지만, 현상적 기술은 무한한 힘을 발휘하고 사용하는 사람의 능력에 크게 구애받지 않는다. ③ 조작적 기술에는 지역 문화적 제한들이 있어 기술 혁신이 느렸고 다른 문화로 수출되기 어려웠지만, 현상적 기술은 기술 혁신들이 신속하게 진행되고 또 이러한 기술 혁신들이 쉽게 한 곳에서 다른 곳으로 전파된다. ④ 조작적 기술은 인간이 스스로 채택하거나 채택하지 않거나를 결정할 수 있었다. 하지만 현상적 기술은 기술에 대한 인간의 선택이 불가능하다.(강성화 38 재인용).

효율성에 의한 소외

이러한 특징들 중에서 첫째, 셋째, 넷째 특징은 기술의 사용과 관계가 있고, 둘째 특징은 기술 자체와 관계가 있다. 데이비드 러브킨David Lovekin은 이 둘째 특징을 불도저와 전기톱의 예로써 강조하고 있다. 괭이와 톱은 신체적인 도구이다. 도구의 기능은 신체적 한계 내에 있고 도구의 효율성은 사용자의 신체적 기술에 달려 있다. 하지만 이를 대치하는 불도저와 전기톱은 그 기능이 신체적 한계를 넘어서 있고 효율성은 도구 그 자체의 효율성에 달려 있다.

팽이는 커다란 돌무더기를 파서 옮겨놓고자 하지만, 돌과 흙은 이에 '저항'한다. 그러나 불도저의 출현은 대상의 저항, '목표의 의미'를 사라지게 한다. "이 기계에 올라타면, 대상의 저항은 기계 자체의 진동과 소음 속으로 사라져버리며", "목표는 절대적 합리성, 곧 기술 자체가 된다" … 도끼는 나무를 쓰러뜨리려 하지만 나무는 이에 '저항'한다. 도끼에게 나무는 극복되어야 할 저항체인 것이다. 또한 나무를 도끼에 굴복시키는 데에는 다른 저항들, 예컨대 나무가 박혀 있는 땅의 저항이나 노동자의 제한된 팔의 힘이라는 저항이 존재한다. 그러나 전기톱의 등장은 나무와 그 밖의 것이 가지고 있는 모든 저항을 무력화시킨다. 전기톱에게 이 저항들은 아무런 위협이 되지 않으며, 나무는 더 이상 목표가 되지 않는다. 초점은 전기톱에게로 이행되며, '기술적 정신' 즉 효율성만이 중요한 것이 된다.(강성화 36-37 재인용)

현상적 기술에서 도구가 사람이나 사물을 가리지 않고 절대적 효율성으로서 존재하게 되는 것과 반대로, 조작적 기술에서는 효율성이 거의 중요하게 취급되지 않았다. 왜냐하면 조작적 기술은 관습적, 종교적 이유와 같은 순전히 전통적인 이유 때문에 사용되었고, 사용자는 어떤 기술이 다른 기술보다 더 효율적이라고 하더라도 그것을 평가하고 비교할 필요가 없었기 때문이다. 그러나 현상적 기술은 그런 전통적인 이유가 아니라 효율성을 자신의 정당화 근거로 제시하며 나아가 효율성을 그 밖의 모든 다른 이유들에 앞서는 것으로 제시한다.(김성동 기351-52)

이렇게 보면 1차 산업혁명을 통한 인간의 소외는 사실 마르크스가 지적한 것처럼 다른 인간에 의한 소외에 그치는 것이 아니다. 실천적으로 노동자가 생산한 생산물을 노동자가 아니라 자본가가 소유함으로써 생겨난 빈부의 차이가 가진 자와 가지지 못한 자를 분리시키고 있었지만, 본질적으로는 엘륄이 지적한 것처럼 인간이 개발한 기술에 의한 인간의 소외가 이루어지고 있었다. 기술이 인간의 효율성에 대한 집착 때문에 자율성을 갖게 됨에 따라 인간들은 기술들에 종속되었다. 인간은 이제 자신의 본래의 본성을 잃고 기술이 요구하는 제2의 본성을 가져야만 했다.

미국의 낭만주의를 계승한 비주류 철학자 루이스 멈포드Lewis Mumford는 바로 이렇게 기술에 의한 인간의 소외를 지적하였다. 그는 시간을 효율적으로 사용하고자 시계를 사용함으로써 우리의 삶이 어떻게 변화되는지를 주목하고 있다. 오늘날 우리가 너무나 당연시 하는 시계는 시간을 알려주는 실천적 기능만을 하고 있는 것이 아니다. 시계는 심리적으로 우리를 조종하며 우리를 시간에 쫓기는 자로 만들고 있다.

시계는 시간을 알려준다는 실천적 기능을 넘어서서 애초에 시계를 만든 이유였던 수도원의 수도사는 물론 나아가서 도시의 노동자들과 상인들의 삶을 심리적으로 규율하게 되었다. 이제는 자연스런 낮과 밤이 사라졌다. 생물이 태어나고, 자라고, 성숙하고, 노화하여, 결국 죽음에 이르는 자연적인 사이클 속에서의 각각의 구체적 시간은 사라졌다. 존재하는 것은 시계의 시침과 분침이 가리키는 추상적인 시간뿐이다. 극단적으로 말하면 인간은 이제 시장하지 않아도 먹고, 피곤하지 않아도 자며, 쉬고 싶어도 일해야만 했다. 왜냐하면 시계가 그렇게 할 시간이라고 알려주기 때문이다.

그리고 이러한 삶의 방식은 오늘날에는 이제 인간의 제2의 본성 second nature이 되었다. 멈포드의 표현대로 "추상적인 시간이 새로운 존재매체가 되었으며, [예전에는 시간의 척도가 되었던 인간의] 유기적인 기능까지도 그것에 의하여 조절되게 되었다."(Mumford 17)

멈포드는 엘륄이 현상적 기술이라고 부른 그러한 종류의 기술을 일원적 기술이라고 불렀으며, 엘륄이 조작적 기술이라고 부른 그러한 종류의 기술을 다원적 기술이라고 불렀다. 다원기술polytechnics은 생기술biotechnics이라고도 하는데, 이는 "대개 생활-중심적이지 작업-중심적이거나 권력-중심적이 아니다."(Mitcham 43 재인용) 이러한 기술은 인간의 다양한 형태의 욕구와 조화를 이루며 인간의 잠재적 다양성을 민주적인 방식으로 실현시킨다. 일원기술monotechnics은 권위적 기술 authoritarian technics이라고도 하는데, 이는 "과학적 지성과 양화된 생산에 기초하여 경제적 성장과 물질적 풍요 그리고 군사적 우월성"(Mitcham 43 재인용)을 즉 권력을 지향하고 있다.

인간이 다른 인간에 의해 소외되는 현상은 쉬 알아챌 수 있다. 알아챌 수 있기에 고쳐나갈 수도 있다. 하지만 일원적 기술, 즉 현상적 기술이 인간을 소외시키는 상황은 쉬 알아챌 수 없다. 그래서 고쳐나가기도 어렵다. 어떤 의미에서 우리가 4차 산업혁명을 통하여 극복해야 할 과제는 이중적이다. 다른 인간에 의한 소외와 기술에 의한 소외, 이 둘을 극복해야 한다.

더 넓게 더 깊게 읽을거리

1. 엥겔스,『영국 노동계급의 상황』, 이재만 옮김, 서울: 라티오, 2014.

2. 마르크스,『경제학-철학 수고』, 김태경 옮김, 서울: 이론과실천, 1987.

3. 엘륄,『기술의 역사』, 박광덕 옮김, 서울: 한울, 1996.

 2차 산업혁명을 19세기 중엽부터 20세기 초엽까지로 보는 견해가 있기도 하지만, 그것보다는 3차 산업혁명이 시작된 20세기 중엽까지로 연장해서 보는 것이 편리하다. 사실 2차 산업혁명의 시기 동안에는 영국 외의 지역에서도 영국의 산업혁명을 모범으로 삼아 지역별로 시차를 두고 산업혁명이 시작되었다. 이러한 결과로 여러 나라에서 동시다발적으로 기술과 산업혁신이 일어났는데, 1, 2차 세계대전은 이러한 산업혁신의 성과가 비교되는 전쟁이기도 했다.

 기술적으로 보면 2차 산업혁명은 동력원이 증기기관에서 내연기관과 전기모터로 변경된 것을 특징으로 하지만, 철도의 발달과 더불어 전신이 동반 발달하고 이어서 전화와 라디오와 영화가 등장함으로써 생산되는 재화도 의식주에 필요한 물질은 물론이고 기술적인 문화적 콘텐츠 또한 중요한 생산품으로 등장하게 되었다.

오늘날 우리가 아직까지 사용하고 있는 동력원은 내연기관과 전기모터이다. 내연기관은 조만간 그 자리를 내어줄 것처럼 보이기도 하지만, 전기모터는 앞으로도 당분간 계속 우리의 주된 동력원으로 남아있을 것으로 보인다. 그렇기는 하지만 3차 산업혁명이 1960년대 메인프레임 컴퓨터mainframe computer, 1970년대 퍼스널 컴퓨터personal computer, 1990년대 인터넷internet의 등장에 따르는 디지털혁명을 특징으로 하기 때문에, 2차 산업혁명은 이러한 컴퓨터 기술이 등장하기 이전의 아날로그 전기기술까지로 보아야 하겠다.

2차 산업혁명의 시기는 산업혁명이 유럽과 미국을 넘어서 전 세계로 확산되는 시기이기도 하다. 우리나라도 이러한 물결에 영향을 받아 1960년대부터 압축된 1, 2, 3차 산업혁명을 수행하여 왔고, 이제는 4차 산업혁명을 준비하는 입장에 이르렀다.

1. 2차 산업혁명과 새로운 기술들

제철기술

1차 산업혁명에서 발전에 발전을 거듭해온 제철산업은 이후 2차 산업혁명의 소재 제공산업으로서 계속적인 발전을 이루었다. 1855년에 헨리 베서머Henry Bessemer는 교련법을 대신할 새로운 제강법을 고안했는데, 그것은 철이 녹아있는 노 안에 공기를 불어넣어 탄소를 태움으로써 연철만큼이나 가공이 쉬우면서 그보다 훨씬 크고 슬래그가 없는 철강을 생산할 수 있게 되었다. 이러한 베서머 제강법으로 철의 대량 생산이 가능해지고, 이것이 다른 산업의 발전에 크게 영향을 끼쳤다.

> 그전에는 강철이 비싼 원료였기 때문에 특별한 용도로만 쓰였다. 강철 원료 값이 적당히 낮아지면서 중공업이 약진하기 시작했고, 도로와 철 도, 바다, 나중에는 하늘을 오가는 운송수단이 개발되었다.(체이스 27)

1863년에는 영국에 거주하던 독일의 윌리엄 지멘스William Siemens 가 폐열을 이용하여 질 낮은 석탄으로도 철강을 생산할 수 있도록 한 평로법open-hearth process을 개발하였는데, 이 방법에 의해서 이후 대략 100년 동안 철강이 생산되었다.(김성동 기84)

내연기관

1차 산업혁명을 통하여 인류는 자연의 저항을 무력화시키는 데에 성공하였다. 하지만 증기기관을 소형화하는 데에는 한계가 있었다. 원래 증기를 동력으로 이용할 수 있다는 아이디어를 제시한 사람은 프랑스 태생 영국의 물리학자 드니 파팽Denis Papin이었고, 그에게 그러한 영감을 불러일으킨 사람은 네덜란드의 물리학자 크리스티안 호이헨스Christiaan Huygens였다. 호이헨스는 화약을 폭발시켜 진공을 얻어내는 방법을 제안했는데, 그의 조수였던 파팽은 그 방법의 어려움 때문에 물을 증기로 만들고 증기를 다시 물로 만들어 진공을 얻어내는 방법을 제안했다. 파팽은 이를 위해 실린더를 사용할 것을 제안했다.

호이헨스와 파팽의 실험에서도 드러난 것처럼 폭발을 이용하는 내연기관은 그 구조의 복잡성 때문에 증기기관과 비교할 때 인류의 기계공학적 능력이 훨씬 증대되고 난 다음에야 비로소 실현될 수 있었다. 예를 들어, 비록 19세기말에 내연기관이 만들어지기는 하지만, 2차 세계대전이 끝날 때까지 기차의 동력원은 증기기관이었다.

내연기관은 처음에는 석탄 가스를 사용하였고 나중에 등유를 사용하다가 최종적으로 휘발유를 사용하게 되었다. 석탄가스를 사용하는 내연기관은 1794년에 특허를 얻고 펌프로 사용되었으나, 제대로 된 내연기관을 개발한 사람은 프랑스의 공학자 에티엔 르누아르Etienne Lenoir이다. 그는 1859년에 공기와 가스를 혼합하고 유도코일에 의해 발생된 전기 방전을 이용하여 점화하였다. 1876년에 독일의 니콜라우스 오토Nikolaus August Otto는 모든 내연기관이 채택하게 되는 팽창-압축-연소-배기의 4행정 가스 엔진을 만들어 상업적인 성공을 거두었다. 오토의 엔진은 처음에는 4마력, 1881년에는 20마력의 힘을 내었으나, 1917년에는 5,000마력의 힘을 낼 정도로 개선되어 증기기관과 효율이 같아졌다.

그 사이에 석탄 가스보다 액체 석유가 주된 에너지 원료로 등장하게 되는데, 수송이 쉽고 단위당 열량도 높았기 때문이기도 하지만, 원래 조명용으로, 그리고 나중에 난방용으로 사용되던 석유가 석탄에 비해 경쟁력을 가지고 제공되기 시작했기 때문이기도 하였다. 처음에는 등유가 내연기관의 원료로 사용되었다. 하지만 등유를 폭발시키기 위해서는 가열하여 증기화 시킨 다음 높은 압력으로 압축시켜야만 했다. 그래서 등유엔진은 무겁고 큰 출력을 내는 데는 유용했으므로 공장이나 배에서 사용하기는 적당했지만 자동차에는 적당하지 않았다. 루돌프 디젤Rudolf Christian Karl Diesel은 이전의 석유엔진보다 개선된 엔진을 1892년 개발하였으며 1897년 25마력의 단순하면서도 효율적인 엔진을 제작하여 상업적으로 성공하였다.

사실 가솔린은 초기 석유산업에서는 해결하기 곤란한 폐기물이었다. 하지만 이를 내연기관에 이용하게 됨으로써 내연기관은 마침내 다른 기관들을 제치고 가장 일반적으로 사용되는 동력원이 되었다. 가솔린 엔진은 오스트리아의 공학자 지그프리드 마커스Siegfried Markus가 1864년 최초로 제작했다고 알려져 있지만, 주로 이야기되는 사람은 독일의 고틀리브 다임러Gottlieb Daimler이다. 그는 1885년 가솔린을 연료로 하는 기화기를 개발하여 가솔린 엔진을 제작하였다. 자전거, 마차, 배에 적용한 끝에 1889년 자동차로 설계한 4륜차에 적용되었다. 다임러와 동시에 카를 벤츠Karl Friedrich Benz도 1885년 다임러와 형식을 달리하는 가솔린 엔진을 개발하였는데, 3륜차에 장착된 이 엔진은 매우 성공적이었다. 1893년에는 4륜차에도 장착되었다. 간편하고 효율적인 이러한 엔진들이 결국 육상이나 해상의 수송에서 다른 기관들을 대체하게 되었으며 공중 수송도 가능하게 만들었다.(김성동 기80-83)

전기기술

2차 산업혁명을 특징짓는 기술을 하나만 지적한다면 그것은 당연히 전지와 전기모터이다. 오늘날 우리가 사용하는 거의 모든 도구는 전지나 전기모터에 의존하고 있다. 특히 우리는 자동차의 동력원으로서 내연기관이 전지로 작동되는 전기모터로 전환되는 현장을 바라보고 있다.

1794년 이탈리아의 알레산드로 볼타Alessandro Giuseppe Antonio Anastasio Volta는 친구인 루이지 갈바니Luigi Aloisio Galvani가 2개의 서로 다른 금속을 개구리의 근육과 접촉시키면 전류가 발생한다고 주장하는 것을 보고서 개구리 없이도 서로 다른 금속만으로 전류가 발생한다는 것을 알아내었으며 이를 이용하며 1800년 전지를 발명하였다. 이 전지는 전기나 전기분해와 같은 화학분야의 연구를 촉진시켰다.

1802년 영국의 험프리 데이비Humphry Davy는 2개의 분리된 목탄전극에 전류를 흘려서 방전시킬 때 빛이나 열을 발생시킬 수 있다는 사실을 증명하였다. 1820년에 덴마크의 한스 외르스데드Hans Christian Oersted는 전류가 자화된 바늘을 움직일 수 있다는 것을 발견하였는데 이는 전류와 자기가 관계가 있음을 시사 하는 것이었다. 1831년에 영국의 마이클 패러데이Michael Faraday는 자석이 코일 안으로 들어가거나 밖으로 나올 때 코일에 전류가 유도된다는 것을 발견했으며, 자석 사이에 구리 원판을 회전시키면 연속적인 전류를 얻을 수 있다는 것을 발견하였다. 이것은 연속적인 전류를 흘리면 원판을 회전시킬 수 있다는 의미이기도 한데, 이것이 발전기와 전기모터의 원리이다. 볼타의 전지가 화학반응을 전기로 변화시키는 장치라고 한다면, 패러데이의 실험은 물리 운동을 전기로 변화시키는 장치이다.

물론 패러데이의 발견이 실제로 발전기로 사용되고 전기모터로 활용되기 위해서는 유럽 여러 나라의 많은 사람들의 개량이 있어야만 했다. 물론 볼타의 전지도 여러 사람들에 의해 개선되어 마침내 충전되고 방전되는 전지로 발달되어 나갔으며, 발전기는 처음에는 그 이전의 주된 전기원이었던 전지의 예를 따라 교류로 발전하고 정류하여 직류로 변환시켜 사용하였지만, 증기기관을 이용하여 대규모 발전이 이루어지는 1893년경에는 수송과 변압의 간편함 때문에 교류발전이 채택되고 일반화되었다. 이에 따라 전기모터도 직류모터와 더불어 교류모터로 개발되어 사용되었다.

증기기관은 전기를 만들기 위하여도 사용되었지만, 역설적이게도 그렇게 만들어진 전기는 증기기관을 공장에서 밀어내게 되었다. 증기기관과 연결된 축에 벨트를 걸어서 사용하던 기계들은 전기모터를 사용하게 된 다음에도 초기에는 마찬가지로 벨트를 걸어 사용했지만, 곧 전기모터를 내장하여 독립적인 기계로 사용되게 되었다.(김성동 기78-80)

2. 헨리 포드의 혁신과 중산층의 등장

헨리 포드의 대량생산

헨리 포드Henry Ford는 벤츠나 다임러처럼 새로운 자동차기술을 개발하지도 않았고, 컨베이어벨트를 이용한 이동식 조립방법을 고안한 것도 아니었고, 그저 당시 미국의 수많은 신생 자동차회사 설립자들 중의 한 사람에 불과했지만, 자동차의 생산에 이러한 방법을 적용하여 낮은 가격으로 높은 품질의 물건을 대량생산할 수 있음을 입증함으로써 소품종 대량생산이라는 산업사회의 규범을 수립하였다.

이렇게 보면 영국에서 시작된 1차 산업혁명이 도시혁명 이후 정체해 있던 인류의 삶에 근본적인 변화를 가져오기 시작했다면, 주무대가 유럽에서 미국으로 옮겨간 2차 산업혁명은 포드의 고안을 통하여 산업사회를 살아가는 근대인의 삶의 정형을 수립하였다고 하겠다.

포드는 자동차공장의 노동자라면 스스로 차를 살 수 있을 정도로 여유가 있어야만 하며 일요일 오후에 그 차를 타고 드라이브를 즐길 수 있어야 한다고 생각했다 …… 포드에게 진짜 중요했던 것은 대량소비였다. 그는 공장노동자에게 실제 생활 임금을 주고 훨씬 적은 돈을 들여 훨씬 적은 시간에 훨씬 많은 자동차를 생산한다면, 모든 사람이 차를 살 수 있을 것이라고 생각하였다 …… 1914년 포드는 그의 최고의 공헌이 될 일당 5달러 계획을 가지고서 세계를 놀라게 하였다. 그 당시 자동차산업계의 평균임금은 9시간 교대근무에 2.34달러였다. 포드는 임금을 두 배로 하였을 뿐만 아니라 근무시간도 한 시간 줄여버렸다 …… 나중에 임금이 10달러가 되었을 때 이것이 모든 사람이 자동차를 살 수 있도록 하려는 포드의 계획의 결정적 요소임이 입증되었다.(Lee Iacocca 〈Time〉 1998. 12. 7)**5**

포드는 대량생산을 통해서만 자신이 꿈꾸는 세계 즉 모든 사람이 자동차를 사서 주말을 즐길 경제적 시간적 여유를 가지는 세계를 달성할 수 있다고 생각했다. 그는 대량생산을 위하여 생산의 표준화와 이동조립법을 채택하였다. 생산의 표준화는 생산에 사용되는 부품을 표준화하고 이러한 부품을 조립하는 노동을 프레데릭 테일러Frederick Taylor가

그림 6 포드자동차의 조립라인(Wikipedia "Henry Ford")

창안한 시간동작연구time-and-motion study를 통하여 표준화함으로써 달성되었다. 그리고 '일에 사람을 가져가는' 대신 '사람에게 일을 가져가는' 컨베이어 시스템conveyor system을 이용하여 이동조립법을 구성하였다.

물론 이러한 생산방법에 대하여 반드시 긍정적인 평가만이 있는 것은 아니다. 일리노이에서 발간되는 「트리시티 노동비평」에 실린 한 기사는 포드식 생산방식을 인간과 노동의 타락이라고 파악하고 있다.

"나는 일전에 새 포드차의 출고를 기다리는 친구를 만났다. 그는 나에게 '좋은 차야'라고 말했다. 그러나 나는 포드차라는 말을 들을 때마다 포드의 조립공장을 방문했던 기억이 떠오르곤 한다. 모든 노동자들이 일사불란하게 움직이고 있었으며, 이와 같은 동작이 자동차를 만들어냈다. 사람이 그처럼 완전히 자동화되리라고는 상상하지 못했다."(유엔 20 재인용)

1914년 하이랜드 팍Highland Park의 세계 최초의 자동 컨베이어 시스템에서는 93분마다 자동차가 한 대씩 생산되었다. 1910년에 자동차 한 대를 조립하는 데에 12시간 28분이 걸린 것과 비교하면 8배 정도 생산시간이 단축된 것이었다. 포드는 1927년까지 미국, 영국, 캐나다 등지에서 총 1,700만대를 만들어 전 세계 차량생산의 절반을 차지하였다. 포드는 짧은 시간 내에 한 가지 작업내용을 익힌 노동자와 값은 비싸지만 한 가지 작업을 하는 기계를 결합시킨 이러한 일관작업 생산체제를 도입함으로써 값싼 자동차를 생산할 수 있었다. 이러한 포드시스템은 자동차뿐만 아니라 다른 상품들의 대량생산을 위해서도 유용한 모델이 되었다.

[포드의 이러한 혁신 때문에,] 소비재 생산업자들은 시장경쟁체제에서 살아남기 위해 대량생산과 대량유통이 '필요하다'는 점을 깊이 인식하게 되었다. 보스턴 백화점의 소유주이면서 소비자운동의 창시자인 에드워드 필렌Edward Filene은 … 경쟁 때문에 "우리는 어쩔 수 없이 미국의 사업과 산업에 포드식 방법을 도입해야 한다"라고 말했다.(유엔, 30-31)

사실 포드는 이 외에도 여러 가지 현대적인 삶의 전형을 산출해 내었다. 예를 들자면 맥도날드가 프랜차이즈 시스템을 도입하기 반세기 전에 자동차를 팔고 수리하는 포드자동차 딜러 프랜차이즈를 구성하여 1912년에는 이미 7,000개의 딜러가 있었다.(Iacocca) 또 자동차에 주유하기 위한 주유소가 전 미국에 세워졌으며, 자동차가 달릴 도로망 또한 정비되었다. 오늘날 우리가 가지고 있는 1일8시간 1주일40시간 같은 노동문화도 포드에 의해서 정립되었다.

하지만 포드의 위대함은 자동차라는 상품을 생산해 낸 이상으로 임금인상과 작업시간축소로 자동차 소비자를 창조해 내었다는 점에 있다. 실제로 일급을 5달러(현재 가치로는 120달러 정도)로 올린 2년 뒤에 조사한 바에 따르면 포드 종업원들의 주택 가격 총액은 325만 달러에서 2000만 달러로 늘어났고 평균 예금 액수도 196달러에서 750달러로 늘어 났다.(나무위키 "헨리 포드")

대중은 이제 생산자이자 동시에 소비자가 되었다. 이것이 인류에 대한 공헌인가에 대해서는 평가가 엇갈릴 수 있지만, 기술적이고 경제적이고 시간적인 여유를 대중에게 제공해줌으로써 도시중산층을 창조하고 이들의 여가문화 즉 대중문화의 전형을 만드는데 기여했다는 점에서는 이의가 있을 수 없다.(김성동 소70-72)

중산층의 등장과 가족의 변화

이런 상황 속에서 미국 백인 주류사회는 그 이전 어느 때와 비교할 수 없을 정도의 유복한 삶을 영위할 수 있었다. 특히 은행에 약간씩 자금을 저축할 여유까지 생긴 백인 중산층은 증권에도 투자하기 시작하였다. 경제적 풍요의 효과는 사회 내 여러 가지 측면에서 동시에 나타났다. 그중에서도 가장 두드러진 것은 자동차의 증가 및 기계화에 따른 노동시간의 단축 등으로 인한 여가생활의 확대였다.

여기에 기업들의 사원복지정책까지 가세하여 노동자들까지도 과거와 비교하면 월등하게 풍요로운 소비생활을 누리게 되었으며, 이로 인하여 노동자들의 노조가입률이 심지어는 12%에서 7%로 줄어들기까지 했다.(강원전 39) 물론 이러한 노동자들의 고가상품구매에는 신용할부제도가 또한 톡톡히 한 몫을 해내었다. 심지어는 돈을 빌려 증권에 투자한 경우조차 생겨났다. 이 시대의 소비패턴은 "지금 상품을 구입하고 돈은 나중에 지불하면서 바로 이 순간을 위해서 살아라"buy now, pay later, live for the moment였다.(강원전 229)

1차 산업혁명 시기의 시민사회로부터 2차 산업혁명 시기의 대중사회로의 전환에서 새롭게 소비자로 부상한 사람들은 대개 자동차 공장의 노동자들과 같은 육체노동자들이었지만, 그리스 로마 시대에는 사람에도 포함되지 않았던 새로운 사람들도 또한 있었다. 특히 현대 대중사회에서는 이 새로운 사람들이 소비자로서 다수를 점하는 변화가 일어나는데, 이 새로운 사람들은 바로 청소년과 여성들이었다.

이러한 여유로운 생활이 오기 이전에 청소년들은 대개 경제적 활동에 종사했었다. 하지만 경제적 여유를 갖게 된 부모들의 지원에 힘입어 청소년들은 이제 노동현장에서 해방되어 학교로 그 위치를 이동하게 되었다. 1920년에 220만이던 미국 고등학교 재학생 수는 1930년에는 거의 두 배에 이르게 된다. 이로써 백인 중산층과 노동계층이 공통적으로 고등학교 학력이 보편적이게 되었다. 이에 따라 대학에서도 1920년에는 약 60만 명이었던 학생수가 1930년에는 마찬가지로 두 배로 늘어났다.(강원전 48-49)

여성의 경우는 이처럼 인원변동에서 극적이지는 않았다. 여성의 취업이 늘기는 했지만 자연증가율을 약간 웃도는 수준이었다. 하지만 우선 가계의 여유와 더불어 가정에서 지출순위의 꼴찌를 차지하던 여성에게도 지출가능성이 증대되었다. 특히 가사노동을 대신해줄 각종 가전제품의 발달과 여유시간을 즐길 다양한 오락매체의 발달은 여성을 문명적이고 문화적인 소비자로 승격시켰다. 이와 더불어 여성의 참정권의 확대로 여성의 독립적인 지위가 확보되었으며 전후의 자유주의적인 분위기 속에서 대도시 중상층 여성의 경우 공개적으로 담배를 피거나 술을 마시고 대중문화 공연장을 찾는 등 태도의 변화가 있게 되었다.(강원전 49)

이러한 갖가지 변화는 사실 생산 체제의 변화로부터 시작되었다. 앞에서 보았듯이 미국은 농업중심적인 국가였다. 이러한 농업국가에서 사람들의 삶은 다음과 같은 것이었다.

> 나와 나의 가족은 농장에서 나오는 수입으로 만족할 만한 생활을 하고 있다. 나는 소금과 못 같은 것을 사는 데 1년에 10달러 이상을 쓰지 않기 때문에, 매년 백오십 달러의 은화를 번다. 우리 농장에서 모든 것이 생산되므로 먹고 마시고 입을 것은 아무 것도 사지 않았다.(유엔 111 재인용)

미국 뉴잉글랜드의 19세기 삶은 바로 이러한 형태였다. 가정은 생산과 소비가 분리되지 않은 단일체였다. 또 가족은 가정의 구성원으로서 공동생산자이자 또한 공동소비자였다. 하지만 20세기에 들어오면서 이러한 생산방식은 변경되었다. 예를 들어 초기산업인 방직과 방적은 가정으로부터 길쌈이나 뜨개질이라는 작업을 덜어주었다. 분명히 공장생산은 이러한 수고를 덜어주었다. 그러나 그 대신 그러한 상품을 구입할 현금을 요구하였다. 이러한 삶의 방식을 채택하는 한 노동자로서 임금을 받는 것이 삶을 꾸려나가는 효과적인 방식이었다.

> 1920년대 말까지 … 국민총소득의 3분의 2가 전통적 욕구와 가정의 생산영역의 범주를 벗어나는 상품들(합성섬유와 가정용 전기제품, 라디오 등)과 기본 식품, 통조림 식품, 가공된 식품, 신선한 과일과 야채, 과자류, 의류, 가구를 구입하는 데 지출되었다. 임금은—돈이 가지고 있는 교환능력 때문에—생존을 위한 주요한 수단으로 부각되었다.(유엔 112)

이렇게 하여 공장에서 만든 제품이 가정에서 만든 제품을 대체하였고, 공장노동이 가사노동을 대신하고, 가족의 수입은 이전과 같은 현물의 형태가 아니라 공장에서 만들어진 상품을 사기 위해 금전적 형태를 취해야 했다. 이러한 생산과 소비의 방식의 변경은 가족의 성격을 변화시킴으로써 인류의 탄생 이후, 아니면 적어도 신석기 혁명 이후 계속 존재해 온 가부장적인 가족제도를 흔들어 놓았다.

과거 농촌사회에서의 삶은 가족의 협동에 의해서만 꾸려갈 수 있었고 최소단위가 가족이었다. 하지만 이제 도시의 노동자가 된 사람들에게 개인이 더 중요해지고 가족은 덜 중요해졌다. 왜냐하면 가족의 구성원은 예나 지금이나 모든 생산에 참여하고 있었지만, 이제 가족단위로 그러한 작업을 하는 것이 아니라 개인단위로 사업체의 사장과 고용계약을 맺음으로써 그러한 작업을 하고 있었기 때문이다. 그러므로 정서적 가족은 남아있었지만 경제적으로는 임금을 받을 수 있는 별도의 개인들이었다.

> 초고속 기계 생산은 숙련 노동과 반숙련 노동의 차이를 없앴을 뿐만 아니라 아버지에서 아들로 대물리며 가족 내 연속성을 보장했던 도제 제도를 약화시켰다. 가정은 이제 더 이상 경제 생산의 중심이 아니며, 가족이 사회생활의 중심도 아니며, 가족 성원들은 각자 자신의 동료 집단과 여가 시간을 소비하는 기반이 될 뿐이다.(잴리 241 재인용)

이처럼 산업적 임금체계는 가족을 해체시키는 방향으로 작동하였다.(강원전 77-80) 이러한 해체의 한 부산물은 이혼율의 증가였다.

> 1870년과 1920년대 중반에 걸쳐 매 10년마다 이혼은 무려 35% 비율로 증가했다. 이혼증가는 산업계가 가정에 미친 악영향의 탓으로 돌려졌다. … "가정의 경제적 기능상실"이 이혼증가의 여러 원인들 중 가장 대표적인 것이라 주장했다. 이혼은 농업이나 비산업적 기술로 생계를 유지하는 사람들보다는 산업과 임금체계에 속한 사람들 사이에서 더 빈번하게 발생했다.(유엔 115)

하지만 가족해체가 권력의 진공상태를 창조한 것은 아니었다. 과거의 가족적 삶에서는 아버지가 집안의 어른으로서 가정사를 결정하는 권한을 가지고 있었다. 그러나 이제 아버지나 다른 가족구성원들은 임금노동자가 되었기 때문에 그 권위는 아버지나 가족구성원들의 고용주 즉 공장소유자에게 넘어가게 되었다. 공장소유주 즉 기업이 대량생산 대량소비 사회에서는 새로운 권위로 탄생하였다.

포드식 대량생산 체제를 수용해야 한다고 주장했던 필렌은 현대생활 전반에 걸쳐 기업의 지배가 역사적으로 불가피하다는 점을 강조하면서, 기업이 가정과 국가의 역할을 포괄하는 존재가 되어야 한다고까지 주장하였다. 이는 오늘날 성공적인 기업인이 정치가가 되어야 한다는 주장과도 상통한다. 사업가들은 소비자들이 어떤 상품을 선택함으로써 자신의 의사를 표현하기 때문에 가장 많은 수입을 올린 사업가야말로 가장 민주적인 지도자라고까지 필렌은 주장했다. 일부 사업가들은 이러한 이상을 "경제적 자유" 또는 "산업민주주의"라고 표현하였다.(유엔 33)

> 가족제도는 우리가 가장 소중한 것으로 여기는 대부분의 인간적인 특성을 발전시켰고, 국가제도는 애국심과 인간의 의식을 발달시켰다. 이와 마찬가지로 새로운 사업질서는 훨씬 포괄적인 충성심과 모든 인류는 하나라는 의식을 발달시키고 있으며, 세계적인 규모로 공공선을 이룩하기 위해 인간의 이기심이 작동하지 못하도록 만들고 있다.(유엔 125 재인용)

1920년대 미국 대중의 삶은 새로운 전기를 맞이하였다. 가부장적인 불평등과 생필품 부족, 주기적인 기아로 점철되었던 과거의 삶을 떨쳐버리고 상호적인 평등과 풍부한 생필품, 안정된 생활을 향하여 나아가게 되었다. 하지만 이는 공짜가 아니었다. 이러한 과정에서 많은 사회비평가들이 지적했던 문제점 즉 인간개조가 암암리에 진행되고 있었다. 그러한 인간개조의 목표점은 탈개인화, 표준화였다.(김성동 소73-79)

> "대량생산의 열매는 탈개인화하는 노동과 똑같이 탈개인화하는 소비를 결합함으로써만 딸 수 있다." 그러므로 "노동 시간 내에나 이후에 개별적인 인격을 억누르지 못하면 그 대가가 크다. 결국 인간에 의한 표준화된 제품의 생산은 표준화된 인간의 생산을 요구한다."(그웬네 138)

3. 생산자이자 소비자로서의 중산층

1차 산업혁명을 통해서 인간이 새롭게 갖게 된 기술인 현상적 기술, 즉 일원적 기술은 효율성의 추구를 특징으로 한다. 하지만 이러한 효율성의 추구는 기술에 의한 인간의 소외를 가속화시킨다. 일단 효율성을 추구하기 시작하면 그러한 효율성을 위해서라면 인간성마저도 변경의 대상이 된다.

하지만 기술로부터 비롯되는 이러한 인간소외는 기술의 효율성을 확보하기 위한 논리적 결과라고 할 수 있지만, 산업민주주의자들인 기업가들은 자신들의 이윤을 극대화하기 위하여 자의적으로 인간성을 변화시켰다. 이러한 변화는 두 측면에서 이루어졌는데, 그 하나는 생산의 측면이었고 다른 하나는 소비의 측면이었다. 그래서 상품이 표준화되었듯이 인간도 표준화되었다.(김성동 소264-70)

생산자로서의 중산층

몸은 일반적으로 마음과 더불어 우리를 구성하고 있는 자아로서 이해되었다. 하지만 오늘날 몸은 이제 주체인 자아로부터 분리되어서 객체인 대상으로 등장하였다. 몸이 관리의 대상으로 등장한 것은 1920년대 미국에서 대량생산체제가 성립될 때였다.

컨베이어벨트를 이용한 작업공정은 개별적인 노동을 불가능하게 만들었고, 개인은 팀의 구성원으로서 자신의 팀과 함께 노동해야만 했다. 만약 팀의 한 사람이 자리를 지키지 않거나 업무를 게을리 하게 되면, 그 사람의 생산성이 없거나 떨어지는 것이 아니라 그 팀 모두의 생산성이 없거나 떨어지게 되었다. 다시 말해, 세밀한 생산계획과 엄격한 작업공정에 의하여 유지되는 포드식의 대량생산체제는 작업시간 바깥에서도 생산자들이 작업과 배치되는 방식의 삶을 살지 않도록 하여야 했다.(강원전 231)

이러한 상황에서 노동자의 규칙적이고 조직적인 생활은 생산의 필수적인 요소가 되었다. 기업가들에게 노동자의 육체는 생산의 도구인데, 이러한 도구는 노동자의 불규칙적이고 비조직적인 생활에 의해 성능이 저하되거나 고장 날 수 있었다. 전날의 폭음으로 인하여 다음날 근무에 차질을 불러일으키는 일이 특히 문제시되었다.

이러한 위험에 직면해서 기업가들은 노동자들의 육체를 통제하고자 시도하게 되는데, 노동자의 몸에 대한 생산적 통제는 소비적 통제에 앞서 이루어졌다.

이러한 육체의 통제방법 중에서 가장 대표적인 것이 스포츠이다. 운동은 작업장에서의 지루하고 단순한 작업에 반대되는 활동으로서 이러한 고통스러운 작업을 이겨낼 수 있도록 육체를 재생하는 훌륭한 수단이었다. 더구나 팀을 이루어 하는 운동은 팀을 이루어 하는 작업과 마찬가지로 팀워크를 형성하고 유지하고 발전시키는 데에도 유용하였다. 현대사회에서 스포츠를 포함한 각종 여가활동을 오락amusement이라기보다는 재창조 즉 레크리에이션recreation이라고 이름 하는 까닭이 바로 여기에 있다.

더욱이 스포츠 활동은 노동자들의 정치적인 활동을 차단하는 데도 효과적이었다. 1920년대 미국의 노동조합의 가입률이 12%에서 7%로 하락하기까지 했는데, 이는 임금인상과 작업시간축소 외에도 스포츠 장려와 같은 복지정책 때문에 생겨났다. 로마의 황제들이 로마시민들로 하여금 정치에 관심을 갖지 못하도록 수행했던 빵과 서커스 정책 bread and circus policy은 대중사회에서는 임금인상과 스포츠 활동으로 수행되었다. 대규모 운동장에서 펼쳐지는 프로스포츠 경기는 콜로세움에서 벌어진 검투사들의 경기와 다를 바 없다.

생산적 육체에 대한 이러한 구속은 그 시대의 독특한 제도 즉 1920년부터 1933년까지 시행된 금주법에서도 확인된다.

대중들은 금주법이 "위대한 도덕적 운동"이자 자신의 건강을 보호할 수단이며, 가정의 고결성을 "악마와 같은 술의 파괴"로부터 보존하는 수단으로 받아들이도록 교육받았다. 그러나 이처럼 도덕적, 사회적 이상주의를 강제적으로 부과한 금주법이 노동자들에 대한 자본가들의 통제적 의도를 교묘하게 위장하고 있었음을 간과할 수 없다.(강원전, 63)

물론 금주는 개인이나 가정에 좋은 영향을 끼칠 수 있다. 그러나 금주는 노동자로 하여금 건강과 컨디션을 좋은 상태로 유지하게 함으로써 생산능률을 또한 향상시킨다. 실패한 도덕혁명이라고 할 금주법에는 이처럼 대중에 대한 조작, 특히 대중의 몸에 대한 지배의욕이 잠재해 있었다. 생활 스포츠나 프로 스포츠는 그러나 금주법과 같은 부정적인 방법이 아니라 긍정적인 방법이었다. 스포츠 활동은 그것을 하거나 보는 것 자체가 인간에게 쾌감을 주기 때문에 금주법과 달리 강제할 필요가 없었고 장려하는 것으로 충분했다.

소비자로서의 중산층

이러한 몸에 대한 지배는 오늘날에도 계속되고 있다. 하지만 오늘날 몸에 대한 지배는 소비자의 몸으로도 그 영역이 확장되었다. 산업사회 이전에 몸은 생산과 소비의 주체였으며 결코 객체가 아니었고 수단이 아니라 목적이었다. 신체발부身體髮膚는 부모에게서 물려받은 것으로서 머리카락 한 올이라도 함부로 하면 불효가 된다는 유교의 가르침은 봉건적으로 보이기는 하지만 육체의 이러한 주체적이고 목적적인 성격을 보여주고 있다.

생산하는 몸에 대한 지배가 기업가들에 의해 이루어짐으로써 이제 대중의 몸은 객체적이고 수단적인 성격을 가지게 되었는데, 이러한 성격은 자신의 소유를 통하여 자신의 정체와 위세를 확보하려는 소비자들 자신에 의해서 더욱 강화되었다.

단발령에 반대했던 유림의 입장에서 본다면 성형수술은 조상을 욕보이는 일일 것이고, 그렇게 해서 얻게 되는 아름다움이란 남을 기만하는 일일 것이다. 유가라고 사치품을 구입하여 자신의 위세를 장식하는 일을 하지 않았던 것은 아니었겠지만 자신의 몸을 가공하여 위세를 장식하는 일을 하지는 않았을 것이다. 그들에게 자신의 몸은 대상이거나 단순한 수단일 수 없었다.

하지만 오늘날 산업사회의 대중은 그렇지 않다. 가능하기만 하다면 대중은 자신의 육체조차도 구매할 것이다. 가능하기만 하다면 유명 탤런트의 몸이나 얼굴을 자기의 것으로 하는데 조금도 주저하지 않을 것이다. 하지만 그것이 불가능하기 때문에 성형수술plastic surgery을 하고 몸만들기body-building를 한다.

하지만 이러한 성형과 몸만들기의 기준을 정하는 것은 모든 것을 정하는 현대의 빅브라더Big Brother 기업가들이다. 체육인들이나 의사들이, 예술가들이나 프로듀서들이 건강과 아름다움에 대하여 이야기하지만, 결국 그러한 건강과 아름다움에 대한 논의가 귀착되는 곳은 주로 산업이다. 건강산업과 미용산업의 기업가들이 인간의 몸에 대하여 이상을 정하고, 이를 직접적인 광고나 간접적인 광고를 통하여 선전한다. 그리하여 그 이상을 충족시키지 못하는 인간들을 단죄하기 시작한다.

스칸디 사우나의 훌륭한 효과. 허리둘레, 히프, 넓적다리, 장딴지를 몰라볼 만큼 단단하게 해주며, 배를 쑥 들어가게 해주고 쓸데없는 지방을 없애주며, 피부를 미끈미끈하게 해주어 새로운 몸의 선을 약속합니다. "스칸디 사우나를 3개월 사용한 끝에 … 나는 군살을 뺐을 뿐만 아니라 훌륭한 몸매와 정신의 안정을 얻었습니다."(보드리야르 215)

패션모델처럼 뼈만 앙상하지 않은 몸은 더 이상 아름다운 몸이 아니다. 아름다운 몸을 지니지 않은 인간은 죄인이다. 죄인은 자신이 저지른 죄 때문에 괴로워해야 한다. '스칸디 사우나'를 구입하여 훌륭한 몸매를 가지고 나서야 이러한 죄에서 해방될 수 있다. 죄에서 해방되었기에 정신의 안정도 누릴 수 있다.

몸을 만들기 위하여 추가로 구입해야 하는 재화는 한두 가지가 아니다. 훌라 후프hula hoop에서 러닝머신running machine까지, 인라인 스케이터inline skater에서 스키ski 용품까지, 조깅jogging 신발에서 등산용 위성항법장치GPS: global positioning system까지 구입해야 한다. 구입해야 하는 것은 재화만이 아니다. 서비스도 구입해야 하는데, 일반적으로 서비스가 더 많은 소비를 일으킨다. 에어로빅airrobics이나 웨이트 트레이닝weight training에서 요가yoga나 필라테스pilates에 이르기까지 이루 헤아릴 수 없다.

소비사회에서는 특히 건강도 새로운 의미를 갖게 된다. "건강은 오늘날에는 살아남기 위한 생물학적 의미에서의 지상명령 이상으로 지위향상을 위한 사회학적 지상명령이 되고 있으며, 기본적 '가치'라기보다는 과시이다."(보드리야르 208) 이런 까닭으로 의사도, 특히 성형외과 의사는 새로운 지위를 갖게 되는데, 그것은 비정상적인 신체를 정상적인 신체로 되돌려 놓는 존재에 더하여, 정상적인 신체를 심미적인 신체로 변화시키는 존재이다. "교양을 몸에 지니는 것과 똑같이 자신의 육체에 신경을 쓰는 것이 현대인의 의무이며 존경받을 수 있는 조건이 되었다. … 그리고 의사는 전문가가 받아야 할 존경과 성직자가 받아야 할 공경을 한 몸에 다 누리는 것이다."(보드리야르 211) 왜냐하면 소비사회에서는 영혼이 아니라 육체가 구원의 대상이기 때문이다.

4차 산업혁명 아래서의 인간의 삶의 방식을 오직 기존의 기술의 발달과 새로운 기술의 도입만으로 이해하려고 하는 것은 인간의 삶에 대한 편협한 관점이다. 도구혁명으로 인하여 발생한 도구가 매개하는 인간과 세계의 관계가 도구혁명 이후의 인간과 세계의 관계방식인 것은 맞지만, 이러한 관계의 매체가 변화될 때 인간 삶의 모습들도 또한 변화되어 왔기 때문이다.

신석기 혁명은 노동 없고 걱정 없는 에덴의 삶으로부터 인간을 추방하여, 인간이 노동의 수고를 지게 하였으며, 도시 혁명으로 발생한 수직적인 분업은 자신이 아닌 다른 사람의 몫까지 생산해야만 하는 강제노동과 지배복종이라는 인간과 인간 간의 관계를 확립하였다. 그리고 1차 산업혁명은 비록 도시혁명으로 인한 수직적 분업을 정치적으로 완화시켰지만 경제적으로는 인간의 삶을 다른 인간에 의해서 그리고 기술에 의해서 소외시켰고, 2차 산업혁명은 소위 '복지 자본주의'welfare capitalism를 통하여 수직적 분업을 정치경제적으로 완화시키기는 했지만, 가족을 해체시키고 인간을 생산자이자 소비자로 재구성하였다.

[2차 산업혁명의 동력원인] 전력망의 등장으로 공장의 조립 라인을 구

축하는 길이 열렸고, 모든 종류의 전기 기구를 만들고 얻는 게 가능해지자 소비 지상주의가 촉발됐고 산업화는 가정으로까지 확산됐다. 전신과 전화 및 그들과 같이 등장한 방송 시스템들과 함께 새로운 운송 및 전력 네트워크들은 사회에 색다른 성격을 부여했다. 이러한 시스템과 네트워크들은 사람들의 일, 오락, 여행, 교육, 그리고 심지어 지역사회와 가족구성에 대한 사고방식을 바꿔놓았다. 그들은 [1차 산업혁명의 동력원인] 증기로 돌아가던 공장 기계들이 해준 것보다 훨씬 더 많은 면에서 삶의 속도와 성격을 바꿔놓았다.(카 288)

더 넓게 더 깊게 읽을거리

1. 유엔, 『광고와 대중소비문화』, 최현철 옮김, 서울: 나남출판, 1998.
2. 강현두, 원용진, 전규찬, 『현대 대중문화의 형성』, 서울: 서울대학교출판부, 1998.
3. 보드리야르, 『소비의 사회』, 이상률 옮김, 서울: 문예출판사, 1991.

제6장

3차 산업혁명과
인공지능의 출현

우리 시대의 기술 중에서 가장 특징적인 기술을 고르라고 한다면 그
것은 컴퓨터기술일 것이다. 인간은 전 역사를 통하여 손과 발, 눈과 귀,
심장과 혈관을 외화 하는 기술을 개발해 왔다. 하지만 두뇌를 외화 하
는 기술은 컴퓨터를 통하여 비로소 이루어진 가장 최근의 기술이다.
하지만 컴퓨터기술은 새로운 기술에 그치지 않는다. 컴퓨터기술은 혁
명적 기술이다. 컴퓨터기술은 인간 삶의 전 국면에 변화를 몰고 왔다.

그러므로 영국의 BBC 방송국은 컴퓨터에 대한 한 비디오테이프를
제작하면서, 그 테이프에 "세계를 변화시킨 기계"The Machine that Changed
the World라는 제목 아래 커다란 두뇌Giant Brain, 미래를 발명하기Inventing
the Future, 소프트카버 컴퓨터The Paperback Computer, 생각하는 기계Thinking
Machines, 그리고 손가락 끝에 있는 세계The World at Your Fingertips라는 소제
목을 붙이고 있다. 이러한 제목이 가리키듯이 컴퓨터가 우리가 살고

있는 이 세계를 혁명적으로 변화시켰다는 점에 대해서는 아무도 이의를 제기하지 않는다.

하지만 이러한 컴퓨터 기술에 날개를 달아준 것은 정보통신기술이다. 컴퓨터기술은 원래 제2차 세계대전 중에 적국의 암호를 해독하기 위해 개발되었다. 이러한 컴퓨터를 이용하는 정보통신기술인 인터넷은 컴퓨터의 사용이 증가하면서 컴퓨터를 연결하여 사용하고자 하는 시도에서 생겨났다.

역사적으로 보면 미국 국방성의 고등연구계획국ARPA: The Advanced Research Projects Agency은 특정 지역에 대한 미사일공격 같은 긴급 사태에서도 최소한의 기능 유지를 위한 통신망 구축 방법에 대한 연구를 추진하던 중, ARPA 연구원들 간의 정보와 자원 공유를 위해 1969년부터 아르파넷ARPANet이란 컴퓨터 통신망을 구축하여 운용하게 되었는데 이것이 인터넷의 기원이 되었다.

이러한 아르파넷의 등장과 더불어 민간부분에서도 유즈넷Usenet이 등장하였다. 1979년 미국의 노스캐롤라이나North Carolina 주의 두 대학 즉 듀크대학Duke University과 노스캐롤라이나주립대학State University of North Carolina의 대학원생들이 전화선을 통하여 두 개 대학의 컴퓨터를 연결하여 뉴스를 공유하도록 하는 프로그램을 가동하였는데, 이것은 사용자들의 네트워크users' network라는 의미로 유즈넷이라고 명명되었다. 이러한 네트워크들이 서로 연결되면서 그렇게 네트워크들이 연결된 것을 인터넷이라고 일컫게 되었다.

이렇게 보면 컴퓨터가 두뇌를 확장시켰듯이 인터넷은 신경망을 확장시켰다고 볼 수 있다. 인터넷과 결합된 컴퓨터의 사용은 인간 삶의 패러다임을 다시 한 번 변화시켰는데 우리는 이를 디지털혁명Digital Revolution이라고 부르기도 한다.

4차 산업혁명의 기술들을 논의하면서 슈밥 또한 4차 산업혁명의 "모든 신개발과 신기술에는 하나의 공통된 특성이 존재한다. 디지털화와 정보통신기술의 광범위한 힘을 활용한다는 점이다."(슈밥 36)라고 지적하고 있는데, 4차 산업혁명이 3차 산업혁명의 연장선상에서 있는 이유도 바로 이것이다.

1. 디지털혁명

아날로그에서 디지털로

3차 산업혁명은 2차 산업혁명의 아날로그 전기기술이 디지털 전기기술로 전환됨으로써 발생하였다. 공작기계의 자동화 측면에서 아날로그 기술과 디지털 기술을 대표하는 것은 각각 스페셜매틱Specialmatic과 수치제어기술numerical control technology이다. 스페셜매틱은 기계의 작동 방식을 부호화하고 통제하기 위해서 기계조작자가 다수의 키와 다이얼들을 사용하여 프로그래밍 할 수 있었는데, 이를 통해 기계에 자료를 입력하고 기계의 속도를 설정하고 조정할 수 있었다. 수치제어기술은 키와 다이얼 대신 디지털 부호를 사용하였으며, 프로그래머가 이러한 디지털부호를 사용하여 먼저 프로그래밍을 해놓으면, 기계조작자가 기계를 가동할 수 있었다. 이러한 수치제어기술은 현대 소프트웨

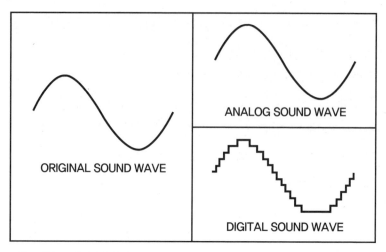

그림 7 아날로그와 디지털 신호(http://09labs.tistory.com/5)

어 프로그램의 효시라고 할 수 있는데, 이러한 기술로부터 범용 디지
털 컴퓨터가 등장하였다.(카 257-59)

아날로그와 디지털의 차이는 전기신호가 지속적인 시간과 지속적인
진폭을 가지느냐 단락된 시간과 단락된 진폭을 가지느냐의 차이이다.
아날로그가 연속적이라면 디지털은 그러한 연속된 것을 잘게 잘라 잘
라진 조각들을 결합함으로서 아날로그와 유사한 연속성을 만들어내는
데, 이러한 연속성을 만드는데 수학적 기법을 사용한다.

디지털이 수행하는 수학적 기법은 0과 1이라는 두 숫자만을 사용하
는 이진법을 이용하여 수행하지만, 이러한 신호변경을 빛의 속도나 전
자의 속도와 버금가는 엄청나게 빠른 속도로 반복하여 아날로그 신호
를 디지털 신호로 변경한다.

일상적으로 우리는 이러한 차이를 소리를 테이프에 녹음하는 경우

와 컴퓨터의 디스크에 녹음하는 경우로 비교할 수 있다. 둔감한 귀를 가진 사람은 어떤 매체에 녹음하던 재생 시 그 차이를 느끼기 어렵지만 사실 원리적으로는 전혀 다른 방식으로 두 소리는 기록되어 있다.

이러한 방식의 차이 때문에 두 가지 방식의 자료의 사용에서 큰 차이가 생기게 된다. 테이프에 아날로그로 녹음된 것은 원본과 복사본이 구분되지만, 디스크에 디지털로 녹음된 것은 원본과 복사본이 구분되지 않는다. 바로 이러한 차이 때문에 디지털은 복제, 편집, 전송에서 편의성과 신속성을 갖게 되는데, 바로 이 점이 아날로그에서 디지털로 패러다임의 전환을 이끌었다.

인터넷에서 스마트폰으로

하지만 컴퓨터를 통한 디지털혁명은 컴퓨터만으로 발생한 것은 아니다. 개인용 컴퓨터가 등장하기 이전에도 거대기관들은 메인프레임 컴퓨터를 이용하여 자신들의 계산업무를 처리하였다. 하지만 퍼스널 컴퓨터가 등장하고 이러한 컴퓨터들이 인터넷으로 연결되기 시작하자 인간의 삶의 방식은 개인적으로나 사회적으로 그리고 심지어 우주적으로 완전히 변경되었다.

전화, 라디오, 텔레비전, 편지 그리고 신문과 같은 아주 전통적인 매체들은 인터넷에 의해서 새로운 모습을 가지고 새롭게 정의되었으며 심지어는 건너뛰어지기도 했다. 인터넷은 이-메일, 인터넷 전화, 인터넷 텔레비전, 온라인 음악, 디지털 신문, 그리고 비디오 스트리밍 웹사이트를 만들어 내었다. 신문, 책, 그리고 다른 인쇄 출판물들은 웹사이트 기술에 적응하고 있거나 블로그, 웹 피드, 혹은 온라인 뉴스 집합체로 재구성되었다. 인터넷은 인스턴트 메시징을 통하여 새로운 형태의 인간간의 상호접촉 방식을 개발하고 확대하고 있다. 온라인 쇼핑은 거대 판매자나 소규모 사업자 모두에게 기하급수적인 고객을 소개하고 있으며, 지역적인 점포들로부터 해방된 광범위한 판매시장을 제공하고 있다. 그리고 심지어 순전히 온라인으로 제품이나 용역이 판매되기도 한다. 인터넷 상에서의 기업 간 거래와 금융 서비스는 전체 산업계에 걸쳐 연쇄적인 생산 및 공급 과정에도 영향을 끼치고 있다.(wikipedia "Internet")

컴퓨터와 인터넷이 이처럼 우리 삶의 방식을 변경시키지만, 사실 이러한 변경의 범위와 크기가 이러한 변경의 충격을 더 크게 만든다. 왜냐하면 컴퓨터는 무어의 법칙에 따라 그 능력이 증대되며 인터넷은 특정지역이 아니라 전 세계의 컴퓨터 네트워크가 상호 연결된 시스템이기 때문이다.

무어의 법칙이란 1965년 인텔Intel의 설립자 고든 무어Gordon Moore가 집적회로에 들어가는 트랜지스터의 수가 대략 18개월마다 2배로 늘어난다는 것을 지적한 것이다. 이러한 방식의 증대를 우리는 산술급수적 증대라고 이야기하지 않고 기하급수적 증대라고 이야기한다. 한걸음을 1m라고 했을 때 30번 산술급수적으로 움직이면 30m를 갈 뿐이지만, 30번 무어의 법칙처럼 기하급수적으로 움직이면 1,073,741,824m를 가게 된다.

(참고로 10번의 경우에는 1024m를 가게 되고 20번의 경우에는 1,048,576m를 가게 되지만, 이를 30번과 비교하면 그 거리가 0.1%밖에 되지 않는다. 그래서 기하급수적 움직임은 상당기간 동안 제대로 예측되지 않는다. 이를 어마라의 법칙 Amara's Law이라고 부르기도 한다.)

　원래 무어는 1965년 당시 과거 10년이 그러했기 때문에 향후 수십 년도 그러할 것이라는 정도로 이야기했지만, 2002년에는 황의 법칙이 등장했다. 이번에는 주기가 1년으로 앞당겨졌다. 삼성은 이러한 주기로 반도체를 혁신하고 있다.

　일상적으로 변화된 전화나 우편의 혁신을 보게 되면 인터넷의 세계화 효과가 어떠한 것인지를 짐작할 수 있다. 인터넷에 연결된 컴퓨터만 있다면 오늘날 우리는 실시간으로 편지를 주고받을 수 있을 뿐만 아니라 심지어는 대화를 나눌 수도 있다. 그것도 음성만이 아니라 화상까지 곁들여 그렇게 할 수 있다. 오늘날 우리의 신체적 위치는 어느 지역에 국한되어 있지만, 우리의 의사소통적 위치는 그러한 지역을 초월하여 지구 어디에든 있다.

　이는 마치 전자가 원자핵을 감싸고 엄청나게 빠르게 돌고 있기 때문에 동시적으로 원자핵으로부터 일정한 위치 어느 곳에서나 있다고 말하는 것처럼, 적어도 의사소통적으로는 우리가 동시적으로 지구 어느 곳에나 있다고 말할 정도이다. 하지만 앞으로는 지구가 아니라 우주가 그러한 장소가 될 수도 있을 것이다.

　우리가 이러한 상황에 쉬 적응하지 못하는 것은 진화론적으로 생각하면 당연하다. 우리는 이제까지 그러한 방식으로 살아오지 않았기 때문이다. 다시 말해,

인류가 그동안 '지역 중심적'이고 '산술급수적'인 세상에서 진화해왔기 때문이다. 지역 중심적이라는 말은, 보통 걸어서 하루 범위 내에서 생활의 모든 것이 해결됐다는 뜻이다. 우리 조상들은 지구 반대편에서 무슨 일이 일어나는지 전혀 알지 못했다. 산술급수적이라는 말은, 수백 년 혹은 천년이 지나도 아무 것도 바뀌지 않았다는 뜻이다. 하지만 오늘날의 우리는 조상들과는 정반대로 '글로벌'하고 '기하급수적'인 세상에 살고 있다. 그리고 문제는 우리의 두뇌나 지각능력이 이런 규모와 속도에 맞게 만들어져 있지 않다는 점이다.(디코 35)

인터넷에 연결된 컴퓨터를 이용하는 인간의 삶이란 이와 같은 것이긴 하지만, 개인용 컴퓨터가 스마트폰으로 업그레이드되자 디지털혁명은 성숙기에 접어들었다. 1장에서 검토한 것처럼 스마트폰은 초기의 슈퍼컴퓨터에 맞먹는 연산능력과 속도를 가지고 있다. "지금 외몽골에서 전화를 받고 있는 여성의 손에 들린 스마트폰은 1970년대의 슈퍼컴퓨터보다 1,000배는 더 강력한 성능을 갖고 있지만 값은 100만분의 1에 불과하다."(디코 14) 컴퓨터로 가능했던 모든 것이 이제는 손바닥 안으로 들어왔다. 스마트폰은 이러한 의미로 디지털혁명을 완성시켜 나가고 있다.

물론 디지털혁명의 궁극적인 완성은 MIT의 미디어랩Media Lab과 MIT 원자비트연구소Center for Bits and Atoms의 학자들이 구분(슈밥+ 37)하고 있는 것처럼 비트bit의 세계가 원자atom의 세계를 정복해야, 다시 말해 원자세계의 존재가 비트세계의 존재에 의해 좌우되어야, 이루어진다고 볼 수도 있다. 아직까지 디지털혁명은 디지털화할 수 있는 의사소통의 영역, 서비스산업의 영역에서만 완성되고 있다. 의사소통의 수단인 텍스트나 소리나 영상은 디지털화되었지만, 소재를 제외한다면 적어도 텍스트를 프린터로 인쇄할 수는 있지만, 스피커나 스크린은 아직 쉽게 인쇄하지 못한다. 이러한 전기제품들을 3차원 프린터로 찍어낼 수 있을 때, 그리하여 컴퓨터 기술이 물리적 제조의 여러 한계들을 극복할 수 있을 때, 진정한 디지털혁명의 완성이라고 볼 수 있겠지만 이는 이 책의 후반부의 주제이다.

2. 소품종 대량생산에서 다품종 소량생산으로

자동화의 획기적 진전

자동화는 어떤 과정이나 절차가 인간의 도움 없이 진행되도록 하는 기술이다. 고전적으로는 물시계를 예로 들 수 있지만, 대표적인 자동화 장치는 실내의 온도에 따라 냉난방 시설의 가동과 중지를 진행하는 자동온도조절기이다. 1차 산업혁명의 방직기와 방적기도 이러한 자동화 장치에 해당하며, 특히 증기기관의 속도 자동조정장치인 비구조절기fly-ball governor가 대표적이다. 2차 산업혁명을 통하여 공장이 전기를 동력원으로 사용하게 되자 조정실을 두고 자동화된 공장의 생산과정을 조정자가 최종 관리하였지만, 곧 제어장치가 등장하여 자동화의 효율을 개선하였다.

엘리베이터의 출입구의 버튼을 눌렀을 때 모터가 작동하여 엘리베이터를 끌어올리거나 내리고, 버튼을 누른 층에 정지했을 때 출입구가 열리고 일정 시간이 지나면 자동으로 닫히며, 이동하고자 하는 층의 버튼을 눌렀을 때 그 층으로 이동하고 정지했을 때 문을 여는 등의 동작은 몇 가지 계전기를 통하여 수행할 수 있었다.

> 1968년에는 논리 연산 제어 장치PLCs: Programmable Logic Controllers가 세상에 첫선을 보였다. 논리 연산제어 장치는 기초적인 디지털 컴퓨터의 일종으로 이 기기의 도입으로 전기 화학적인 작업과정이 한층 유연하게 개선되었고, 나중에는 범용 컴퓨터가 그 임무를 담당하게 되었다.(체이스 34-35)

컴퓨터는 이러한 제어장치들을 대체하였는데, 한 대의 컴퓨터가 수백 개의 제어장치를 대체할 수 있었을 뿐만 아니라, 컴퓨터는 논리연산능력과 결합한 다양한 센서들을 통하여 이전의 제어장치들보다 훨씬 복잡한 제어를 수행할 수 있었다. 예를 들자면, 자동온도조절기는 온도를 기준으로, 타이머는 시간을 기준으로 제어할 수 있었지만, 컴퓨터는 다양한 센서를 이용하여 온도와 시간은 물론 센서를 통하여 감지한 데이터에 기반하여 논리식으로 규정할 수 있는 훨씬 다양한 조건으로 제어할 수 있었다.

사실 컴퓨터 기술의 이러한 범용성이 컴퓨터 기술의 충격파를 급격히 증대시킨다. 컴퓨터는 과거의 논리연산제어장치처럼 일정한 목적을 위해서만 고안된 것이 아니라 열려진 목적을 위해서 고안되었다.

물론 초기 컴퓨터는 그렇지 않았다. "회계 전문 컴퓨터, 탄도미사일

궤도 계산 컴퓨터, 인구통계 작성 컴퓨터가 각각 따로 존재했다. 그러다가 기술자들이 다목적 컴퓨터를 발명했고, 지금은 책상에 있는 컴퓨터로 무슨 일이든 할 수 있다. 컴퓨터에서 여러 프로그램을 돌려 다양한 일을 할 수 있다."(앤더슨 204-5)

자동 현금 인출 장치ATM는 컴퓨터의 이러한 자동화 능력을 잘 보여주는 일상적인 예인데, 이러한 기계는 네트워크로 연결된 데이터베이스에서 가져온 정보에 기초하여 사용자가 입력한 정보에 따라 자신이 대응해야 할 작업을 수행하고 데이터베이스의 내용을 변경한다. 이와 비슷한 것으로 슈퍼마켓의 셀프계산대, 패스트푸드 식당의 터치스크린 주문 시스템 등이 있다.

이러한 자동화는 우선 생산과정에 결정적인 변화를 가져왔다. '자동화'automation라는 단어는 1946년 회사 조립 라인에 설치되고 있는 최신 기계를 지칭할 신조어가 필요하다고 느낀 포드 자동차 엔지니어들이 처음 만들어 사용했다.

포드 공장들은 이미 상당 수준 자동화가 진행된 것으로 유명했고, 정교한 기계들이 조립 라인의 모든 일을 효율적으로 처리했다. 하지만 공장 근로자들은 여전히 기계와 기계 사이에서 부품과 조립품들을 손으로 날라야 했다. 결과적으로 생산 속도를 통제하는 건 근로자들이었다. 하지만 1946년에 설치된 장비가 이런 작업 방식에 변화를 가져왔다. 기계들이 자재 관리와 이동 업무를 맡으면서 전체 조립 공정이 자동적으로 처리되었던 것이다.(카 65)

포드의 컨베이어벨트 시스템이 다른 산업계로 급속히 퍼져나간 것처럼, 자동화도 인근 산업계로 급속히 퍼져나갔다. 하지만 이러한 자동화에서 로봇이 담당한 역할은 아직도 원시적이었다. 몇 가지 동작을 반복하는 것 외에 그것들이 할 수 있는 것은 없었다. 오늘날 자동차 공장에서 우리가 보는 로봇이 등장한 것은 3차 산업혁명이 시작된 1970년대였다. 그때에 이르러서야 로봇은 절단, 용접, 조립 같은 생산 작업을 대신하게 되었다. 생물의 자기제어 원리를 기계 장치에 적용하고자 하는 사이버네틱스의 창시자인 노버트 위너Norbert Wiener는 이러한 자동화의 추세를 정확히 예언하였다.

> 로봇 메커니즘은 "인간의 눈의 도움을 받으며 인간의 손이 하는 거의 모든 기능들을 더 많이 그대로 따라하게 될 것이다"라고 예상했다. … 그리고 컴퓨터가 논리적 기능을 수행할 수 있도록 프로그램 될 수 있으므로 자동화의 영향력은 손이 하는 일에서 벗어나 머리가 하는 일, 즉 분석, 판단, 의사결정의 영역으로까지 확장될 것이다.(카 70-71)

위너가 예언했던 이와 같은 과정을 거쳐 2차 산업혁명의 전형이었던 자동차 산업은 인간과 자동화된 기계 즉 로봇이 공동 작업을 하는 3차 산업혁명의 전형 또한 구성하였다. 이제 생산에서 인간의 비중은 훨씬 줄어들었는데, 왜냐하면 인간의 두뇌의 기능 중 일부를 대신하게 된 컴퓨터 때문에 기계가 그만큼 더 많은 일을 할 수 있게 되었기 때문이다. 이런 결과로 2차 산업혁명이 시작한 소품종 대량생산은 3차 산업혁명에서는 방향을 전환하여 다품종 소량생산에까지 이를 수 있게 되었다.

소품종 대량생산에서 다품종 소량생산으로

대략 1940년대부터 1960년대까지 대량생산 대량소비와 관련된 사회체제를 그 원형을 이룬 포드의 이름을 쫓아 포디즘Fordism이라고 부른다. 이 이름을 최초로 사용한 사람은 포드가 응용한 시간동작연구를 최초로 수행한 테일러였다. 이러한 포디즘과 차이를 보이는 20세기 후반의 사회체제를 포스트포디즘post-Fordism이라고 부른다. 포디즘과 포스트포디즘은 또 산업사회와 후기산업사회의 삶의 방식을 각각 가리키기도 한다.

사실 포드는 소비보다는 생산에 집중했다. 그래서 포드의 명작인 T형 포드의 경우에는 자동차의 색깔이 검은색 한 색뿐이었다. 대량생산의 효율성을 높이기 위해 포드는 자동차의 색깔을 다양화하지 않기로 결정한 것이었다. 하지만 포드의 대량생산 방식이 다른 산업분야로 퍼져나가고, 광고를 통하여 소비자를 양산하게 되었을 때, 이러한 대량생산체계와 대립되는 결과가 나타나게 되는데, 그것은 바로 소비의 포화상태에 따르는 소비자 욕구의 다양화이다.

새로운 제품을 만들어 소비자에게 공급한다고 해도, 일단 대부분의 소비자들이 이러한 제품을 소유하게 되면 망가져서 새로운 제품으로 교체하는 것 외에는 그 제품을 더 이상 판매할 시장을 찾을 수가 없게 된다. 이러할 때 공급자가 광고를 통해서 추가적인 시장을 만들어낼 수 있는 방법은 각각의 소비자들이 하나 이상의 상품을 소유하도록 하는 것과 업그레이드된 신제품을 출시함으로써 유행에 뒤진 옛 상품을 버리고 새 상품을 구매하도록 하는 것 등이다.

예컨대 손목시계를 대량생산하여 공급하게 되면 거의 대부분의 사람들이 손목시계를 소유하는 시점에서는 더 이상 팔 수 없게 된다. 고장이나 파손으로 인하여 재구매를 하는 경우를 제외하고는 그렇다. 이럴 경우 이제 시계를 실용품이 아니라 액세서리로 광고할 수 있다면 한 사람에게 여러 개의 시계를 판매할 수 있다. 아울러 시계에 새로운 기능들을, 예를 들어 건강관련 여러 기능들을, 부가하여 신제품을 출시한다면 또한 소비자를 새롭게 만들어낼 수 있다.

물론 이 외에도 소비자를 창조해내기 위한 많은 방법들이 있을 수 있지만, 그러한 방법들이 의존하는 원리는 바로 소비자의 욕구를 다양화시킴으로써 소비를 다양화시키는 것이다. 이러한 다양화는 추가적인 시장의 개척에는 도움이 되지만, 포드가 염려한 것처럼 대량생산의 효과를 축소시킬 수 있다. 이런 까닭으로 포디즘은 소품종 대량생산이라는 원리에 충실했던 것이다.

어떤 의미에서 포디즘 체계에서 이러한 갈등, 즉 판매를 늘리기 위해서는 욕구를 다양화해야 하지만 다양한 욕구에 대응하는 과정에서 대량생산의 효율이 저해되는 이러한 갈등을 피할 수 없었다. 이러한 문제에 대한 해결은 컴퓨터 기술의 발달과 더불어 이루어졌다. 원칙적인 한계가 없는 것은 아니었지만 컴퓨터를 통하여 생산을 더욱 자동으로 통제할 수 있게 됨에 따라 다품종 소량생산이 가능하게 되었다. 이러한 생산방식 및 소비체계를 우리는 포스트포디즘이라고 부른다.

오늘날 약 2천만 원 상당의 컴퓨터 하드웨어와 소프트웨어를 갖춘 조직은 일류의 기능을 가진 생산 지원 체제를 갖추게 된다. 얼마 전만 하더라도 큰 회사들만이 이러한 체제를 갖출 수 있었다. 게다가 컴퓨터화된 설계와 생산은 대량생산체제와 같은 가격으로 맞춤서비스를 제공할 수 있다. 결과적으로 상대적으로 큰 회사들도 경쟁하는 작은 회사들처럼 할 수 있게 되었다.(Fred Thompson "Fordism & Post-fordism" 2005)[6]

컨베이어벨트 시스템으로 생산하면서 여러 품목을 생산하는 것은 결코 쉬운 작업이 아니다. 공급되는 부품의 순서에서부터 작업에 사용되는 공구까지 관리하고 조정해야 하는 등 해야 할 일이 한두 가지가 아니다. 그러나 오늘날 생산성이 높은 공장에서는 이러한 소위 '혼류생산'을 감행하고 있다. 르노삼성자동차는 한 라인서 무려 7개 차종을 동시에 생산하고 있다. "한 개의 조립라인에서 SM3와 전기차 SM3Z.E., SM5, SM7, QM5, SM6는 물론 위탁 받은 닛산의 로그까지 모두 만들고 있다."(김창훈 〈한국일보〉 2016. 4. 4)[7]

이러한 방식의 생산도 포드로서는 상상할 수도 수락할 수도 없는 생산 방식이었겠지만, 여러 원료에서 부속품을 거쳐 완제품까지 자동차 생산의 수직적 계열화를 완성했던 포드의 입장에서 보면 또한 상상할 수도 수락할 수도 없었을 생산방식도 도입되었다. 그러한 생산방식의 대표자는 신발회사인 나이키Nike이다. 교통과 통신의 발달에 따라 시장이 수평적으로 확대되었을 뿐만 아니라 생산도 수평적으로 확대된 것인데, 이렇게 됨으로써 포스트포디즘은 포디즘으로부터 더 멀리 나아갔다.

나이키는 생산하지도 이동시키지도 않는다. 나이키는 상품을 개발하고 디자인하고 판매할 뿐이다. 나이키는 그 밖의 모든 것을 아웃소싱 outsourcing한다. 나이키로부터 주문을 받은 회사들은 생산할 뿐 판매하지는 않는다. 도요타Toyota 자동차회사도 중간단계의 생산물과 최종적인 생산물을 잘 고려하여 GM 자동차회사의 1/10밖에 생산하지 않는다.(Fred Thomson)

다품종 소량생산 체제는 생산체제의 유연성을 특징으로 하기 때문에 대량생산mass production에 대립하여 유연생산flexible production이라고 일컫는데, 이는 앞에서 본 것처럼 컴퓨터 등을 이용하여, 생산을 조직하기 위한 간접경비를 줄이고 생산에 보다 큰 융통성을 부여하는 것을 특징으로 한다. 이렇게 생산에 융통성을 부여하기 위해서는 과거와 같은 비숙련 노동자로는 충분하지 않다. 유연생산에 적합한 새로운 노동자들이 필요하게 되는데,

어떤 경우이든 간에 선도적인 회사는 점차 탈숙련된 기계보유자로서 테일러주의 모델인 노동자 모델에서 '인간자원' 모델로 이동하고 있다. 회사는 전통적인 의미에서 노동자의 노동력뿐만 아니라 노동자의 동기, 창조성, 인성 그리고 … 모험적인 특성까지 사용한다. 동시에 유연한(불안정한) 노동은 유연한 기술로 대체되고 있다.(슬레이터 278)

이런 상황 속에서 노동을 제공하는 단순 노동자와 기술을 제공하는 전문 노동자의 숫자에서도 변화가 일어나고 따라서 임금에서도 변화

가 일어난다. 단순 노동자의 숫자는 감소하고 임금은 하락한다. 기계가 그러한 단순 노동을 대체함으로써 그만큼 노동수요가 줄어들기 때문이다. 반면에 전문 노동자의 숫자는 증대하고 임금은 상승한다. 왜냐하면 단순 노동자가 생산하는 가치보다 전문 노동자가 생산하는 가치가 더욱 커지기 때문이다.

이리하여 포스트포디즘 아래서 이러한 전문 노동자들은 '신중간계급'(슬레이터 296)을 형성한다. 하지만 이들은 과거의 중간계층처럼 다수가 아니다. 그들은 소수이며 중간계층의 상부나 상위계층의 하부를 형성한다. 자본가라고 볼 수는 없지만 자본가의 수익획득에 기여함으로써 자본가에 준하는 수입을 올릴 수도 있다.

예를 들어 나이키 신발회사에서 중요한 일꾼은 신발 제조공이 아니라 제품을 디자인하고 판매하는 전문가들이며, 신발을 제조하여 공급하는 회사들과의 계약을 관리하거나 회사의 자금의 흐름을 관리하는 전문가들이다.

이들 전문가들은 물질적인 생산에 직접 관여하고 있지 않다. 하지만 이들이 주된 고급소비시장이 된다. 물론 이들이 소수이기는 하다. 그러나 이들이 소비에서 차지하는 비중은 계속 증가해 가고 있다. "오늘날 세계는 소득 불평등뿐만 아니라 소비 불평등까지도 심화되는 상황을 겪고 있다. … 이런 식으로 소비가 상층부로 집중되는 현상은 계속 이어질 것이다."(포드 20)

1992년에 미국에서 가계 소득 최상위 5퍼센트가 전체 소비의 27퍼센트를 차지했다. 2012년이 되자 이들이 차지한 비중은 38 퍼센트로 증가했다. 그 20년 동안 미국 소득의 최하위 80퍼센트가 소비에서 차지하는 비중은 47퍼센트에서 39퍼센트로 떨어졌다.(포드 308)

중산층의 몰락과 새로운 중산층

이렇게 포디즘에서 포스트포디즘으로 컴퓨터에 의한 자동화의 진전은 2차 산업혁명의 성과에 대해서 중요한 위협으로 대두하였다. 기계가 대체하는 노동으로 인한 실업문제가 바로 그것이었다. '고용 없는 성장'이라는 표현처럼 경제는 분명히 성장하고 있는 데에도 불구하고 그에 따르는 고용은 제대로 증대되지 않았다. 결국 컴퓨터가 인간의 업무를 대신하고 있었기 때문이었다.

기업가들이 실업을 증대시키는 방법은 두 가지이다. 하나는 노조활동와 같은 문제를 동반하는 노동자를 고용하기보다는 자본을 투자하여 로봇을 고용하는 방법이다. 다른 하나는 높은 임금을 피하여 임금이 낮은 나라로 생산기지를 이전하는 방법이다. 물론 이러한 이전으로 이전해 간 나라에는 일자리가 늘어나지만 이전해 나간 나라에는 일자리가 줄어든다.

오늘날 우리 사회를 괴롭히고 있는 일자리 문제와 이로 인한 소득의 양극화 내지 차등화는 바로 이러한 구조에서 비롯된다.

일반적으로 이러한 차등화의 원인으로는 글로벌화, 기술변화, 그리고 노동시장의 변화가 지적되고 있다. 특히 임금은 저임금국가와의 무역이 활발해지면 상대국의 저임금을 활용하기 때문에 급격히 떨어지는 것으로 보고 있다. 우리가 대중국 무역이 활발해지면서 비숙련노동으로 생산이 가능한 중국산 제품을 사용하게 되고 이로 인해 국내에서는 더 이상 그 제품을 생산하지 않게 됨으로써 일자리와 임금수입이 사라지는 것을 실제로 경험하였고 지금도 하고 있다.

하지만 이러한 영향은 기술변화에서도 오는데, 예를 들자면 우리나라 제조업 취업자 1만 명당 산업로봇의 수는 350대를 넘어서 일본을 추월하였다. 이러한 자동화시스템도 중국의 노동자와 마찬가지로 국내 노동자의 일자리와 임금수입을 사라지게 한다. 대기업이 단가 인하를 위하여 기업 내 많은 부분을 외주화 하는 것도 같은 효과를 가져 온다. 이는 결국 비정규직의 급증과 정규직과 비정규직의 임금차를 벌리기 때문이다.(김성동 현82)

이러한 실업의 문제는 특히 유통업과 금융업에서 집중적으로 일어났는데, 그것은 온라인 쇼핑이나 온라인 거래 때문이었다. 유통업이란 특정 지역이나 특정인에게 필요한 재화를 생산자로부터 수집하여 그 지역이나 사람들에게 공급함으로써 이윤을 추구한다. 과거에는 이러한 유통업이 교통이나 통신의 문제 때문에 많은 노동을 요구하는 사업이었다. 하지만 인터넷 플랫폼으로 무장한 오늘날의 거대 유통업자들은 예전의 소규모 유통업자들보다 훨씬 효율적으로 많은 물건을 유통시키고 있다. 이제는 골목의 가게나 시내의 상점에서 살 수 있는 사소한 물건, 심지어는 조그만 배터리조차도, 아마존Amazon이나 알리바바에서 구입하며, 과거 블록버스터Blockbuster에서 빌려보던 DVD는 이제 넷플릭스Netflix에서 스트리밍으로 보고 있다. 금융업도 다루는 제품이

다를 뿐 구조는 유통업과 비슷하다. 은행이나 가게의 카운터 직원들은
자신들의 직장을 잃고 있다.

> 빠르게 진화하는 경쟁 업체는 전통적인 칸막이silo 문화와 가치사슬을
> 해체시키고 기업과 고객 사이 공급체인에 존재하던 중개자를 제거한
> 다. 새로운 파괴적 혁신 기업은 기존 업체보다 더욱 낮은 비용으로 빠
> 르게 몸집을 불리고, 그 과정에서 네트워크 효과를 통해 수익을 빠르
> 게 증대시킨다. 온라인 도서 판매업으로 시작해 연간 1,000억 달러 매
> 출의 온라인 소매 대기업으로 진화한 아마존은 고객의 선호를 읽어내
> 는 통찰력 및 기업의 탄탄한 운영 능력과 결합한 고객 충성도 덕분에
> 다양한 산업 분야의 제품을 판매할 수 있게 된 모범적 사례다. 아마존
> 의 경우는 규모의 수익도 잘 보여주고 있다.(슈밥 105)

실업의 또 다른 원천은 새로운 패러다임에 적응하지 못하는 기업들
의 붕괴이다. 과거에 수십만 명을 고용했던 회사라고 하더라도 디지털
패러다임에 적응하는 데에 실패하는 경우 짧은 시간 내에 그 기업은
붕괴하고 만다.

> 예일 대학교의 리처드 포스터Richard Foster 교수에 따르면, 1920년대
> 에는 S&P500에 포함된 기업들의 평균 존속 기간이 67년이었다고 한
> 다. 하지만 지금은 어림없다. 오늘날에는 … 하루 아침에 기업들을
> 해체하고 업계에 파괴적 혁신을 일으킬 수 있다. 그 결과 21세기의
> S&P500 기업들은 평균 존속 기간이 겨우 15년에 불과할 것으로 전망

된다. 밥슨 비즈니스 스쿨Babson School of Business의 연구에 따르면 앞으로 10년 후면 현재 최고의 기업으로 추앙받는 회사들 중 40퍼센트는 더 이상 존재하지도 않을 것이다.(디코 46)

이러할 때에도 다른 직종으로 전환할 수 있는 재교육을 받지 못한 많은 노동자들이 실업자로 전락하게 된다. 우리는 이미 코닥이나 노키아에서 그러한 상황을 목도하였다. 물론 노키아는 이러한 실업자들을 성공적으로 재취업시킨 사례로도 또한 유명하다.

이렇게 많은 일자리가 소멸되지만 이를 메꾸어줄 일자리는 별로 많이 생성되지 않는다. 새롭게 생성되는 일자리는 주로 컴퓨터와 관련한 일자리인데, 컴퓨터의 하드웨어를 제작하는 일이나 컴퓨터의 소프트웨어를 작성하는 일, 또는 그러한 컴퓨터들을 이용하여 다른 제품을 생산하는 과정이나 절차를 설계하거나 통제하는 일이 그러한 일들이다. 이러한 컴퓨터 디자이너들이 몰락한 거대한 중산층을 대신할 조그만 중산층이다. 결국 중산층은 공동화되고 인구는 모래시계 모양의 분포를 이루게 된다.

3. 인공지능의 대두

인공지능의 정체

컴퓨터가 인간의 두뇌를 외면화한 것이기는 하지만, 그렇다고 인간의 두뇌 전체를 외면화한 것은 아니다. 존 폰 노이만John von Neumann이 컴퓨터를 설계할 때 염두에 두었던 것은 인간 두뇌의 여러 능력들 중에서 논리적 추론능력만을 외면화하는 것이었다.

그래서 이렇게 만들어진 컴퓨터는 정서나 의지를 이해하지 못하며, 공상과학 소설이나 영화에서와 달리 농담을 이해하지 못한다. "미국의 심리학자 하워드 가드너Howard Gardner는 인간의 지능을 아홉 가지로 분류했다. 언어, 논리-수학, 음악, 공간, 신체-운동, 대인관계, 자기이해, 자연 친화, 실존 지능이다."(체이스 88) 이렇게 본다면 컴퓨터는 인간의 지능 중 여덟 가지는 수행할 수 없는 셈이다.

나중에 구글에 인수되어 이세돌을 이긴 알파고를 개발했던 회사 딥마인드Deep Mind를 창업했던 셰인 레그Shane Legg는 지능을 다양한 환경에서 목표를 달성하는 행위자의 능력이라고 정의했다.(체이스 87-88) 이렇게 보면 인공지능은 자연적인 진화의 결과로서가 아니라 인간이 인위적으로 창조한, 다양한 환경에서 목표를 달성하는 능력이라고 정의할 수 있다.

하지만 이렇게 이해한다고 해도 인공지능Artificial Intelligence은 자연지능Natural Intelligence과의 비교 때문에 여전히 너무 큰 기대를 안게 된다. 그래서 인공지능이라는 포현은 여전히 오해의 가능성을 가지게 되는데, 이를 피하기 위해서 인공지능보다는 '기계지능'Machine Intelligence이나 '인지컴퓨팅'Cognitive Computing같은 용어가 더 적절할 수도 있다. 인공지능에 대한 이러한 조심스러운 태도는 사실 인공지능 연구의 역사와 관련이 있다.

인공지능은 1956년 뉴햄프셔 주 다트머스 대학교에서 열린 학회에서 시작되었으며, 그 이후로는 낙관론과 비관론이 번갈아가며 해당학계의 분위기를 주도했다. 허버트 사이먼Herbert Simon은 1965년에 "20년 내에 기계들이 인간이 하는 모든 일을 할 수 있게 될 것"이라고 말했으며, 2년 뒤 마빈 민스키Marvin Minsky도 "한 세대 내에 … '인공지능'을 창조하는 문제는 상당 부분 해결될 것'이라고 공언했다. 그러나 연구 초기에 나왔던 이런 의견들은 결국 근거 없는 주장으로 밝혀졌으며, 후대 연구자들은 연구 자금 지원이 대부분 중단되었던 이른바 '인공지능의 겨울'을 겪기도 했다.(체이스92)

인공지능의 겨울

이러한 인공지능에 대한 회의를 고양시킨 이는 철학적 관점에서 인공지능의 실현가능성 여부를 검토했던 후버트 드라이푸스Hubert L. Dreyfus였다. 그는 허버트 사이몬과 그의 동료 알렌 뉴웰Allen Newell이 연구하던 랜드RAND: Research and Development Corporation사로부터 정체에 빠진 인공지능연구의 미래를 진단하도록 의뢰를 받아 연구를 수행하였다. 그는 뉴웰과 사이몬의 작업을 검토한 끝에 비록 인공지능이 초기에 성공을 거두었기는 하지만 궁극적으로 실패할 수밖에 없는 연구 프로그램이라는 결론을 내렸었다.

이러한 그의 결론은 그의 연구보고서의 제목 "연금술과 인공지능" Alchemy and Artificial Intelligence(1967)에서도 쉽게 짐작할 수 있다. 알려진 대로 한때 선풍적인 인기를 가지고 유행했던 연금술은 생명을 연장하고 여타 금속을 가지고 황금을 제조하는 것이 그 천명된 목표였지만 그것들 중 어느 하나도 결코 이루지 못했다. 드라이푸스는 인공지능연구도 바로 이러한 연금술과 마찬가지로 한때 선풍적인 인기를 끌기는 하겠지만 그 천명된 목표를 결코 달성할 수 없을 것이라는 결론을 이미 내렸던 것이다.

그가 그러한 결론을 내렸던 이유는 이 연구보고서의 확대판이라고 할 수 있는『컴퓨터는 무엇을 할 수 없는가: 인공이성에 대한 한 비판』What Computers Still Can't Do: A Critique of Artificial Reason에서 자세히 진술되고 있다. 그가 그곳에서 지적하고 있는 이러한 결론의 결정적 이유는 컴퓨터가 인간과 달리 신체를 가지고 있지 않기 때문이라는 바로 그것이다. "아무리 정교하게 구성된 기계들이라도 그것이 인간들과 다를 수밖에 없는 것은, [데카르트Rene Descartes가 이야기했듯이] 분리된 보편적이고 비물질적인 영혼 때문이 아니라, 분리되지 않은 상황적이고 물질적인 신체 때문이다."(Dreyfus 236)

그렇다면 신체의 어떤 능력이 인공지능의 꿈을 좌절시키는가? 드라이푸스는 에드문트 후설Edmund Husserl의 외적 지평outer horizon과 내적 지평internal horizon이라는 용어를 빌어 신체적 인간과 비신체적 컴퓨터 사이에 근본적인 지각의 차이가 있으며, 바로 이러한 차이가 컴퓨터가 인간을 흉내 내려는 시도를 좌절시킨다고 지적하고 있다.

외적 지평이란 어떤 대상이 지각될 때 그 모습figure의 배경ground이 되는 것 즉 지각대상 아닌 것을 의미한다. 옆에 있는 그림에서 우리는 컵을 본다. 그러할 때 컵은 모습이 되고 컵을 에워싼 검은 부분이 배경이 된다. 하지만 이러한 모습과 배경을 바꾸어 보면 즉 컵 모양의 흰

부분을 배경으로 하고 검은 부분을 보게 되면 우리는 두 얼굴이 마주보고 있는 모습을 보게 된다. 이러한 그림을 컴퓨터는 어떻게 지각할 것인가? 우리는 지각되는 "모습이-아닌-것"that-which-is-not-the-figure(Dreyfus 236)까지 지각한다.

그림 8 모습과 배경

하지만 인간과 컴퓨터의 지각이 각각 다른 것은 그러한 외적 지평에만 기인하고 있지 않다. 컴퓨터는 이러한 외적 지평에 상응하는 내적 지평 즉 의식 내적인 배경도 가지고 있지 않다. 인간은 박스의 앞면을 보면서도 동시에 앞면에 가려져 있는 뒷면 또한 포괄해서 지각한다. 하지만 컴퓨터는 이러한 방식으로

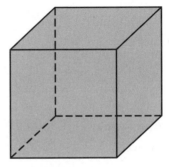

그림 9 전경과 후경

지각하지 않는다. 우리는 지각되는 "모습-이상의-것"something-more-than-the-figure(Dreyfus 240)을 지각하지만 컴퓨터는 그렇게 할 수 없다. 컴퓨터는 이러한 내적, 외적 지평을 가지는 신체가 없기 때문에 이러한 지평들을 포함하는 모습 즉 게슈탈트Gestalt를 지각하지 못한다.

신체는 보다 탄력성 있는 기준에 따라 끊임없이 기대를 바꾸어 나간다. 신체를 가졌기 때문에 [컴퓨터와 달리] 우리는 이러저러한 특징들

을 … 점검할 필요가 없다. 우리는 우리의 기대에 맞추어서 우리가 대상에 대처하고 있느냐 여부만 점검하면 된다. 이러한 대처는 일정한 수의 특징들로 정의될 필요가 없다. 그것은 메를로-퐁티가 극한 파악maximum grasp이라고 이름 했던 진행 중인 숙달ongoing mastery이라고 말할 수 있다. 극한 파악은 행위자의 목표와 상황이라는 여건에 따라 달라진다. 그러므로 그것은 상황과 무관하거나 목표와 무관하게 이야기될 수 없다.(Dreyfus 250)

이처럼 신체적 지각은 분석적 특징에 의존하지 않고 그때그때의 상황에 의존하기 때문에 컴퓨터의 비신체적인 지각은 이러한 지각을 수행할 수 없고 따라서 인간적 지각을 흉내 내려는 인공지능연구는 임레 라카토스Imre Lakatos가 말하는 추락하는 연구 프로그램a degenerating research program 즉 비록 초기에는 성공하는 것처럼 보이지만 곧 실패하고 마는 프로그램이라는 것이 드라이푸스의 초지일관한 결론이다.(김성동 기225-29)

더 넓게 더 깊게 읽을거리

1. 디아만디스, 코틀러,『볼드』, 이지연 옮김, 서울: 비즈니스북스, 2016.
2. 체이스,『경제의 특이점이 온다』, 신동숙 옮김, 서울: 비즈페이퍼, 2917.
3. 앤더슨,『메이커스』, 윤태경 옮김, 서울: 알에이치코리아, 2013.

제7장

4차 산업혁명의 기술들

1차 산업혁명을 추동한 주요 기술이 수력과 증기기관이었다면, 2차 산업혁명을 추동한 주요기술은 내연기관과 전기모터이었다. 3차 산업 혁명을 추동한 주요기술은 두말 할 필요도 없이 컴퓨터와 인터넷이었는데, 이제 4차 산업혁명을 추동하고 있는 주요기술은 인터넷에 연결된 컴퓨터를 기반으로 운영되는 다양한 기술들이다. 이러한 기술들 중에서 가장 자주 지적되고 있는 기술들을 들어보면, 인공지능, 삼차원 프린터, 사물인터넷 등이다.

1. 인공지능

앞 장에서 우리는 인공지능의 대두를 살펴보았다. 4차 산업혁명을 이끌고 갈 여러 가지 기술들이 있지만, 그중에서도 가장 눈에 띄는 기술은 바로 인공지능이다. 인공지능의 겨울 기간 동안 드라이푸스의 위와 같은 비판이 잘 맞아떨어지는 듯했다. 연산능력과 기억능력이 비약적으로 발전한 컴퓨터는 아주 놀라운 성과를 보여주기는 했지만 인간의 지능과 비교할 때는 여전히 초보적이었다.

하지만 "지난 몇 년 동안 인공지능 분야에 조용한 혁명이 있었다. 그 놀라운 발전은 기계 학습이라는 이름하에 진행되었는데, 그중 특히 딥러닝이라고 불리는 기술은, 워낙 어려워서 앞으로 수 년 동안은 좀처럼 해결하기 힘들 것이라고들 생각해왔던 과업에 특히 효과가 있음이 증명되었다."(체이스93)

원래 인공지능 연구에는 두 방향이 있었다. 1950년대 초 컴퓨터가 단순히 계산하는 기능을 넘어서서 생각하는 기능을 가질 수 있다는 것을 깨달은 컴퓨터과학자들은 두 방향으로 나아가기 시작하였는데, 그 한 방향은 컴퓨터로 하여금 인간이성의 논리적 구조를 흉내 내도록 하는 인지주의cognitivism였으며, 다른 한 방향은 두뇌의 연결적인 생물적 구조를 흉내 내도록 하는 연결주의connectionism였다.

인지주의는 논리학에 기초하여 컴퓨터를 물리적 기호들을 조작하는 체계로 보며 그에 따라 컴퓨터를 통하여 세계의 형식적 특징과 구조들을 표상하려고 하였고 문제해결을 지능의 전형으로 보았다. 이에 반해 연결주의는 통계학에 기초하여 컴퓨터를 두뇌의 모형을 만드는 매체로 보며 신경단위들의 상호작용을 흉내 내려고 하였고 학습을 지능의 전형으로 보았다.(김성동 기218-19)

하지만 당시의 컴퓨팅 능력의 한계 때문에 인지주의적 접근이 먼저

시작되었으며 연결주의는 나중에 비로소 궤도에 올랐다. 최근의 성과
는 바로 이러한 연결주의로부터 이루어졌다.

> 기계 학습 알고리즘은 초기 데이터를 사용해서 예측하는 과정을 통해
> 초기 모델을 만든다. 그리고 처음 예측한 바를 추가 데이터에 적용해
> 보고 그 결과를 토대로 모델을 수정한다. … 답러닝deep learning의 알고
> 리즘은 다양한 층위layer에서 구동하는데, 각 층은 이전의 층에서 받은
> 데이터를 처리해 다음 층으로 전달한다. 결과는 반드시 이진법을 따
> 라 0과 1로만 결정되는 것이 아니라 가중치가 붙기도 한다. 층의 개수
> 도 프로그램에 따라 달라지는데, 층이 열개 이상이 되면 깊이가 깊은
> 답러닝으로 본다.(체이스 94)

인공지능은 사실 아직 다양한 환경에서 목표를 달성하지는 못한다.
하지만 대단히 제약된 환경에서 목표를 달성하는 시험들을 우수한 성
적으로 통과해왔다. 그 첫째 무대는 서양장기인 체스였다. 1997년 IBM
이 개발한 딥블루Deep Blue가 세계 체스 챔피언 게리 카스파로프Gary
Kasparov를 이겼다. 서구세계에 충격을 주었던 인공지능이 인간을 이긴
최근의 사건은 2011년 IBM이 개발한 왓슨이 텔레비전 퀴즈쇼 '제퍼디'
Jeopardy의 역대 퀴즈왕인 인간 참가자들을 이긴 일이었다. 곧 이어 아시
아인들에게도 인공지능은 충격으로 다가왔는데, 2016년 구글의 딥마
이드가 개발한 알파고가 세계 바둑 챔피언인 이세돌을 이겼기 때문이
었다.

장기와 바둑과 같은 특정한 규칙과 규칙적인 공간에서의 인공지능

의 활약은 우리가 컴퓨터의 도움을 받고 있는 다른 영역에서의 컴퓨터의 활약을 생각하면 그럴 수도 있는 일이라고 치부하겠지만, 이보다 더 현실적으로 다가오고 있는 상황은 자율주행자동차이다. 2004년 미국 방위고등연구계획국은 사막에서 240여 킬로미터를 자율 주행할 수 있는 자동차를 만드는 단체에게 100만달러의 상금을 지급하겠다고 공지했는데, 이때는 완주한 차가 없었고 겨우 11킬로미터를 주행했을 뿐이었다. 하지만 2005년 좀 더 복잡한 도로상황에서, 2007년 인간이 운행하는 자동차와 뒤섞여, 진행한 대회에서는 다섯 대와 여섯 대가 완주했다.(포드 282-83) 그로부터 꾸준한 발전을 거쳐 10여 년 뒤에는 구글의 자율주행 자동차가 심각한 사고 한 번 없이 160만 킬로미터 이상을 주행하기에 이른다.(체이스 99)

하지만 정체되었던 인공지능이 중요한 돌파를 이룬 곳은 이미지 인식과 음성 인식 그리고 기계번역 등의 영역이다. 이런 일들이 모든 사람들의 예상보다 훨씬 빠른 속도로 발전할 수 있었던 것은 딥러닝 기술 때문이었다.

일상적으로 보면 음성인식의 발달은 놀라지 않을 수 없을 정도이다. 과거의 음성인식은 아주 초보적이었고 장난감에 불과했다. 하지만 몇 년 전부터 제법 사용할 만할 뿐만 아니라 때로는 감탄을 자아내기도 한다. 이러한 음성인식을 활용하여 통역이나 번역 서비스도 가능해졌다. 과거의 음성인식이나 통번역서비스는 언어학적 지식을 동원하여 음성이나 구문을 분석하고 재구성함으로써 목표를 달성하고자 했다. 하지만 오늘날 우리가 사용하는 방식은 빅데이터에 대한 기계학습을 통하여 목표를 달성한다. 이러한 방법론적 차이가 성공과 실패를 갈랐다.

여기서 사람들이 깨달은 것은 데이터베이스의 크기가 충분하기만 하면 그 속에 있는 지식 전체를 이용해서 최고 수준의 프로그래머들이 짠 프로그램을 압도할 수 있다는 것이다. 구글의 [번역] 시스템은 아직 숙달된 인간 번역가와 경쟁할 수준은 되지 못하지만, 어쨌든 500개 이상의 언어 쌍에 대해 양방향 번역 서비스를 제공하고 있다.(포드 149)

이미지 인식에서도 인공지능은 인간에 못지않은 효율성을 이미 입증해 보였다. 인공뉴런으로 구성된 "페이스북이 개발한 인공지능 시스템 딥페이스DeepFace가 2014년 3월에 LFWLabeled Faces in the Wild라고 불리는 유명인 사진을 모은 데이터베이스를 이용해 진행한 실험에서 정확도 97퍼센트를 기록하면서 인간에 버금가는 얼굴 인식 능력을 입증했다. 이듬해에는 상대방이 카메라를 보고 있지 않을 때조차 얼굴을 제대로 인식해낸 경우가 83퍼센트에 이른다는 발표가 나왔다."(체이스 104)

하지만 인공지능이 이처럼 인간에 앞서거나 버금가는 영역이 있다고 해서 모든 영역에서 인간과 같은 수준에 오를 수 있을 것인지는 아직 모른다.

현실적으로는 기계가 하기 어려운 일이 무엇일지 예측하기 어려운 경우가 많았다. 그런데 결국에는 우리가 아주 어렵게 생각하는 일은 컴퓨터로 프로그래밍하기가 비교적 쉽지만, 인간에게 쉽게 느껴지는 일, 예를 들면 신발 끈 묶기 같은 일을 기계에게 가르치기는 아주 어렵다는 사실이 밝혀졌다. 이런 현상을 인공지능 연구의 선구자 한스 모라벡Hans Moravec의 이름을 따서 '모라벡의 역설'이라고 부른다.(체이스 95-96)

이런 모락벡의 역설은 컴퓨터를 통한 자동화의 과정에서도 실제로 확인되었다. 예컨대, 햄버거 가게의 캐셔나 은행 출납원과 같은 간단한 업무는 우리 사회에서도 알 수 있듯이 이미 기계를 통하여 간단하게 자동화되었다. 하지만 정원사나 미용사 그리고 간병인과 같은 업무는 아직까지는 인간 고유의 영역이다. 이들을 자동화하는 데에 들어가는 비용을 고려해보면 아직까지는 그리고 아마 앞으로도 사람을 고용하는 것이 더 경제적일 것이다.

"이런 현상에 대한 가능성 있는 설명은, 우리가 어린 시절에 습득하는 감각 운동 기능과 공간 인식 능력은 수백만 년에 걸친 진화의 성과이라는 사실이다. 반면 인간이 논리적인 사고를 하기 시작한 지는 고작 수천 년밖에 안 됐다. 그래서 논리적 사고가 실제로 어려운 것이 아니라 우리가 아직 그에 최적화되지 않았기 때문에 어려운 것인지도 모른다."(체이스 96) 이는 앞에서 드라이푸스가 신체 때문에 인공지능이 자연지능과 같아질 수 없을 것이라는 지적과 상통한다.

『살아남는 인공지능』Surviving AI: The Promise and Peril of Artificial Intelligence이라는 책에서 급성장하는 인공지능 기술과 그에 따른 실존적 위험에 관해서 논의했던 인공지능 전문가인 케일럼 체이스Calum Chace는 지능과 의식을 구분하고 있다.

우선 반드시 의식이 있어야만 지능이 있는 건 아니라는 사실부터 살펴보자. 예를 들면 곤충들은 일정 수준의 지능을 드러내며, 특히 집단적으로 행동할 때는 그런 경향이 더 짙게 나타난다. 하지만 곤충들에게 눈에 띌 정도의 의식이 있다는 증거는 없다. 지능과 의식 모두 포유

동물에게서, 그중에서도 특히 영장류에게서 다분히 명확하게 나타나지만, 지능과 의식 사이의 일률적인 상관관계는 없는 것으로 알려져 있다.(체이스89)

체이스가 지능과 구분하는 의식에는 아마 자율성과 자의식이 포함되는 것으로 보인다. 그는 IBM의 인공지능인 "왓슨은 [성인인 인간이 할 수 있는 수준의 지적인 과업을 무엇이든 수행할 수 있는] 인공일반지능AGI: Artificial General Intelligence과는 거리가 멀어도 한참 멀다. 왓슨에게는 의식이 없으며, 왓슨은 자기가 퀴즈쇼에서 우승했다는 사실조차 인식하지 못한다."(체이스97)고 지적하고 있기 때문이다.

오늘날 행해지는, 예를 들자면 이세돌을 이긴 알파고에 적용된 '강화학습'Reinforcement Learning이라는 기계학습Machine Learning에는 다른 간섭은 없지만 학습의 결과에 대해서는 긍정적이거나 부정적인 보상이 주어진다. 이는 기계학습을 시키고 있는 인간이 방향성을 정해주고 있다는 의미이다. 그러므로 인공지능은 자신이 원하는 방향으로 나아가는 것이 아니라 인간이 원하는 방향으로 나아간다.

이런 까닭으로 체이스는 "앞으로 언젠가는 모든 측면에서 인간보다 더 지능적인 기계가 창조될 가능성이 아주 높아 보인다."고 주장하면서도 "그런 일이 실현된다면, 기계의 의식 수준이 인간보다 높아질 것인지 여부는 고사하고 애초에 기계가 의식을 가지게 될 것인지조차 현재로서는 가늠하기 어렵다. 그리고 더 나아가 그런 질문이 과연 의미 있는지도 알 수 없는 일이다."(체이스90)라고 지적하고 있다. 이처럼 인공지능은 부분적인 성공을 거둔 오늘날에도 근본적인 한계성을 가지고 있기 때문에 인공지능에 대한 예측은 여전히 조심스러운 주제이다.

하지만 인공지능의 지능은 분명히 개선될 것이며, 그것도 기하급수적으로 그렇게 될 가능성이 있다. 1장에서 우리는 기하급수라는 표현을 산술급수라는 표현과 대비시켰고, 기하급수에서 어마라의 법칙 즉 상당시간이 지날 때까지 그 효과가 쉽게 파악되지 않는다는 점도 지적하였다.

싱귤래리티대학의 학장이자 미국 최고의 펀딩을 수행해온 피터 디아만디스Peter Diamandis는 기술진보의 과정에서 연쇄적으로 일어나는 반응을 지적하기 위하여 '기하급수의 6D' 즉 디지털화Digitalization, 잠복기Deception, 파괴적 혁신Disruption, 무료화Demonetization, 소멸화Dematerialization, 대중화Democratization를 제안하였다. 어마라의 법칙이 적용되는 단계는 잠복기이다. 이때는 발전하기는 하지만 파괴적 혁신을 아직 눈치 채지 못하는 시기이다. 현재 우리에게는 좁은narrow 혹은 약한weak 인공지능만이 가능하리라 보이지만, 이러한 어마라의 법칙을 고려하면 어쩌면 일반general 혹은 강한strong 인공지능이 가능할 수도 있다고 가정해야만 한다.

어떤 학자들은 이를 당연하게 여기고 이러한 일반 인공지능이 인간을 초월하는 시점을 싱귤래리티singularity 즉 특이점이라고 부르기도 한다. 천체물리학에서 특이점이란 블랙홀 주변에서 정상적인 물리 법칙이 적용되지 않기 시작하는 지점을 말한다. 이벤트가 외부인에게 영향을 미치지 못한다는 의미로 이벤트 호라이즌event horizon이라고 불리는 이 블랙홀의 경계 지점에서는 중력이 워낙 강해 빛마저도 빠져나오지 못한다. 일반 인공지능이 등장하면 인간처럼 스스로 자신을 개선해 나가서 초지능superintelligence에 도달할 것이기 때문에 아무 것도 일반 인공지능의 발달을 제어할 수 없을 것이라는 의미로 특이점이라는 용어를 사용하고 있다. 물론 이러한 특이점에 대한 예측이 공상과학적이라는 지적도 있다.

MIT에서 60년 이상 인지과학을 연구하고 있는 놈 촘스키는 인간에 필적하는 기계 지능을 개발하려면 "영겁의 세월이 필요할 것"이며 싱귤래리티는 "공상과학"이라고 말한다. 하버드 대학교의 심리학자인 스티븐 핑커도 이에 동의하며 다음과 같이 말했다. "싱귤래리티가 온다는 이야기를 믿어야할 어떤 이유도 없다. 상상 속에서 미래의 모습을 그려볼 수 있다는 사실이 그 일이 일어날 수 있다는 증거는 아니다."(포드 362)

그래서 당분간의 문제는 싱귤래리티와 같이 당장 반증될 수 없는 상황이 아니라, 이제까지 3차 산업 혁명이 생산직 근로자들을 판매직과 같은 서비스업으로 밀어내었고, 이어서 자동현금입출금기, 무인판매점, 자동응답기 등을 대중화시키면서 판매직 근로자의 일자리를 줄였지만, 4차 산업혁명에 이르러 인공지능기술이 오랜 침체기를 극복하고 새로운 돌파구를 마련함으로써 이제 전문직 일자리까지 넘보고 있다는 것이다.

자동차 운전, 언어의 통역과 번역, 신문 기사 작성, 질병의 진단, 법률 문서 분석, 심지어는 과학적 탐구와 같이 인간 고유의 지각 능력과 판단력이 필요한 부분에까지 컴퓨터는 인간을 압박하기 시작했다. 인공

지능학자들은 다윈의 진화론을 쫓아 인공지능들이 진화해 나가는 전략도 채택하고 있다.(포드 173-184)

2. 삼차원 프린터

인류의 역사에서 문자가 등장한 것은 대개 도시혁명 때이다. 사회가 복잡해짐에 따라 말을 글로 옮길 필요성이 있었기 때문이다. 이렇게 점토나 갈대나 양가죽이나 종이 위에 정착된 말인 글은 처음에는 나뭇가지나 붓이나 펜으로 작성되거나 복사되었다. 이렇게 되자 글에 담긴 지식은 원래 그 지식의 소유자를 떠나 먼 여행길에 오를 수 있었고 시간이나 공간적으로 멀리 떨어진 사람에게 전달될 수 있었다. 인류의 역사에서 도서관이 중요한 문화중심의 역할을 시작한 것은 바로 이런 이유 때문이었다.

이러한 지식의 전파는 물론 말로 하는 지식의 전파보다 훨씬 효율적이었겠지만 수공업적으로 제작되는 도서의 희소성 때문에 지식이 전파되는 속도나 범위에는 여전히 한계가 있었다. 인쇄술이 등장하기까지 이러한 상황은 계속 되었다. 연대기 상으로 보면 고려의 『불조직지심체요절』佛祖直指心體要節 즉 직지심경의 인쇄가 구텐베르크의 『성서』 인쇄보다 앞섰다. 하지만, 앞선 것은 앞선 것이고, 그 이후의 영향을 보면 직지심경의 인쇄는 성서의 인쇄를 쫓아가지 못한다. 왜냐하면 구텐베르크 이후 50년 동안 발간된 책의 숫자가 그 이전 1000년 동안 발간된 책보다 많았기 때문이다.(김성동 기64)

1차 산업혁명이 진행됨에 따라 1811년 독일의 프리드리히 쾨니히 Friedrich König와 안드레아스 바우어Andreas Bauer는 윤전기 원리를 이용해 원압인쇄기를 만들었는데, 이 기계는 1811년 신문을 시간당 1,100장 찍어냈다. 2차 산업혁명이 진행되던 1868년에는 물과 기름이 반발하는 원리를 이용하는 아연판인쇄술도 사용되었다. 결국 이런 인쇄술들은 사진의 발명과 함께 사진술을 이용하는 방식으로 발전하여 문자와 이미지를 모두 복제하는 수준에 이르렀다.(김성동 기95)

하지만 이러한 발전들은 모두 글자를 종이 위에 정착시키는 행위를 점점 더 전문화시키는 방향으로 진행되었다고 볼 수 있다. 구텐베르크의 인쇄술은 약간의 훈련을 받은 사람이면 할 수 있었지만, 아연판을 만들어 윤전기에 걸어 인쇄하는 것은 더 많은 훈련을 받은 사람만이 할 수 있는 일이었다. 이러한 발전방향과 반대되는 방향으로의 움직임이 3차 산업혁명을 통하여 일어난다.

개인용 컴퓨터가 일반화되면서 동시에 개인용 프린터가 일반화되었고, 이제 문선, 식자, 조판과 같은 과정 없이 개인적인 인쇄가 가능하게 되었다. 이전에는 개인적으로는 손글씨로만 가능했던 글자를 적는 작업이 표준적인 폰트로 프린터를 통해서 가능하게 되었다. 물론 처음에는 도트프린터로 타자기처럼 인쇄했지만, 잉크젯프린터와 레이저프린터가, 그것도 흑백에서 칼라로 발전하면서, 개인용 프린터는 전문인쇄기에 버금가는 인쇄능력을 가지게 되었다. 이제 인쇄술은 거의 개인화되었다.

가격측면에서 보면 인쇄물의 단가는 인쇄되는 양이 많으면 많을수록 낮아진다. 왜냐하면 사진으로 인쇄용 원판을 만들어 윤전기에 거는 비용이 1장을 인쇄할 때도 들고 10,000장을 인쇄할 때도 들기 때문에 많이 인쇄하면 할수록 단가가 줄어든다. 규모의 경제가 바로 그것이다. 이에 반해 개인용 프린터에서는 원판을 만들어 윤전기에 거는 비용이 들지 않기에 첫째 장이나 마지막 장이나 단가가 일정하다. 그래서 프린터는 처음 것과 마지막 것의 단가를 동일하게 만든다. 이렇게 규모의 경제를 이루지 못하는 현상을 탈규모화라고 불러보자.

하지만 이러한 프린터는 2차원 프린터이다. 즉 x축과 y축 두 축을 가지는 평면위에 z축 없이 잉크로 자국을 남겨서 문자나 이미지를 만들어내는 프린터이다. 오늘날 우리의 이목을 끌고 있는 것은 z축을 가지는 3차원 프린터이다. 3차원 프린터를 사용하면 우리는, 2차원 프린터를 사용하여 달성했던 인쇄의 개인화처럼, 제조의 개인화를 달성할 수 있다.

도시혁명을 통하여 직업의 분화가 생겨난 이후 제조는 제조전문가들의 손으로 넘겨졌다. 직공은 천을 짜고, 도공은 그릇을 빚고, 목수는 나무로 여러 기물들을 만들거나 집을 지었으며, 대장장이는 쇠로 여러 기물들을 만들었다. 산업혁명과 더불어 이러한 제조는 인쇄술처럼 더욱 전문화되었다. 과거에는 집안에서 그 직종의 우두머리와 몇몇의 조수가 하던 일이 커다란 공장에서 수많은 사람들이 일정한 규칙에 따라 작업하는 것으로 바뀌었다.

그리고 이러한 제조방식은 포드자동차의 예에서 확인할 수 있듯이, 비즈니스 규모가 크면 클수록 생산, 마케팅, 유통 비용을 더 떨어뜨렸으며, 이러한 선순환 효과는 기업들이 꾸준히 성장하고 이익을 창출하는 데 도움을 주었다. 그래서 규모의 경제는 산업사회의 도깨비 방망이가 되었으며, 제조업은 거대화를 특성으로 했다.

하지만 이제 3차원 프린터의 등장과 더불어 인쇄술이 개인화되었듯이, 제조술도 개인화될 것으로 보인다. 물론 이러한 개인화에 이르기까지는 2차원 프린터의 발달에서 볼 수 있었듯이 상당한 시간이 필요할 것이다. 하지만 충분한 기술발전이 이루어진다면 3차원 프린터가 2차원 프린터처럼 널리 구비되게 될 것이다.

3차원 프린터를 이용하면 컴퓨터로 디자인한 물건을 실제로 만들어낼 수 있다. 평면 위에 소재를 얇게 프린트한 다음 그 위에 다시 프린트하고 그 위에 다시 프린트하는 방식을 반복함으로써 얇은 층을 쌓아올려 z축상의 모습을 만들어내는 것이다.

> 일부 3차원 프린터는 액체 플라스틱을 분사해 쌓아올리는 방식으로 입체적인 물건을 만든다. 또한 레이저를 사용해 액체나 분말상태인 원료를 굳힌다. 심지어 어떤 3차원 프린터는 유리, 철, 구리, 금, 티타늄, 케이크 프로스팅을 비롯한 갖가지 원료로 물건을 만들 수 있다. 플루트나 음식을 복제할 수도 있다. 2차원 프린터가 잉크를 종이에 분사하는 것처럼 3차원 프린터는 줄기세포를 분사해 인간의 장기를 복제할 수도 있다.(앤더슨 127)

애초에 3차원 프린터는 시제품 제작용으로 활용되기 시작하였다. 하지만 기술이 발전하면서 시제품 제작용뿐만 아니라 본제품 제작용으로도 활용되기 시작했다. 아직까지 3차원 프린터는 소재로 보면 나일론, 플라스틱, 고무에서부터 세포와 같은 생물소재까지 100여 가지의

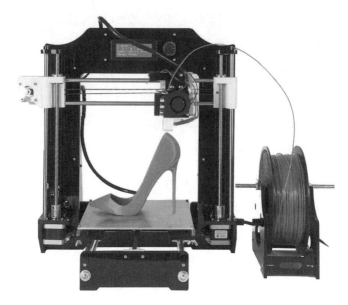

그림 10 인터파크에서 32만 원 가격이 매겨진 3D 데스크톱 프린터

원료만 사용할 수 있지만, 앞으로는 더 많은 소재를 사용할 수 있도록 개발될 것으로 보인다.

크기에서 보면 3차원 프린터는 얇은 층을 쌓을 경우 50마이크로미터 정도의 두께를 쌓아서 z축을 만들고 있지만, 결과물의 크기를 보면 치아 보정 장치와 같은 작은 물건으로부터 심지어는 자동차와 같은 큰 물건에까지 이르며, 극단적으로는 비행기 동체를 인쇄하기도 하고, 심지어는 건물을 인쇄하기도 한다.

3차원 프린터의 이와 같은 적층가공법additive manufacturing은 사실 도구혁명 이후 제작방식 상의 혁명이다. 왜냐하면 인류가 타제석기를 만들 때부터 우리는 재료를 쪼개서 그것을 제작하였다. 이를 절삭가공법cutting manufacuring이라고 부르며, 이것이 최근에는 컴퓨터 제어와 결합하기는 했었지만, 여하튼 지금까지의 물건 제조의 기본 방식이었다. 하지만 3차원 프린터는 이와는 반대의 방향으로, 쪼개는 대신 붙여서, 물건을 제조한다. 이런 의미에서도 3차원 프린터는 혁명적이다.

> 그런데 최초의 수치 제어 장비에서 비롯된 이러한 모든 현대적 장비에는 근본적인 한계가 있다. 이러한 장비를 이용해 자를 수는 있어도 내부구조에 도달할 수는 없다. 이를테면 자동차의 차축과 그 차축이 통과하는 베어링을 따로 제조해야 한다는 의미다. 그러다가 1980년대에는 재료를 깎아 제작하지 않고 층층이 쌓아 가공하는, 이른바 적층 가공이라는 컴퓨터 제어 제작 과정이 시장에 등장했다. 이러한 방식을 사용하는 3D 프린팅 덕분에 하나의 기계로 베어링과 차축을 동시에 만들 수 있었다.(슈밥+ 32)

우리에게 2차원 프린터가 있다고 해도 한두 장이나 수십 장이면 모르지만 수백 장이나 수천 장이 되면 인쇄소에 인쇄를 맡기는 것이 품질이나 가격에서 유리한 경우가 있다. 마찬가지로 3차원 프린터가 있다고 해도 다량의 출력이 필요할 때에는 맡기는 것이 또한 유리하다. 3차원 프린터의 이와 같은 산업적인 활용은 다품종 소량생산에 적합한 방식으로서, 개인적인 맞춤제품이 필요한 경우에 아주 적합하다. 예를 들자면, 인조관절이나 보청기, 치아 교정기와 같은 경우이다.

얼라인 테크놀로지Align Technology는 금속 교정기를 대체하고 있는 투명

플라스틱 교정기 '인비절라인'Invisalign의 제조사이다. 이 얼라인 테크놀로지의 자동화 공장에서는 매일 6만5,000개의 '맞춤형' 교정기를 '3D 프린트'하고 있다. "이 미래형 공장에서 작년 한 해 동안만 1,700만 세트의 완전 맞춤형 교정기를 3D 프린팅으로 만들어냈습니다. 기껏해야 대학교의 대형 강의실 하나만 한 공장에서 말이지요."(디코 69)

3차원 프린터와 전통적 제조기술이 다른 점을 들어보면, 첫째, 전통적 방법은 절삭제조를 주로 하지만 3차원 프린터는 적층제조를 한다. 둘째, 전통적 방법은 멀리 떨어진 큰 공장에서 생산하지만, 3차원 프린터는 가까운 작은 공장이나 사무실에서도 생산한다. 셋째, 전통적 방법은 더 복잡하고 더 질 높은 제품을 만드는 데 드는 추가 비용이 막대하지만, 3차원 프린터는 거의 없는 것과 마찬가지이다. 넷째, 전통적 방법은 자본집약적인 산업이지만, 3차원 프린터는 제조업을 예술과 소프트웨어에 가까운 산업으로 바꾼다. 하지만 다섯째, 전통적 방법은 규모의 경제에 따라 많이 생산할수록 단가가 떨어지지만, 3차원 프린터는 첫 제품이나 마지막 제품이나 단가가 동일하다.

12년간 세계적으로 권위를 인정받는 IT잡지 "와이어드"의 편집장으로 활동했던 크리스 앤더슨Chris Anderson은 3차원 프린터의 이러한 특징을 다음과 같이 요약하였다.

1. 다양성; 모든 제품을 각기 다르게 만들어도 제조 비용은 증가하지 않는다.
2. 복잡성; 3차원 프린터는 작은 부품이 많이 들어간 정밀 제품을 제

조하는 비용이나 간단한 플라스틱 덩어리를 제조하는 비용이나 같다. 컴퓨터는 복잡한 계산을 한다고 해서 추가 비용을 청구하지 않는다.

3. 유연성; 지금까지 생산한 제품과 다른 제품을 생산하려면, 3치원프린터를 교체할 필요 없이 3치원 프린터의 지시 코드만 바꾸면 된다.(앤더슨 134-35)

물론 3차원 프린터가 모든 제조 업무에 유리한 것은 아니다. 우선 지적할 수 있는 것은 제작 속도이다. 물론 앞으로 개선되기는 하겠지만 아주 얇은 층을 쌓아나가기 때문에 제작에 많은 시간이 걸린다. 그래서 실제 산업적인 제조에서는 각각의 용도에 맞추어 절삭용 공구와 적층 프린터가 같이 사용되고 있다. 3차원 프린터만을 사용하는 제조는 예를 들자면 전자레인지만을 사용하는 요리와 비슷하다고 할 수 있다.(슈밥+33)

3차원 프린터로 물건을 만들려고 하면, 인터넷 상에서 그 물건의 제작파일을 입수할 수 있다면 그것으로 충분하다. 프린터 프로그램이 그 파일을 읽어 그 물건을 프린트한다. 만약 그러한 제작파일이 없다면 그러한 파일을 만들면 되는데, 그러한 파일을 만드는 어플리케이션을 동원하여 자신의 아이디어를 파일로 만든 뒤에 프린트한다. 기존의 물건이 있는 경우에는 그 물건을 삼차원으로 스캔하여 파일로 만든 뒤에 프린트한다.

3차원 프린터는 여러 가지 점에서 2차원 프린터와 비슷한 특성을 지니고 있다. 3차 산업혁명의 기술인 2차원 프린터가 우리의 지식 운반

도구인 인쇄물을 개인화하고 탈규모화시켰다면, 4차 산업혁명의 기술인 3차원 프린터도 우리의 생활 유지 도구인 물건들을 개인화하고 탈규모화시키고 있다.

3차원 프린터에 만족하지 못하는 혁신가들은 4차원 프린터를 이야기하기도 한다. 카메라의 등장과 함께 우리는 세계를 2차원적으로 복사할 수 있게 되었지만, 상당 기간 3차원적인 영상을 얻지는 못했다. 하지만 인간의 눈처럼 2개의 카메라를 동시에 사용하여 얻은 영상에 편광렌즈와 같은 분리 기술을 이용함으로써 드디어 3차원적인 영상을 얻게 되었다.

이러한 3차원 영상을 가장 먼저 활용했던 곳은 입체영화관이나 테마파크와 같은 곳이었는데, 테마파크의 운영자들은 여기에 하나의 차원을 덧붙여 4차원 영상이라고 광고하였다. 덧붙인 한 차원은 예컨대 향기라든지 미세 전기자극과 같은 것으로 3차원 영상을 더욱 현실과 같이 느끼도록 만들어주는 요소들이었다. 그렇다면 4차원 프린터에 덧붙여진 차원은 무엇일까?

4D 프린팅에서 제조업체는 다음의 중요한 단계를 밟는다. 이른바 자기조립self-assembly 또는 자기복제라고 히는 과정이다. 이는 인간에서 시작된 아이디어를 컴퓨터상에서 처리해 완료하고, 이것을 3D 프린터로 보내 스스로 복제와 변환이 가능한 결과물을 얻는 과정을 말한다. MIT의 스카일러 티비츠Skylar Tibbits는 고체 재료를 사용해 자칭 '스스로 증식하는 프로그램화한 물질'이라는 복잡한 물질을 만든다.(슈밥+87)

티비츠가 프린트한 물체는 스스로 접히는 막대인데, 이 막대는 물에 닿게 되면 이미 포함되어 있는 입력정보에 따라 스스로 접혀서 모습을 가지게 된다. 하지만 '스스로 증식하는 프로그램화한 물질'이라는 정의에 더 잘 들어맞는 프린트물은 인공 박테리아이다. 생명공학계의 개척자들 중의 한 사람인 제이 크레이그 벤터J. Craig Venter는 컴퓨터상의 코드 정보를 토대로 진짜 DNA를 만들었다.

> 벤터가 이끄는 팀은 인공 박테리아 세포의 제조법을 알아내 자신들이 만든 인공 DNA 게놈을 박테리아 세포 안에 삽입하고, 자신들이 합성한 유기 생명체가 드디어 움직이고, 섭취하며, 스스로 복제하는 모습을 지켜봤다.(슈밥+85-86)

물론 생명계에 대한 이러한 인간의 간섭은 예기하지 못한 부작용을 가져올 수 있다. 이렇게 새롭게 설계한 박테리아가 인간이나 생물계에 치명적인 영향을 줄 수 있기 때문이다. 디지털 혁명이 바이오 혁명보다 자유스러운 것은 바로 이러한 특성 때문이다. 디지털은 인간의 운동이나 지적 기능의 일부분을 대체할 뿐이지만, 바이오는 인간 자체에 심각한 영향을 미칠 수 있기 때문이다.

3. 사물인터넷

사물인터넷의 영어 표현은 IoT 즉 Internet of Things이다. 이는 사물들이 인터넷에 연결되어 있다는 의미인데, 그저 연결되어 있다는 의미가 아니라 각각의 사물들이 데이터를 서로 주고받는다는 의미까지 포함되어 있다. 이러한 일이 일어나기 위해서는 각각의 사물들에서 어떤 상태를 감지하여 데이터를 발생시키는 센서가 있어야 하고, 이러한 데이터를 주고받기 위한 내장형 작동기가 있어야 하며, 물론 이것들은 네트워크로 엮어져 있어야 한다.

이 용어를 처음 사용한 이는 1999년 영국의 기업가 케빈 애슈비Kevin Ashby였으며, 이와 같은 의미로 '산업 인터넷'이나 '만물 인터넷' 또는 '스마터 플래닛' 그리고 '생활환경 지능'Ambient Intelligence 등의 용어를 사용하기도 한다.(체이스 134) 여하튼 사물인터넷의 일상적인 예는 우리가 사용하는 스마트폰이다.

> 2013년에 서울시는 KT와 양해각서를 맺고 KT 고객의 통화 기지국 위치와 청구지 주소를 활용해 유동 인구를 파악 및 분석했다고 한다. 3월 한 달 동안 매일 자정부터 오전 5시까지의 통화 및 문자메시지 데이터 30억 건을 활용했다. 서울시 전역을 반경 500m 크기의 1,252개 정육각형으로 나누고, A육각형에서 심야에 통화한 사람이 B육각형에 살고 있다면, 결국 A에서 B로 이동하는 수요가 있는 것으로 판단했다. 이렇게 빅 데이터를 활용해서 선정한 심야 버스 노선에 대해서 많은 서울 시민들이 만족해했다.(김동환 163-64)

심야버스의 운행노선을 결정하기 위하여 필요한 30억 건의 데이터를 서울시는 스마트폰을 통하여 획득했다. 왜냐하면 스마트폰이야말로 가장 대표적인 사물인터넷이기 때문이다. "현재 스마트폰과 태블릿 PC를 합하면 70억 대가 넘는다. 이들 기기에는 압력 감지 터치스크린, 마이크, 가속도계, 자력계, 자이로스코프, 카메라 등 각종 센서가 부착되어 있는데, 기술이 발달할수록 부착되는 센서의 수도 증가하는 추세다."(디코 78)

하지만 이렇게 인터넷으로 연결된 사물에는 스마트폰만 있는 것이 아니다. 오늘날 우리는 범죄 행위자를 검거하는 데에 수사력뿐만 아니라 감시 카메라가 결정적인 역할을 한다는 것을 알고 있다. 스탠드 어론 감시 카메라는 대개 일주일 주기로 지워지지만 네트워크로 연결된 경우 데이터는 데이터센터에 저장되기도 한다. 이렇게 촬영된 얼굴 이미지를 앞에서 인용된 인공지능으로 인식시키면 정면에서는 97%, 옆에서 보면 83% 인식이 가능하다. 총기소지가 허용되지 않는 우리 사회에는 낯설지만 이와 비슷한 사례가 또 있다.

> 삿스포터ShotSpotter라는 총성 감지 기술이 그 예다. 삿스포터는 도시 전역에 배치된 음향 탐지 센서 네트워크로부터 데이터를 수집한 다음 알고리즘으로 필터링해서 총성만을 골라낸다. 그리고 삼각측량을 이용해 총성이 발생한 장소를 3미터 이내의 범위로 확정하여 경찰에 직접 알려준다. 일반적으로 이 시스템은 911로 걸려오는 전화보다 더 정확하고 믿을 만하다.(디코 80)

여하튼 일상에서 사물인터넷에 대한 경험은 주로 스마트폰과 관련되어 있다. 스마트폰이 원래 사용목적에 덧붙여 사물인터넷의 유용한

허브이고 그 숫자도 또한 그만큼 풍부하기 때문이며, 이용자들이 사물인터넷의 정보를 받아서 행동할 사람들이기 때문이다. 그래서 "이제는 물을 줘야할 때가 되면 화분이 나에게 트윗을 보내게끔 하는 장치가 있는가 하면 와이파이와 연결되어 소의 배란기를 농부에게 알려주는 소목걸이도 있고, 맥주 축제 기간 동안 맥주를 총 몇 잔이나 마셨는지 알 수 있는 맥주잔도 있다."(디코 80)

이런 일들이 일상화될 수 있는 까닭은 상황을 감지하는 센서와 센서에 의해 수집된 정보를 인터넷으로 전달하는 아주 작은 컴퓨터 즉 마이크로컨트롤러microcontroller가 값싸게 제공되고 있기 때문이다.

> 마이크로컨트롤러는 작은 용량의 메모리와 주변 부품 등 간단한 프로세서로 구성된다. 마이크로컨트롤러는 몇 밀리미터 정도의 작은 크기다. 제조비용 역시 몇 페니에 불과하다. 핵심 기능은 몇 밀리와트의 저전력을 소비하므로 배터리 전지나 작은 태양 전지로 수년간 작동할 수 있다.(슈밥+ 65)

적어도 도로에서는, 앞으로 사물인터넷에서 중요한 역할을 할 것으로 보이는 후보자는 블랙박스이다. 우리는 이미 블랙박스의 위력을 보고 있다. 이제 교통사고가 나는 모든 순간과 장소에는 수십 대의 블랙박스가 주변을 녹화하고 있다. 정차된 차들에서 작동하고 있는 블랙박스는 감시카메라의 숫자를 대폭 늘려준다. 물론 아직 블랙박스들은 인터넷으로 연결되어 있지는 않지만 이것들이 인터넷으로 연결된다면 강력한 사물인터넷 허브들 중의 하나가 될 것이다.

하지만 자율주행자동차는 이보다 훨씬 더 강력한 거리 사물인터넷 후보이다. 자율주행자동차의 경우에는 컴퓨터가 운전자를 대신하고 있는데, 컴퓨터는 안전하고 신속한 운행을 위하여 엄청난 데이터를 수집하고 있다. 예컨대 구글의 무인자동차는 지붕에 라이더LIDAR라는 센서를 달고 다닌다. "라이더는 레이저를 이용한 감지기인데, 사람 눈에 안전한 64개의 레이저를 이용해 360도 범위를 스캔하면서 초당 750메가바이트의 이미지 데이터를 생성해 내비게이션에 활용하게 한다."(디코 81) 다수의 자율주행자동차의 데이터를 중첩시키면 도시 거리의 일상이 모두 수집될 것이다.

이러한 사물인터넷의 확대는 접속되는 기기들의 숫자에서 확인할 수 있다. 네트워크 전문회사인 시스코Cisco의 평가에 따르면, "2013년에는 매초 80개의 새로운 물건이 인터넷에 연결되고 있었습니다. 하루에 700만 개 내지는 연간 25억 개에 해당하는 수죠. 2014년에는 이 수치가 거의 초당 100개에 이르고 있고, 2020년이 되면 초당 250개 혹은 연간 78억 개 이상이 될 겁니다. 이 수치들을 모두 더하면 2020년까지 500억 개 이상의 물건이 인터넷에 연결된다는 뜻이 됩니다."(디코 83-84) 그리고 이것의 경제적인 가치는 미국의 연간 경제 규모인 15조 달러를 넘어서 19조 달러로 평가된다.

이러한 사물인터넷을 통하여 얻게 되는 것은 무엇보다도 정보이다. 우리가 스마트폰에서 이용하고 있는 내비게이션은 수많은 GPS 정보를 수집하고 배포한다. 미국의 경우는 보험사들이 차량에 센서를 부착해 놓고 실시간 운전 형태에 따라 보험료를 산정한다. 천식흡입기에 부착된 센서는 천식아동의 증상을 추적하고 조절할 수 있게 도와주기도

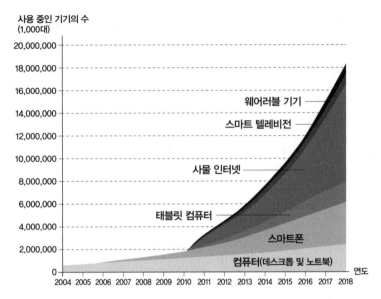

사용 중인 기기의 수
(1,000대)

그림 11 전 세계 인터넷 기기 사용량 예측(디코 84)

한다. 가정과 산업 여러 영역에서 사물인터넷은 우선 낭비되고 있는 많은 자산을 아껴줄 것이며, 추가적인 자산의 소모를 미리 예방할 것이며, 궁극적으로는 보다 합리적인 삶과 계획을 가능하게 할 것이다.

최근 사례로는 워싱턴 D.C,에 위치한 신생 기업 스마트싱스SmarThings가 있다. CNN은 이 회사를 "집 안에 있는 모든 물건을 위한 디지털 마에스트로"라고 불렀다. 스마트싱스는 1,000가지 이상의 스마트 가정 용품들을 인식할 수 있는 인터페이스를 만든다. 보일러를 제어하는 온도 센서부터 문이나 창문이 열려 있으면 알려주는 센서, 잠들기 전에 가전 기기들을 자동으로 꺼주는 센서까지 있다.(디코 86-87)

GE는 제트엔진을 제조해서 모든 대형 항공사에 리스 방식으로 제공한다. 리스된 5,000개의 엔진 각각에는 엔진의 상태를 (심지어 비행 중에도) 실시간으로 모니터링할 수 있는 센서가 최대 250개까지 장착되어 있다. 그래서 감지된 정보가 일정 수준을 벗어날 경우 GE는 얼른 달려가 미리 엔진을 수리함으로써 대형 사고를 미연에 방지할 수 있다.(디코 79)

미국의 기술철학자 돈 아이디는 인간이 도구와 갖는 관계를 셋으로 구분했는데, 하나는 자동차처럼 도구를 신체의 일부분처럼 여기는 체현적 관계이고, 다른 하나는 온도계처럼 읽어야 할 텍스트를 제공하는 도구와의 해석학적 관계이며, 마지막 하나는 보일러처럼 순간적으로는 의사소통의 대상이 될 수 있지만 그 존재를 의식하지 않는 배경적 관계이다.(김성동 기148-152)

이러한 분류법에 따라서 본다면 사물인터넷은 배경적 관계의 전형이 된다. 우리는 무슨 일이 진행되는지 모르지만, 내비게이션의 지시에 따라 평소와는 다른 길을 가게 되고, 스마트폰의 경고신호를 받고 거실 카메라를 통하여 집에서 어떤 일이 벌어지고 있는지 확인하며, 슈퍼마켓에서는 내가 슈퍼마켓에서 사오는 아이템들이 할인행사를 한다는 소식을 알려오고, 우리가 타고 여행하는 비행기는 계속적인 정비를 받고 있다.

아이디는 이러한 우리의 삶을 우리가 대기권atmosphere 속에서 숨 쉬듯이 기술권technosphere 속에서 살아간다고 표현하기도 했다. 오늘날 우리가 살고 있는 환경은 기술권 그 자체이다. 오늘날 인간은 집 보다는 기계 안에 살고 있고, 자연보다는 기술 속에서 살고 있다. 우주비행사나 심해잠수부만이 인공적인 장치들을 배경으로 하고 있는 것이 아니라 일상인들의 삶도 거의 같은 수준에 이르렀다.(김성동 기152) 4차 산업혁명의 주요기술인 사물인터넷은 이러한 기술권을 더욱 촘촘하게 만들 것이다.

더 넓게 더 깊게 읽을거리

1. 김동환, 『빅 데이터는 거품이다』, 서울: 페이퍼로드, 2016.

2. 슈밥 외 26인, 『4차 산업혁명의 충격』, 김진희, 손용수, 최시영 옮김, 서울: 넥스트웨이브미디어, 2016.

3. 포드, 『로봇의 부상』, 이창희 옮김, 서울: 세종서적, 2016.

　4차 산업혁명을 3차 산업혁명과 구분하려고 한다면, 3차 산업혁명과의 차별성이 있어야 할 것인데, 그러한 차별성으로서 제시될 수 있는 것이 유통과 제조에서의 디지털의 활용이다. 물론 이를 위해서는 3차 산업혁명을 인터넷에 연결된 컴퓨터에 의한 의사소통의 디지털화로 한정시키고, 이렇게 디지털화된 의사소통을 이용한 4차 산업혁명의 여러 혁명적 성과들을 제시하여야 한다. 이렇게 나누지 않는다면 4차 산업혁명은 3차 산업혁명의 연장선상에 설 뿐이다. 이 장에서는 인터넷에 연결된 컴퓨터로 인하여 발생하는 일들을 유통과 제조로 나누어서 검토해 보고자 한다.

1. 플랫폼과 기하급수적 유통

"세계에서 가장 큰 택시 기업인 우버는 소유하고 있는 자동차가 없고, 세계에서 가장 많이 활용되는 미디어인 페이스북은 콘텐츠를 생산하지 않는다. 세계에서 가장 가치 있는 소매업체인 알리바바는 물품 목록이 없으며, 세계에서 가장 큰 숙박 제공업체인 에어비앤비는 소유한 부동산이 없다."(Tom Goodwin, "In the age of disintermediation the battle is all for the consumer interface", 〈TechCrunch〉, March 2015 슈밥 44 재인용)

어떻게 해서 이런 일이 일어났는가? 3차 산업혁명의 시기 동안에도 택시업체들은 인터넷 콜을 활용했지만 택시의 보유수를 늘려왔고, 어도비Adobe는 컴퓨터 프로그램을 만드는 회사로서 열심히 다양한 어플리케이션들을 개발하였으며, 월마트는 이-카탈로그를 도입했지만 계속하여 물품목록을 증대시켜 왔고, 메리어트 호텔은 인터넷으로 예약과 결제를 하였지만 객실 수를 늘려왔다. 왜냐하면 상품이나 서비스의 생산자들이 소비자에게 그러한 것을 제공해야 했기 때문이다. 물론 오늘날에는 이들 중 일부도 플랫폼으로 서비스를 전환하고 있다.

이런 전통적 비즈니스모델을, 플랫폼Platform 비즈니스 모델과 대비하여, 파이프라인Pipeline 비즈니스 모델이라고 부른다.

파이프라인은 가치의 창출과 이동이 단계적으로 일어나며, 이때 파이프라인의 한쪽 끝에는 생산자가, 반대편 끝에는 소비자가 있다. … 이와 같은 간결한 단선적 형태로 인해 우리는 파이프라인 비즈니스를 '선형적 가치 사슬linear value chain'이라고 설명하기도 한다."(앨초파 36) 플랫폼 세계에서 다른 종류의 이용자들 – 일부 생산자와 일부 소비자, 그리고 때에 따라 생산자와 소비자 역할을 동시에 수행하는 사람들 – 이 서로 만나고, 상호작용을 일으키면서 플랫폼이 제공하는 자원을 사용한다. … 가치는 생산자에서 소비자까지 일직선으로 흘러가지 않고, 사람들에 의해 다양한 방식으로 만들어지고 변경되며 교환되고 소비된다.(앨초파 37)

그래서 우버에서 자동차를 소유하는 사람은 우버가 아니라 교통서비스를 제공하는 사람들이다. 페이스북에서 콘텐츠를 만드는 사람은 페이스북이 아니라 페이스북에 콘텐츠를 올리는 사람들이다. 알리바바에서 물건을 만드는 사람은 알리바바가 아니라 알리바바를 통해서 물건을 파는 사람들이다. 에어비엔비에서 부동산을 소유하는 사람은 에어비엔비가 아니라 방이나 집을 빌려주는 사람들이다. 그럼에도 불구하고 이들 회사들은 자기 영역에서 독보적인 가치를 가지고 있다.

이런 일이 생겨난 것은 플랫폼 비즈니스Platform Business 때문이었다. 플랫폼이란 단어는 본래 기차를 타고 내리는 물리적인 공간, 또는 강사, 지휘자, 선수 등이 사용하는 무대나 강단을 뜻한다. 하지만 현재는 특정 장치나 시스템 등을 구성하는 기초가 되는 틀을 지칭하는 용어로 많이 사용된다.

플랫폼 비즈니스 모델이란 사업자가 직접 제품 또는 서비스를 제공하는 것이 아니라 제품이나 서비스를 제공하는 생산자 그룹과 이를 필요로 하는 사용자 그룹을 연결하는 것이다. 사업자는 생산자 그룹과 사용자 그룹이 플랫폼 내에서 활발하게 거래하도록 함으로써 가치를 생성하고 궁극적으로 수익을 창출한다. … 다시 말해 플랫폼 비즈니스 모델의 특징은 생산자와 소비자가 다양하게 '연결'되는 '양방향'에 있으며, 생산자와 사용자는 랜덤으로 연결되는 구조를 가진다. 이를 양면시장(Two-sided Market)이라고 부른다.(이승준 〈K content〉 2017 01+02 23)**8**

이러한 사업방식은 사실 다양하게 존재한다. 가장 전통적인 사업은 복덕방과 같은 중개업이다. 집을 팔거나 세놓기를 원하는 사람과 집을 사거나 세들기를 원하는 사람을 이어주어 양쪽에 복을 주고 덕을 베푸는 일을 복덕방은 한다. 이 책을 구입한 서점은 책을 출판하는 출판사와 책을 원하는 독자를 이어주어 판매이윤을 취한다. 잡지사는 이러한 서점을 통하여 자신들의 잡지를 독자에게 판매하는 하는 듯이 보이지만 사실은 광고를 보여주고 싶은 사람과 광고를 볼 사람을 이어주는 역할로 이윤을 취한다.

이러한 경우를 보면 복덕방은 소파와 탁자가 놓인 사무실을, 서점은 서가와 계산대로 구성된 공간인 서점을, 잡지사는 종이에 인쇄된 잡지를 매개로 하고 있다. 그럼에도 불구하고 오늘날 4차 산업혁명 시대의 플랫폼 비즈니스는 이러한 사업들과 다른 점이 있다. 그것은 그들이 사무실도 서점도 잡지도 아닌 웹사이트나 앱, 디지털 기술의 산물인 웹사이트나 앱을 매개로 하고 있다는 것이다. 디지털기술은 그러한 서비스의 범위, 속도, 편의성, 효율성을 크게 확대시킨다. 전자가 원자 근처 어디에나 있듯이, 우리의 의사소통적인 위치가 지구 모든 곳이듯 이, 이런 웹사이트나 앱은 언제 어디에서나 소통과 거래를 실시간으로 가능하게 만든다. 그리고 이러한 웹사이트나 앱은 그것에 더하여 강력 한 네트워크 효과network effect를 가진다.

> 네트워크 효과란 여러 플랫폼 사용자들이 각 사용자를 위해 창출한 가치에 미치는 영향력이다. … 긍정적인 네트워크 효과는 플랫폼 비 즈니스에서 가치 창출과 경쟁력의 주요원천이라 할 수 있다. [예를 들 어] 우버의 … 본거지인 샌프란시스코의 택시와 리무진 서비스 시장 규모는 1억2000만 달러였다. 우버 자체 통계에 따르면, 그로부터 5년 이 지난 2014년 시장은 이미 세 배로 커졌으며 지금도 계속 성장하고 있다.(앨초파 56)

이러한 네트워크 효과의 일상적인 예는 전화망의 가치이다. "전화망 의 가치는 전화망 가입자 수가 증가할수록 비선형적으로 증가하며 이 에 따라 가입지들 간에 더 많은 연결을 만들어낸다"(앨초파 59) 이러한 효과를 네트워크 발달에 크게 기여한 로버트 멧커프Robert Metcalfe 이름 을 따서 멧커프의 법칙Metcalfe's law이라고 부른다.

인터넷에 연결된 수많은 컴퓨터들과 그 사용자들은 시간과 공간은 물론이고 인종과 국가, 사회와 문화를 뛰어넘어 사이버공간에서 자유 롭게 접촉하며 이러한 네트워크 효과를 발휘한다. 그런데 플랫폼은 양 면시장이기 때문에 이러한 네트워크 효과도 양면으로 일어난다. 그래서 파이프라인 방식의 전화회사와 달리 플랫폼은 양면 네트워크 효과 two-sided network effect를 갖는다. 물론 이것은 긍정적인 피드백을, 즉 긍정적인 네트워크 효과를 전제하고 있기는 하다. 만약 피드백이 부정이면 부정적인 효과가 기하급수적으로 또한 작용한다.

이것이 4차 산업혁명에서 말하는 플랫폼이다. 이러한 플랫폼은 규모의 경제 즉 공급 측면에서의 규모의 경제와 대비될 수 있는 수요 측면에서의 규모의 경제를 특징으로 한다.

> 규모의 공급 경제와 달리 규모의 수요 경제는 생산자 측 수익 방정식에서 한쪽 절반을 차지하는 수요 측면의 기술 향상을 이용한다. 규모의 수요 경제는, 소셜 네트워크의 효율성, 수요 결집, 앱 개발, 기타 네트워크가 크면 클수록 사용자들에게 더 많은 가치를 가져다주는 현상에 따라 움직인다.(앨초파 58)

세계적인 컨설턴트 기업인 딜로이트Deloitte와 공동 수행한 연구결과에 따르면 기업은 자산 구축가asset builders, 서비스 제공자service providers, 기술 창조자technology creators, 네트워크 조정자network orchestrators로 나누어지는데, 이들 기업들의 주가수익비율과 시장가치를 비교한 '시장 승수'를 비교해 보면 전통적인 기업에 해당하는 자산구축가는 2.0, 서비스 제공자는 2.6, 기술창조자가 4.8인데 반하여, 사실상 플랫폼 기업들을 가리키는 네트워크 조정자는 8.2나 된다.(앨초파 77)

페이스북을 사용하는 월간 18억 명은 결코 하나의 장소와 하나의 시간에 모일 수 없다. 그러나 이러한 사람들은 사이버공간에서 어떻든 만나고 교통서비스든, 콘텐츠든, 개별적인 상품이든, 관광서비스든 간에 무엇을 판매하고 구입할 수 있다. 이러한 플랫폼이야말로 인터넷에 연결된 컴퓨터가 만들어낸 새로운 가상 광장이자 가상 시장이다.

2. 크라우드소싱과 크라우드펀딩

이러한 플랫폼 비즈니스 중에서 특정한 한 형태는 크라우드소싱crowdsourcing이다. 플랫폼이 강단을 뜻하듯이 크라우드crowd는 군중을 뜻한다. 하지만 4차 산업혁명에서 플랫폼이 양면시장을 뜻하듯이 크라우드소싱이란 어떤 일을 수행하기 위하여 특정하지 않은 많은 사람들에게서 용역이나 자본들을 공개적으로 모집하는 일이다. 이는 크라우드와 아웃소싱outsourcing의 결합어이다.

이러한 크라우드소싱의 대표적인 사례는 프리랜서닷컴Freelancer.com이다. 일거리를 구하는 프리랜서들과 일감을 가지고 일할 사람을 구하는 사람들을 연결시켜주는 이 웹사이트는, 물건의 유통을 다루는 다른 플랫폼들과는 달리, 서비스의 유통을 다룬다. 프리랜서닷컴은 이전에 이런 사업을 하던 9개 업체를 합병한 것인데,

> 6년도 채 지나지 않아 프리랜서닷컴은 1,000만 이용자를 보유한 지구상에서 가장 큰 프리랜서 시장이 되었다. 540만 개 이상의 일감이 게시되었고, 13억 9,000만 달러 규모의 일이 진행되었다. 전 세계 234개 국가 및 지역에 회원을 거느리고 있으며, 일하는 사람들의

75퍼센트는 인도, 파키스탄, 방글라데시, 필리핀, 중국 등에 살고 있다.(디코 226)

프리랜서닷컴이 제공하는 서비스는 이런 방식으로 작동한다. "지금 아주 기가 막힌 아이디어가 떠올랐다고 치자. 대만에서 디자이너를 구해 디자인을 시키고, 시제품은 중국에서 만든 다음, 대량생산은 베트남에서 하면 된다. 프리랜서닷컴은 회사의 관리 업무, 로고 제작을 비롯해 무슨 일이든 해줄 수 있다. 그러니 이제 우리는 몇 천 달러의 돈과 신용카드만 있으면 혼자 방 안에 앉아 수백만 달러짜리 회사도 세울 수 있게 됐다."(디코 227-28)

프리랜서닷컴과 같은 플랫폼은 이러한 국제적인 분업, 선진국과 후진국 기업가들의 윈-윈 즉 상호적인 승리를 만들어낼 뿐만 아니라, 개인으로서는 상대하기 힘든 기성의 체계에 대해서도 도전할 수 있게 만든다. 영상계에 참여하거나 참여희망을 가지고 있는 많은 사람들이 예컨대 할리우드Hollywood에 모여 있지만, 그들이 자신들의 꿈을 이루기 위해서는 거대산업체계에 몸을 담아야만 한다. 왜냐하면 파이프라인을 소수가 독점하고 있기 때문이다. 그래서 그런 기회는 오직 소수에게만 주어진다. 일종의 문지기Gatekeeper 역할을 하는 사람들이 다수를 필터링하여 오직 소수에게만 기회를 주기 때문이다.

영상계의 프리랜서닷컴이라고 할 통걸Tongal은 TV 화질의 디지털 영상 광고나 TV 광고 제작을 도와주는 크라우드소싱 플랫폼이다. 그러므로 통걸에는 그러한 게이트키퍼가 없다. 그렇지만 그러한 게이트키퍼가 없기 때문에 "통걸은 일반적인 프로세스보다 10배나 싼 가격으

로, 10배 빠르게, 10배 더 많은 콘텐츠 옵션을 제공한다."(디코 228)

> 현재 통걸의 프리랜서 목록에는 4만 명 이상의 크리에이티브 업종 종사자들이 등록되어 있다. 주로 짧은 영상, 광고 등의 제작에 종사하는 이들은 유니레버unilever나 레고LEGO, 프링글스pringles, 스피드스틱Speed Stick 같은 대형 브랜드의 콘텐츠들을 제작했다. 그것도 기존방식보다 훨씬 더 빠르고, 창의적이고, 비용효율적인 방식으로 말이다.(디코 230)

통걸의 성공은 정규 스튜디오를 가져야만 일감을 따올 수 있다는 업계의 관례를 파괴한 것에서 끝나지 않는다. 통걸은 아이디어제작, 제작, 유통을 나누어서 진행하며 각 단계마다 경쟁을 통해서 복수의 당선작을 정한다. 물론 최종적인 당선작은 상금을 내건 스폰서가 정한다.

통걸과 달리 유튜브YouTube는 일반인들이 제작한 손수제작물UCC: User-Created Contents을 네트워크에 제공하며 광고를 통하여 수익을 올린다. 여기에는 문지기도 없고 스폰서를 하는 기업도 없다. 다만 그 콘텐츠를 소비하는 사람의 숫자가 모든 것을 결정한다. 1920년대 라디오가 등장한 이후 거의 100년에 걸쳐 최선의 광고매체는 라디오와 TV였다. 물론 지역과 계층이나 취향에서 넓은 범위의 인구를 대상으로 하는 방송broadcast과 좁은 범위의 인구를 대상으로 하는 협송narrowcast의 대비가 있기도 했지만, 언론미디어가 거의 독점적으로 광고시장을 장악하고 있었다.

하지만 오늘날 유튜브를 보는 사람들의 숫자가 늘어남에 따라 광고효과의 역전이 일어나고 있다. 나이에 따라 세대들이 TV시청자와

YouTube시청자로 나뉜다면 주요 시청자를 대상으로 하는 광고는 매체를 따로 선택할 수밖에 없다. 이러한 과정에서 방송국 또한 문지기로서의 역할을 상실하고 있으며, 이와 더불어 엔터테인먼트 회사들도 문지기로서의 역할을 마찬가지로 상실하고 있다. 오늘날 학생들이 꿈꾸는 일이 아나운서도 가수도 아닌 유투버라는 말이 나올 정도이다.

같은 크라우드소싱이기는 하지만 구하는 것이 일을 해줄 사람이 아니라 일에 사용될 자금일 경우에는 크라우드펀딩crowdfunding이라고 부르기도 한다. 처음에는 영화인들이나 음악인들이 자신들의 영화나 음반을 만들 자금을 십시일반으로 모으려고 크라우드펀딩을 이용했지만, 플랫폼의 발달과 더불어 4차 산업혁명적인 자금조달 방법으로 대두하였다.

> [시작된 지] 7년도 지나지 않아 크라우드펀딩은 상당히 큰 경제 원동력으로 부상했다. 현재 온라인에는 700개가 넘는 크라우드펀딩 사이트가 있고, 하늘 아래 온갖 프로젝트에 자금을 조달하고 있다. 그리고 이 수치는 몇 년 내에 2배가 될 것으로 예상된다. 전 세계적으로 모집된 투자금 총액은 2009년 5억3000만 달러에서 2011년 15억 달러, 2012년에는 다시 27억 달러로 기하급수 곡선을 따르고 있다. 전문가들은 2015년까지 크라우드펀딩 시장이 150억 달러 규모가 될 것으로 예상한다.(디코 253)

크라우드펀딩은 디지털 자선사업이라고 할 수 있는 기부형이 있고, 대출을 받고 이자를 붙여 갚는 대출형이 있고, 자신에게 의미 있는 제품이나 서비스가 만들어지게끔 돈을 보내고 나중에 보상을 받는 보상 또는 인센티브형이 있고, 미국에서 최근에 법률적으로 허용된 주식형 이 있다.(디코 255-56)

이러한 크라우드펀딩은 소액 투자자로부터 대규모 투자자에 이르기 까지 다양한 투자자들이 자선사업이나 지역사업이나 스타트업이나 중 소기업을 가리지 않고 다양한 방식으로 투자하고 투자받을 수 있는 새 로운 통로가 되고 있다.

플랫폼 비즈니스나 크라우드소싱이나 크라우드펀딩은 그 참여인원 이 대단히 많다는 점에서 민주주의적인 사업방식이고 생활방식이다. 제한된 소수의 사람들만이 참여할 수 있었던 독과점적인 경제체계를 그러한 제한 없이 다수의 사람들이 공동으로 참여하는 민주주의적인 경제체계로 대체할 수 있기 때문이다. 도시혁명 이후로 계속되어 왔으 며 산업혁명을 통하여 강화되었던 수직적인 분업의 한 종류가 과거에 는 주식시장을 통하여 민주화되었다면, 오늘날에는 크라우드펀딩을 통하여 종식되고 있다.

3. 디지털 제조

"지금 아주 기가 막힌 아이디어가 떠올랐다고 치자. 대만에서 디자이 너를 구해 디자인을 시키고, 시제품은 중국에서 만든 다음, 대량생산 은 베트남에서 하면 된다. 프리랜서닷컴은 회사의 관리 업무, 로고 제 작을 비롯해 무슨 일이든 해줄 수 있다. 그러니 이제 우리는 몇 천 달러의 돈과 신용카드만 있으면 혼자 방 안에 앉아 수백만 달러짜리 회사도 세울 수 있게 됐다."(디코 227-28)

4차 산업혁명의 통로이자 산물인 플랫폼을 통한 크라우드소싱은 이처럼 글로벌하게 제조하는 것을 가능하게 한다. 하지만 3차원 프린터를 검토하면서 보았듯이 4차 산업혁명은 또한 로컬하게 제조하는 것도 가능하게 한다.

캐드 프로그램은 컴퓨터로 3차원 물체를 디자인할 수 있는 프로그램이다. 작업을 끝낸 디자인 파일을 '로컬 프린트'할지 '글로벌 프린트'할지 선택할 수 있다. 즉 집에 있는 3차원 프린터로 시제품을 만들 수도 있고, 전문 서비스 업체로 디자인 파일을 보내 대량생산할 수도 있다. 유일한 차이점은 서비스 업체에 일을 맡기려면 신용카드나 배송비가 필요하다는 것이다.(앤더슨 48-49)

어떻게 해서 이런 일이 일어났는가? "제조업이 웹처럼 점점 디지털화하고, 네트워크화하고, 개방적으로 변하고 있기 때문이다."(앤더슨 48) 즉 디지털 제조digital manufacturing가 가능하게 되었기 때문이다.

제조업의 디지털화는 컴퓨터 지원 설계CAD: Computer Aided Draft/Design가 도입됨으로써 이루어졌다. 3차 산업혁명의 결과로서 제도판Drafter 위에 손으로 그리던 설계도면을 컴퓨터로 그리고 플로터로 출력하여 제조의 밑그림으로 삼게 되었다. 초창기에는 주로 이차원 도면이었지만, 오늘날에는 삼차원 모델 데이터로부터 도면을 출력하고 있다.

이러한 방식의 제조를 컴퓨터 지원 제조CAM: Computer Aided Manufacture 라고 한다. 4차 산업혁명은 이러한 캐드 프로그램이 염가로 심지어 무료로 제공되고, 그러한 프로그램으로 작성한 파일이 공개되고, 그러한 파일을 응용하여 컴퓨터 수치제어CNC Computerized Numerical Control 공작기계나 3차원 프린터로 물건들을 제작할 수 있도록 만들어 주었다. 이러한 것이 제조의 디지털화이다.

제조업의 네트워크화란 거대 고정기지에서 수행되던 제조 작업이 제조자의 책상 위나 간편 제조시설이 있는 소규모 제조시설에서 이루어지며, 이러한 제조기계들과 제조시설들이 개인이나 팀들과 연결되어 하나의 제조생태계를 이루는 것을 말한다.

과거에는 이러한 제조장비가 고가이고 크기나 무게가 막대하였기 때문에 막대한 초기투자를 요구하였고, 이에 따라 대규모 산업단지에만 설치되었고 다른 회사와 공유되지 않았다. 하지만 4차 산업혁명의 주요 기술인 3차원 프린터와 마찬가지로 책상 위에 놓을 수 있을 정도로 제조장비의 소형화와 염가화가 실현됨으로써 기본적인 수준의 제작이 작은 공간이나 책상 위에서 가능하게 되었다.

이렇게 작은 공간이나 책상 위 제조가 가능하게 되자, 그래도 개인으로서는 구입하기가 부담스러운 제조장비들을 설치하고 이들을 공유하게 하는 장소들이 등장하였는데, 이것을 메이커스페이스Makerspace라고 부른다. 3차 산업혁명이 메인프레임 컴퓨터에서 이를 축소한 미니컴퓨터 즉 중형컴퓨터를 거쳐 개인용 데스크탑 컴퓨터로 발전하면서 성숙한 것과 비교해 보면, 메이커스페이스는 미니컴퓨터 수준이라고 볼 수 있다. 회원제로 운영하는 유명한 메이커스페이스 체인점은 테크숍

TechShop이다.

> 오늘날 세계 각지에는 1,000개에 가까운 메이커스페이스makerspace(생
> 산설비를 공유하는 곳)가 있고, 그 수는 놀라운 속도로 증가하고 있다. 중
> 국 상하이에서 건설 중인 메이커스페이스만 100곳이다. …… 2012년
> 초에 … 오바마 행정부는 향후 4년간 미국 학교 1,000곳에 3차원 프린
> 터와 레이저 커터 같은 디지털 제작 도구를 갖춘 메이커스페이스를 만
> 드는 계획을 발표했다.(앤더슨 39)

이러한 메이커스페이스는 대기업에서도 운영하는데, 예를 들자면,
포드자동차는 2012년에 "테크숍과 협력해 디트로이트에 메이커스페
이스를 건설했다. 약 1,580제곱미터 규모의 거대한 디트로이트 테크숍
에 75만 달러 상당의 레이저커터, 3차원 프린터, CNC 기계를 구비했
다. 포드는 직원들에게 언제든 이 시설을 이용해 업무와 관련된 작업
이나 개인적인 발명을 하도록 허용했다. … 포드 직원들이 디트로이트
테크숍을 이용한 후, 포드가 신청한 특허 건수는 30퍼센트 증가했다."
(앤더슨 199) 교육기관을 중심으로 해서는 이러한 메이커스페이스를 팹
랩FabLab이라고 부른다.

> 팹랩은 메이커스페이스의 일종으로 MIT[에서] … 10년 전에 개발한
> 모델이다. 현재 17개국에 팹랩 53곳이 있다. 각 팹랩은 시제품을 만들
> 기 위해 최소한 필요한 디지털 제작도구들을 구비해놓고 있다. 이를
> 테면 레이저 커터, 비닐 커터, 기구를 만들 수 있는 대형 CNC기계, 전

자기판을 만들 수 있는 소형 CNC기계, 기본 전자 장비, 3차원 프린터다. … 팹랩에서는 주로 시제품을 생산한다.(앤더슨 75)

인터넷이 몰고온 새로운 경제현상인 롱테일longtail 경제학과 프리코노믹스freeconomics 비즈니스 창시자인 크리스 앤더슨Chris Anderson은 지난 10년이 웹에서 창조하고, 발명하고, 함께 일하는 방식을 발견하는 과정이었다면, 앞으로 10년은 이러한 과정에서 얻은 교훈을 현실세계에 적용하는 과정이 될 것이라고 예측하였다.(앤더슨 37) MIT에서 말하는 비트세계에 대하여 우리가 지난 10년간 적응했다면 이제 원자세계에 대하여 우리가 앞으로 적응해 나가야 한다는 뜻이다. 비트세계에 플랫폼 레볼루션이 일어났듯이 원자세계에도 플랫폼 레볼루션이 진행되고 있다고 해석할 수도 있다.

비트세계의 플랫폼 레볼루션과 원자세계의 플랫폼 레볼루션이 결합된 형태는 어쩌면 다음과 같은 형태가 될 것이다. "디지털 파일로 된 설계도를 컴퓨터에 입력하면 산업용 로봇으로 쉽게 제품을 만들 수 있다. 이는 제조비용을 90퍼센트 이상 절감할 수 있다. 유통업체를 찾을 필요 없이 자신의 상거래 웹사이트를 개설하면 소비자는 세일즈맨이 아닌 구글 검색을 통해 이 웹사이트를 방문해 제품을 구매할 것이다." (앤더슨 32)

지금 여러분이 자동차를 구입한다면 어떤 자동차를 구입할 것인가? 화석연료를 사용하는 내연기관으로 움직이는 자동차? 전지에 저장된 전기로 모터를 움직이는 자동차? 아니면 이 두 가지를 모두 구비하는 하이브리드 자동차? 실제적으로 우리에게 선택의 자유가 주어졌지만,

아직까지는 내연기관 자동차가 여전히 다수이다. 물론 이러한 자동차들은 거의 전통적인 제조방식으로 여전히 제조된다.

하지만 자동차도 디지털 제조의 방식으로 제조할 수 있을까? 자전거를 메이커스페이스에서 만드는 것을 상상하기는 쉽다. 자전거의 디지털 파일을 이용하여 깎아 내거나 쌓아 올려 부품을 만들고 조립하면 될 것이기 때문이다. 전동 자전거는 여기에 전지와 모터를 덧붙이고 페달에 연결하면 완성된다. 전지와 모터에 대한 디지털 파일이 있으면 자제 제작도 가능할 것이고, 대량생산품이 더 편리하다면 구입하여 장착하면 된다.

하지만 훨씬 많은 부품으로 구성된 자동차를 메이커스페이스에서 만들 수 있을까? 전기 자동차라면 부품들이 더 복잡할 뿐 원리적으로 전동 자전거와 별로 다를 것이 없으므로 가능하리라 보인다. 하지만 지금과 같은 내연기관을 사용하는 자동차를 메이커스페이스와 다름없는 곳에서 만들고 있는 자동차회사도 있다. 로컬모터스Local Motors가 바로 그 회사이다.

> 로컬모터스는 "어떻게 하면 웹에서 자동차 회사를 만들 수 있을까?" 란 질문에서 출발한 회사다. … 자동차 디자이너(전문가, 아마추어, 자동차 디자인에 관심 있는 일반인)들이 아이디어를 공유하고, 자신이 좋아하는 디자인에 투표하는 사이트를 만들었다. 이 사이트에 모인 사람들은 미국 각 지역에 있는 초소형 공장에서 고객이 주문한 디자인대로 자동차를 제작할 날이 오리라고 예상하고 로컬모터스란 이름을 사이트에 붙였다.(앤더슨 184-85)

직원 수가 40명 정도에 불과한 로컬모터스 공장은 미국 최초의 '마이크로팩토리microfactory (초소형 공장)'다. … 이는 자동차를 설계하고 생산하는 완전히 새로운 방식이다. 앞으로 자동차를 비롯한 여러 제품이 마이크로팩토리에서 생산될 것이다.(앤더슨 184)

2014년 9월, 시카고에서 열린 세계공작기계전시회MTS에서는 3D 프린터로 그 자리에서 하루 만에 자동차 한대를 만드는 시연이 열리기도 했다. … 로컬 모터스의 팀원들이 해낸 일이다.(디코 67)

4차 산업혁명을 겪어나가면서 전통적 제조방법과 디지털 제조방법 중 어느 하나만을 선택할 필요는 없을 것이다. 결국 더 싼 가격으로 더 효율적인 제품을 만들 수 있는 방법이 있다면 그 방법이 채택될 것이다. 4차 산업혁명은 이제까지와는 다른 제조의 가능성을 제시한다.

4. 스마트 제조

그렇다면 전통적인 제조방법은 제조의 디지털화를 어떻게 자신들의 전통 속에 흡수하여 발달시켜 나가고 있는가? 여러 가지 방식이 있겠지만 가장 핵심적인 요소는 로봇이라고 보인다. 포드가 컨베이어벨트시스템으로 자동차를 생산한 이후 우리 산업계에서 가장 표준화가 잘 이루어져 있는 산업이 자동차산업이다. 따라서 표준화된 여건 속에서 표준화된 작업에 유리한 로봇을 가장 잘 활용하고 있는 곳도 자동차 산업이다. 이에 반해 휴대전화와 같은 전자 산업에서는 그 활용도가 별로 높지 않다.

> 현재 공장 자동화의 활용도는 산업마다 천차만별이다. 자동차 업계는 동작이 수없이 반복되는 조립 공정의 약 80퍼센트를 자동화하고 있다. 이와는 반대로 휴대전화와 같은 전자 제품은 신제품 출시 주기가 짧고, 제품 주문에 따라 공정도 매우 달라 조립 공정의 10퍼센트 정도만 자동화한다.(슈밥+ 125)

2011년 애플의 아이폰과 아이패드를 조립하는 중국 기업 폭스콘 Foxconn의 CEO가 2014년까지 로봇 100만 대를 도입하는 계획을 공표했지만, 실제로 투입된 로봇이 훨씬 적었던 이유는(체이스 186) 바로 이처럼 작업의 내용이 현재의 로봇수준과 적합하지 않았던 까닭이었다.

하지만 2015년에 세계적인 신발제조업체인 아디다스Adidas가 기획한 스피드 팩토리Speed Factory는 로봇을 이용한 자동화공장의 새로운 가능성 즉 스마트 제조Smart Manufacturing의 가능성을 보여주었다. 2016년의 독일공장에 이어서 2017년 미국공장이 본격적으로 가동되었다.

> 아디다스는 스포츠 브랜드 제조업의 패러다임을 뒤바꿀 아디다스 스피드팩토리SpeedFactory의 계획을 발표했습니다. 이는 로봇을 활용한 자동 생산화 시스템을 갖춘 공장으로 보다 빠르고 고퀄리티의 제품을 소비자들에게 공급한다는 것입니다. 2016년 ··· 아디다스의 CEO는 ··· '아디다스 스피드팩토리SpeedFactory는 디자인과 기술력의 완벽한 결합으로 자동화와 유연한 생산을 가능하게 할 것입니다. 이 시

그림 12 아디다스의 스피드팩토리

스템은 기존의 업계의 제품 생산 장소, 제조 방법, 시간 등의 경계를 모두 허물수 있는 혁신적인 방법입니다.'라고 밝혔습니다.(Adi Jang 〈Weloveadidas〉2017. 9. 9)**9**

관련기사들에 따르면, 아디다스의 스피드 팩토리에서는 연간 50만 켤레의 신발을 만들지만 공장 유지보수와 관리 직원을 빼고 나면 생산 현장은 10명의 직원으로 운영될 예정이다. 예전에 이만한 공장을 운영하려면 600명 정도가 필요했다고 한다. 이러한 상황에서 노동자는 100명에서 1명으로 줄지만 생산력은 4배가 늘어난다고 보통 평가된다.

하지만 4차 산업혁명은 단순 제조가 아니라 고객맞춤 제조를 특징으로 한다. 아디다스 홈페이지에서 소비자가 원하는 디자인과 색상 그리고 다양한 선택요소들을 선택하면 그 신발 제조에 6주가 걸렸던 과거와 달리 5시간 내에 제작되며, 심지어 신발의 새로운 디자인조차도

18개월이 걸렸던 과거와 달리 10일 이내에 출시된다.(노경목 〈한국경제〉 2016. 10. 16)**10**

이렇게 유연한 빠른 속도가 가능한 까닭이 바로 4차 산업혁명의 중심기술인 컴퓨터, 네트워크, 3D 프린팅 등을 이용하기 때문이다. 3차 산업혁명에서 소품종 대량생산이 다품종 소량생산으로 전환되었다고 지적했지만, 4차 산업혁명에서는 이러한 기술들에 의거하여 다품종 소량생산과 더불어 다품종 대량생산 또한 가능하다.

이러한 다품종 대량생산이 가능한 다른 현장은 테슬라Tesla 자동차 공장이다. 캘리포니아의 프리몬트 공장에서는

> 고도로 탄력적인 160대의 산업용 로봇이 매주 400대의 차를 조립한다. 다음 차의 새시가 조립 라인의 한 지점에서 다른 지점으로 이동하면 여러 대의 로봇이 달려들어 서로 협동해서 작업을 진행한다. 이들은 저마다의 로봇 팔이 쓰고 있는 공구를 알아서 서로 바꿔가며 사용해서 다양한 작업을 수행할 수 있다.(포드 27-28)
>
> 전체 공장 설비를 컴퓨터로 제어하기에 모든 차량을 각기 다르게 제조할 수 있다. 각기 완전히 다른 부품을 사용하는 다른 모델의 차량들을 동시에 제조할 수 있다. 헨리 포드는 "검은색이기만 하면 어떤 색이든 괜찮다"는 말을 남겼을 정도로 표준화를 강조했지만 테슬라는 자동차 색상부터 리튬 이온전지 개수까지 맞춤 생산을 지향한다.(앤더슨 201)

하지만 로봇은 여전히 많은 개선 과제를 안고 있으며, 이러한 방향으

로 발전해 나가고 있다.

세 가지 주요 영역에서 해결해야 할 과제가 남아 있다. 첫째, 아직까지는 새로운 로봇을 만드는 데 너무 많은 시간이 소요된다. 둘째, 오늘날의 로봇은 여전히 자신의 주변 환경을 감지하고 추론하는 데 상당한 한계를 지닌다. 셋째, 로봇의 커뮤니케이션 능력이 매우 취약한 상태다.(슈밥+124)

오늘날의 로봇은 과거의 로봇과 비교하면, 한 가지 작업만을 위하여 제조되는 것은 아니고 다른 작업에도 응용할 수 있도록 제조되기는 하지만, 아직도 새로운 요구에 맞게 적응하고 확장하는 것은 쉽지 않다. 그리고 이러한 로봇을 디자인하고 제작하고 프로그래밍하는 과정이 길기 때문에 추가 모듈을 새롭게 부착하는 일조차도 쉽지 않고 오래 걸린다. 자가 변경 로봇Self-Reconfiguring Robot이 등장하기까지 이러한 어려움은 여전히 남을 것이다.

오늘날 로봇이 가진 다른 한계점은 로봇의 지능 자체가 좁은 기능 내에서는 탁월할 수 있지만 범위가 넓어지면 아예 무력하기까지 하다는 점이다. 일반적으로 로봇은 세부적으로 프로그래밍된 대로 작동하기 때문에 프로그램에서 지시하지 않은 상황이 발생하면 로봇은 대처할 수 없다. 이런 상황에 내몰리게 되면 로봇은 이를 오류로 인식하고 작동을 중단한다. 인간 조정자가 개입할 필요성이 언제나 남는 이유가 바로 이것이다.

자동차 공장의 대부분의 로봇에는 접근금지라는 푯말이 붙어있다.

왜냐하면 로봇의 무게와 속도 때문에 인간과 로봇이 충돌했을 때에 인간이 치명적인 부상을 입을 수 있기 때문이다. 오늘날에는 수많은 센서가 부착되어 인간과 같이 작업할 수 있는 상황이 조성되었다. 하지만 이러한 공동 작업은 여전히 쉽지 않으며, 의사소통 또한 마찬가지로 어렵다. 이미 프로그래밍된 의사소통 바깥의 의사소통은 아직까지는 희망사항에 불과하다.

이러한 한계에 대한 계속적인 도전이 이루어지고 있는데, 한 예로 리싱크 로보틱스Rethink Robotics가 2012년에 개발한 백스터Baxter라는 로봇은 미국 제조업 근로자 1년 치 평균 임금보다 더 싸지만 필요한 동작의 동선을 따라 팔을 움직여 주는 것만으로도 훈련이 가능하며 이렇게 훈련된 결과를 다른 로봇에게 이식할 수도 있었다.(포드 31)

이러한 개선들이 계속해서 이루어지고 있는 산업 로봇들을 이용하는 자동차 산업에서 스마트 팩토리는 막강한 경제성 향상을 약속하고 있다. 왜냐하면 자동차에 대한 수요는 다양화되고 신속하게 변화되고 있는 반면 자동차 생산은 여전히 노동 집약적이고 고정 생산비가 큰데, 이러한 문제에 대한 유일한 대처방안이 바로 스마트 팩토리이기 때문이다.

> 스마트 공장의 매력 포인트는 속도, 맞춤, 비용으로, 바로 이런 난제 해결에 초점을 맞추고 있다. 스마트 공장에서는 더 많은 파생상품, 더 적은 부품 고장(PPM), 더 빠른 시장화 속도, 그리고 가장 중요한 저비용 고품질 제품이 생산될 것이다.(롤랜드버거 100-1)

이러한 스마트 제조의 이점은 또한 경제적인 성과도 동반하는데, 제조, 물류, 재고, 품질, 복잡성 관리 등의 항목에 대해 전반적으로 10~20%의 비용 절약이 가능하다. "미국의 자동차부문에서 이런 비용들이 대략 총 1,600억 달러에 달한다는 사실(미국통계국)을 고려하면, 160억~320억 달러의 비용이 절감되는 것이다."(롤랜드버거 102) 이것이 소비자나 기업가에게 돌아간다면 그 효과 또한 작지 않다. 하지만 이러한 경제적 이득은 자동차 산업에 국한되는 것이 아니다. 아디다스의 신발공장에도 비슷한 효과가 날 것이기 때문에 전체 산업으로 보면 그 효과는 전체 경제 영역에 미칠 것이다.

하지만 사실 디지털 제조나 스마트 제조의 효과들 중에 가장 주목할 만한 것들 중 하나는 앞에서 인용한 아디다스 CEO의 지적처럼 제조 장소의 변경이다. 아디다스가 독일에서 신발을 제조한 것은 스피드 팩토리를 세우기 23년 전이었다. 이후 아디다스의 신발제조는 동남아국가에서 이루어졌다. 하지만 이제 다시 독일에서 신발을 제조하기 시작하였다.

소위 말해 값싼 노동력을 찾아가는 생산시설의 국외이전인 오프쇼어링offshoring이 끝나고 로봇이라는 값싼 노동력을 찾아가는 생산시설의 국내이전인 리쇼어링reshoring이 시작된 것이다. 미국 캘리포니아에서 애플이 설계하고, 중국에서 조립한다Designed by Apple in California, Assembled in China는 애플의 모토는 이제 더 이상 당연하지 않다. 애플도 이제 미국 텍사스에서 맥 프로Mac Pro를 만든다. 미국 사우스캐롤라이나에 있는 파크데일 밀스Parkdale Mills라는 섬유회사는 최저임금국가의 근로자와 경쟁이 가능할 정도로 효율성이 뛰어난 자동화 기술을 이용하여 140명의

인원으로 과거 2,000명이 하던 일을 하고 있다.(포드 36)

실제로 제조업의 '유턴' 경향이 뚜렷이 드러나고 있다. 이런 현상의 원동력은 새로운 기술과 저임금국가의 노동 비용 상승이다. 특히 중국에서는 2005년에서 2010년 사이에 일반 공장 근로자의 임금이 매년 20 퍼센트씩 상승했다. 2012년에 보스턴 컨설팅 그룹이 미국 제조업체 임원진을 대상으로 실시한 설문조시를 보면, 매출 100억 달러 이상인 대기업 중 절반 이상이 생산 시설의 유턴을 적극 추진 중이거나 진지하게 고려하고 있는 것으로 나타났다.(포드 37)

더 넓게 더 깊게 읽을거리

1. 앨스타인, 초더리, 파커, 『플랫폼 레볼루션』, 이현경 옮김, 서울: 부키, 2017.

2. 마, 『빅데이터』, 안준우, 최지은 옮김, 서울: 학고재, 2017.

3. 린드스트롬, 『스몰데이터』, 최원식 옮김, 서울: 로브북, 2017.

제9장

디지털 자동화의 명암

4차 산업혁명의 기술들과 유통과 제조에서의 특성들을 살펴보았으므로 이제 우리는 4차 산업혁명에서의 인간의 삶에 대하여 생각해 볼 수 있게 되었다. 하지만 그 이전에 우리는 두 개의 주제를 추가적으로 살펴보고자 한다. 그 하나는 이 장에서 다루는 디지털 자동화의 명암이고, 다른 하나는 다음 장에서 다루는 디지털과 아날로그의 시소이다. 왜냐하면 4차 산업혁명은 복합적이기 때문에 특정 주제의 대립적인 면을 포괄할 때에만 제대로 그 모습을 이해할 수 있기 때문이다.

1. 자동화에 대한 기대와 회의

우리는 노예제 사회에 살고 있지 않기 때문에 노예라는 단어는 시간이나 공간적으로 먼 나라 이야기로 그리고 윤리적으로는 인간성에 대한 모독으로 들린다. 그러한 단어가 긍정적으로 수용되는 유일한 경우는 기계가 인간의 노예로서 인간을 섬기고 있다는 등의 표현에서이다. 이러한 표현의 기원은 노예제 사회였던 고대 그리스의 철학자 아리스토텔레스Aristotle로까지 소급된다.

> 아리스토텔레스는 … 노예는 "살아 있는 기구"로서의 역할을, 도구는 "죽어 있는 기구"로서의 역할을 한다는 점에서 전자와 후자는 본질적으로는 동등하다고 주장했다. … "부하가 필요 없는 관리자와 종이 필요 없는 주인을 상상할 수 있는 조건은 단 하나다. 각각의 (죽어 있는) 기구가 명령어나 똑똑한 예상에 따라 맡은 일을 스스로 할 수 있어야 하는 조건이다. 그것은 직조기가 알아서 실을 짜고, 플렉트럼 plectrum(기타나 만돌린 따위의 악기 줄을 칠 때 쓰는 나무나 상아 등으로 만든 채)이 스스로 하프를 연주하는 것과 같을 것이다"라고 했다.(카 329-30)

아리스토텔레스의 이러한 예언은 디지털 자동화를 통하여 오늘날 현실이 되었다. 스피드 팩토리에서는 로봇들이 알아서 신발을 만들고 전자키보드는 스스로 피아노를 연주한다. 그러므로 기술애호가들은 이렇게 말한다. "우리는 로봇들에게 모든 걸 맡겨야 한다. 그들은 우리가 해왔던 일을 우리보다 훨씬 더 잘할 수 있을 것이다. 그뿐만이 아니다. 그들은 우리가 자유롭게 우리 자신의 정체성을 확장하는 새로운 일을 찾을 수 있게 해줄 것이다. 그들은 우리가 과거보다 더 인간답게

되는 데 집중하게 해줄 것이다."(카330)

여기서 볼 수 있는 것처럼 자동화는 인류에게 아담의 저주인 노동의 수고를 덜어줄 것이며, 기계들의 노예노동 덕분에 우리가 우리의 인간 성을 발전시킬 여가를 가지게 될 것이라고 약속해 왔다. 간단히 말하 면 우리는 주인이고 기계는 노예가 되며, 우리는 노역에서 해방되고 기계가 그 노역을 대신할 것이라는 복음이다. 하지만 이러한 복음에 대하여 반신반의하는 사람들도 있다. 과연 기계가 인간의 노예로만 남 아있을까? 기계가 오히려 인간을 노예화하는 것은 아닐까?

> 수학자이자 철학자인 버트런드 러셀Bertrand Russell은 1924년 쓴 글에 서 "기계는 아름답기 때문에 추앙을 받고, 힘을 주기 때문에 가치를 갖는다. 기계는 음흉하기 때문에 미움을 받고, 노예 상태를 강요하기 때문에 혐오의 대상이기도 하다"라고 말했다.(카 46)

기계에 대한 1차적인 반감은 러다이트운동에서 볼 수 있었던 것처럼 일자리를 잃는 것에 대한 공포이다. 이러한 공포는 여러 차례의 산업혁 명을 통하여 새로운 기술이 도입될 때마다 사람들의 마음을 흔들었다.

> 노벨 경제학상 수상자인 마이클 스펜스Michael Spence 교수는 "선진국 들에서는 성장과 고용이 엇박자로 가고 있으며, 이런 현상이 일어나 는 주된 이유는 기술 때문이다"라고 말했다. 그는 이어 "제조업과 물 류 분야에서 일상적인 육체노동이 기계와 로봇에 의해 대체되는 현상 이 점점 더 빠르게 확산되고 있는 가운데, 정보 처리 분야에서는 컴퓨

터들로 이루어진 네트워크가 일반 화이트칼라의 일자리를 대체하고 있다"라고 말했다.(카 59-60)

하지만 기계는 인간의 일자리만을 빼앗는 것이 아니다. 기계는 인간의 인간성에 영향을 끼치고 있으며, 그리하여 결국 기계는 인간을 자신들의 지시를 받고 충실히 수행하는 자신들의 노예로 만들 수도 있다. 이런 일은 자동화된 디지털 기계가 인간처럼 의지를 가지거나 계획을 가져서 이루어지는 일이 아니다. 그것은 인간이 도구를 사용하게 된 도구혁명 이후로 인간이 도구를 사용할 때 어쩔 수 없이 경험하는 현상들이 디지털 자동화라는 새로운 기술을 통하여 드러난 현상에 불과하다. 미국의 기술철학자 돈 아이디는 이러한 현상들의 특징을 세 가지로 지적했다. 그것은 기술사용의 비중립성, 확대와 축소, 그리고 재귀성이다.(김성동 기145-156)

2. 기술사용의 현상들

기술의 중립성

기술이 우리의 순수한 도구이며 도구사용자에게 기술이 강제적인 영향을 끼치지 않는다는 입장이 있는가 하면, 기술은 도구이지만 동시에 도구사용자에게 재귀적인 영향을 끼친다는 입장도 있다. 이러한 문제를 두고 기술의 중립성 문제라고 부른다. 20세기 독일의 대표적인 철학자인 마르틴 하이데거Martin Heidegger는 이러한 기술의 중립성 문제가 기술과 인간의 관계에서 대단히 중요하다고 지적하였다.

> 기술은 그 기술의 본질과 같은 것이 아니다. … 우리가 기술적인 것만을 생각하고 그것을 이용하는 데에만 급급하여 그것에 매몰되거나 (그것을) 회피하는 한, 기술의 본질에 대한 우리의 관계를 결코 경험할 수 없는 것도 그 때문이다. 우리가 기술을 열정적으로 긍정하건 부정하건 관계없이 우리는 어디서나 부자유스럽게 기술에 붙들려 있는 셈이다. 그러나 최악의 경우는 기술을 중립적으로 고찰할 때이며, 이 경우 우리는 무방비상태로 기술에 내맡겨진다. 왜냐하면 현대에 와서 특히 사람들이 옳다고 신봉하는 이러한 사고방식은 우리를 전적으로 기술의 본질에 맹목적이게 하기 때문이다.(하이데거 15-17)

그에 따르면 오늘날 우리가 기술에 대하여 가지고 있는 견해는 기술이 중립적이라는 입장이다. 이러한 견해는 원자력에 대한 우리의 입장과도 관련이 있다. 원자력 기술의 개발이 이루어졌을 때 처음으로 인류가 이를 적용한 곳은 폭탄이었다. 그러므로 2차 세계대전이 끝난 다음 인류는 원자력의 파괴적 이용을 지양하고 평화적 이용을 추구하였다. 이런 까닭으로 원자력은 중립적인 것이며, 그것을 인류가 어떻게 이용하느냐에 따라 그 결과가 선할 수도 악할 수도 있다는 견해가 대두되었다.

물론 도구나 기술의 사용이 인류의 물질적 자유를 증대시킬 것이라는 기술 유토피아utopia적인 기대도 있었고 기술의 사용이 인류의 정신적 자유를 위축시킬 것이라는 기술 디스토피아dystopia적인 우려도 있었다. 하이데거는 이러한 두 입장을 기술에 매몰되거나 회피하는 입장이라고 지적하면서, 이렇게 해서는 기술의 본질을 경험할 수 없고 그래서 기술의 통제를 면할 수 없다고 본다.

하지만, 그는 그것보다 더 위험한 경우는 원자력에 대한 논의에서처럼 기술을 중립적인 것으로 보는 입장이라고 지적하고 있다. 왜냐하면 기술을 중립적인 것으로 간주할 때 인류는 기술의 본질에 대하여 눈이 멀어서 기술을 전혀 이해할 수 없게 될 것이라고 그는 생각하기 때문이다.

이러한 입장을 내세우고 있는 전형적인 사람들로 독일공학회VDI: Verein Deutscher Ingeniere를 들 수 있다. 그들은 독일의 강한 철학적 전통과 이차대전 중의 독일의 공학자들의 역할에 대한 죄책감, 그리고 기술을 통한 전후의 부흥이라는 복합적인 분위기 속에서 기술 유토피아론의 새로운 길을 모색하였다. 그들은 기술과 기술의 있을 수 있는 결과들을 비판적으로 검토하고, 이러한 기술의 발명자, 생산자, 사용자, 그리고 통제자들을 인간화시키고 윤리화시키고자 시도함으로써 기술을 선하게 사용할 수 있다고 생각한다.(Mitcham 65-71)

이러한 입장이 하이데거가 이야기하고 있는 것처럼 그렇게 무의미한 것은 결코 아니지만, 하이데거가 지적하고 있는 것처럼 기술은 결코 중립적이지 않다. 우리가 기술을 사용하게 되면 그것을 선하게 사용하든 악하게 사용하든 상관없이 먼저 기술에 의하여 영향을 받게 된다. 기술의 선용과 악용은 이러한 영향에 근거하여 생겨나는 이차적인 결과이다. 그러므로 도구 즉 기술의 사용이 우리에게 어떻게 영향을 끼치는지 즉 어떻게 비중립적인지를 파악할 필요가 있다. 도구사용이 가지는 이러한 영향을 탐구한 대표적인 인물이 앞에서 이미 인용했던 미국의 기술철학자 돈 아이디이다.

기술의 확대와 축소

일반적으로 우리는 도구나 기술을 통하여 그것들 없이는 얻을 수 없는 것을 획득한다. 우리가 기술에 열광하는 것은 기술의 이러한 확대의 측면이다. 근처에 사는 친구와, 멀리 다른 도시에 살고 있는 옛 친구와, 먼 나라에서 살고 있는 지인과 지금 이 자리에서 전화로 이야기할 수 있다는 것은 얼마나 놀라운 일인가? 예전에는 황제도 이러한 혜택을 누릴 수 없었다. 당연한 것으로 여겨지던 이러한 것들에 대해 이렇게 반성적으로 사고할 때마다 새삼스럽게 첨단기술시대에 살고 있음을 확인한다. 하지만 이러한 확대의 이면에는 이에 못지않은 축소가 있다는 것이 아이디의 지적이다.

> 그렇지만 이러한 확장은 동시에 … 축소이다 … 이러한 확장은 분명히 타자에 대한 나의 포괄적인 감각경험의 전체 영역을 축소시킨다. 그래서 전화를 통하여 말할 때에는, 얼굴을 마주보고 대화할 때에 가지게 되는 타자의 풍부한 시각적 현전이 없다 … 타자는 오직 부분적으로만 [오직 청각적으로만] 현전한다. 이는 준현전이거나 변형된 현전이다. 나는 타자에게 확장된다. 그러나 그러한 타자는 축소된 현전이다.(Ihde 9-10)

전화의 경우에는 비록 이렇게 축소되는 측면이 있다고 하더라도, 일상적인 경험에 의해서 보정될 수 있기 때문에 세계에 대한 이해에 큰 문제를 일으킬 가능성은 별로 없다. 하지만 이러한 축소가 그러한 일상적인 보정이 어려운 영역에서 일어나거나 또 반복되는 축소된 경험 때문에 실제적인 경험에 의한 보정이 제대로 일어나지 않을 경우에 인간은 세계에 대한 잘못된 이해를 가질 수도 있다.

정보수집도구는 일반적으로 "단일-감각적인 도구"로서 이러한 축소를 통상적 특징으로 한다. 이제까지 "다수-감각적인 도구"는 거의 없었다. 대체로 우리는 한 번에 하나만을 제공하는 도구들을 개발해 왔다. 예를 들어, 근대과학혁명이 시작될 때 사용된 많은 도구들은 당시 개발되고 있던 새로운 광학적 기술에 의해 만들어졌다.

이러한 상황이 너무도 강력해서, 많은 기술들이 시각적인 현상이나 원칙들에 경도되어 개발되어졌으며, 그 결과 실제로 사람들은 흔히 광대한 우주가 침묵하고 있는 것으로 생각하게 되었다. 우주 저 쪽에 있는 별을 상상할 때 우리는 일반적으로 그 별이 조용하리라고 생각한다. 왜냐하면 우리는 우리의 시각만을 증폭시켜주는 망원경으로만 그 별과 접촉하기 때문이다. 그러므로 따지고 보면 이러한 결과는 우리가 기술적으로 제공된 정보를 보정 없이 수용함으로써 갖게 된 오해이다.

아이디는 이러한 물화reification에 대하여 경계하고 있다. "이러한 축소가 망각되거나, 앞에서 언급된 물화시키려는 유혹과 결합되면, 결과적으로 현상 그 자체의 의미가 축소되어 버린다."(Ihde 25) 하지만 더욱 문제가 되는 것은 이러한 축소가 인간 바깥의 세계에 대해서만 이루어지는 것이 아니라 인간 자체에 대해서도 이루어질 때이다.

세계재귀성

1980년대 이후 기술의 상징이 되고 있는 컴퓨터가 특히 바로 이러한 사례가 될 수 있다. 컴퓨터는 인간의 가능성을 극적으로 확대시키는 기술의 한 예이기는 하지만, 이중적으로 선택적인 예이다. 왜냐하면 컴퓨터는 인간의 신체적 기능 중에서 언어적 기능을 선택하고, 그러한 언어적 기능 중에서도 또 어떤 선택을 하기 때문이다. 즉 표현적인 언어가 아니라 진술적인 언어, "계산적이고, 이진적이고, 단선적인"(Ihde 59) 언어만을 선택하기 때문이다. 이렇게 이중적으로 선택한다는 것은 뒤집어서 말하자면 이중적으로 축소적이라는 의미이다. 아이디가 이러한 물화의 예로서 지적하고 있는(Ihde 23) 인공지능을 염두에 두고 무엇이 축소되고 있는지를 생각해 보자.

우리는 인공지능을 가진 컴퓨터가 인간을 대체할 수 있다고 생각하려는 경향이 있다. 이렇게 대체가능하다고 보게 되면 이제 컴퓨터를 인간과 비교하는 것이 아니라 거꾸로 인간을 컴퓨터와 비교하게 된다. 그래서 인간은 지능을 가진 존재로 정의되고 인간의 그 밖의 특징들, 예컨대 인간이 가진 감성은, 축소되어 버린다. 하지만 또 인간을 대체하는 인공지능적인 컴퓨터는 종합적인 판단을 내리지 못한다. 그러므로 인간은 다시 지성적 능력 중에서도 종합적인 판단능력이 아니라 단순한 계산능력만을 가진 존재로 다시 한 번 축소되고 만다.

컴퓨터의 인공지능이 이러한 축소된 인간능력을 가졌다는 사실은 이와 같은 반성적 사고에서는 쉽게 파악될 수 있다. 그러나 일상적 현실에서 이런 축소적인 측면은 잘 인지되지 않고 간과된다. 컴퓨터가 발휘하는 엄청난 계산능력 때문에, 인간 수십 수백 명이 해야 할 일을 자그만 컴퓨터 한 대가 처리해버리기 때문에, 우리는 컴퓨터의 확대 적 측면만을 주목하고 축소적 측면은 간과하게 된다. 그러므로 아이디 는 "확대 가능성에 많은 관심이 모아지지만, 이와 마찬가지로 많이 필 요한 것은 우리에게 축소구조를 깨우쳐주는데 필요한 비판이다"(Ihde 65)라고 지적하고 있다.

아이디는 축소된 세계이해가 축소된 자기이해를 가져올 수밖에 없 는 까닭을 세계재귀성world reflexivity 때문이라고 지적한다.

> 그것[세계재귀성]은 다음과 같이 서술될 수 있다. 인간은 세계를 어떤 것에 초점이 맞추어진 해석법에 의해서, 사람들이 하나의 '이미지'라 고 쉽게 부르는 것에 의해서 해석한다. 그러나 인간은 또한 실존적으 로 그리고 필연적으로 자신이 세계라고 지각한 것과 관계하기 때문 에, 인간은 '이를 가까이 가져오며' 그래서 궁극적으로 자신을 자신의 세계에 의해 해석하게 된다. 아주 간단히 말하면, 세계에 대한 특정한 해석법이라고 할 수 있는 세계의 '이미지'가 '가까이 가져오는' 과정 중에 궁극적으로 자기-해석으로 되반영된다. 나는 나를 나의 세계에 의해서 해석한다.(Ihde 64)

3. 디지털 자동화에 따른 축소와 세계재귀성

드라이푸스의 인공지능에 대한 논의에서도 아이디가 지적하는 이러한 축소와 세계재귀성과 관련된 문제를 또한 확인할 수 있다. 그는 인간에게는 인공지능이 다룰 수 '있는' 지식도 있지만, 인공지능이 다룰 수 '없는' 지식도 있다고 보았다. 왜냐하면 인간에게는 언어화하고 프로그램화 할 수 있는 지식이 있는 반면 언어화하고 프로그램화 할 수 없는 지식도 있다고 보았기 때문이다.

드라이푸스가 언어화할 수 없는 일상적 지식의 예로 제시하고 있는 것이 바로 신체적인 지식이다. 쉽게 이해할 수 있는 예는 자전거를 타는데 필요한 지식이다. 자전거를 잘 타는 사람이 적어놓은 '자전거 타는 법'을 자세히 읽고 이해하면 자전거를 탈 수 있는가? 물론 그것이 상당한 도움이 되기는 할 것이다. 그렇지만 실제로 자전거를 탈 수 있기 위해서는 자전거에 올라서 몸으로 익혀야만 한다. 자전거와 자신의 몸이 상응할 수 있을 때 비로소 자전거를 제대로 탈 수 있다. '수영하는 법'을 적어놓은 수영교과서를 읽는다고 해서 수영을 할 수 있게 되는 것은 아니다.

드라이푸스는 이러한 신체적 지식과 사유적 지식을 각각 경험기초적인 방법적 지식experience-based know-how 즉 노하우와, 규칙인도적인 사실적 지식rule-guided know-that 즉 노댓이라고 구분하고 있다.(Dreyfus+ 19)

서양철학적인 전통에서 보면, 20세기에 이르기까지, 일반적으로 사실적 지식만이 지식의 유일한 종류로 간주되어 왔다. 물론 이러한 입장에는 플라톤적 전통에 기초하는 지식관 즉 지식은 신체의 문제가 아니라 정신의 문제이며, 정신 속에서 규칙에 의해서 조작되어지는 표상들이 지식을 구성한다는 지식관이 전제가 되고 있다.

드라이푸스의 주장은 이러한 사실적 지식만이 유일한 지식일 수 없다는 것이다. 그는 방법적 지식이 자전거 타기와 수영하기와 같이 전적으로 신체적인 일상적인 인간의 활동에서뿐만 아니라, 의사가 환자를 진단하거나 경영자가 정책을 결정하거나 하는 전문적인 활동의 경우에도 적용된다고 지적하고 있다. 왜냐하면 전문가가 전문가가 되기 위해서는 두 가지 지식을 모두 갖추어야 하기 때문이다

하나는 전문영역의 사실들에 대한 지식으로서 이는 교과서나 연구논문에 나타나는 지식들이다. 다른 하나는 소위 휴리스틱한 지식 heuristic knowledge인데 이는 전문영역의 과제를 훌륭히 판단하거나 훌륭히 실행하는 지식들이다. 그는 후자를 여러 해 동안의 작업을 통하여 인간이 획득하는 "훌륭한 추측기술"the art of good guessing로서 경험적 지식experiential knowledge이라고 설명한다. 이러한 그의 설명에 따르면 전문가는 후자를 신체적 지식으로 갖는다.(Dreyfus+ 104)

오늘날에는 이처럼 의식적인 사고 없이도 재능을 발휘하게 되는 기술이나 지식을 두뇌의 '자동화'automation나 '절차화'proceduralization라고 부른다. 이러한 과정을 통하여 몸과 머리가 즉각적으로 패턴을 인식하고, 환경변화에 대응할 수 있게 무의식적으로 빠르게 지각, 해석, 행동할 수 있게 된다.(카 130) (물론 아래에서 볼 수 있는 것처럼 드라이푸스는 이를 무의식이 아니라 근육적인 게슈탈트라고 표현한다.) 이러한 자동성 automaticity이 생겨나기 위해서는 생리학적 변화가 수반된다.

신경 계통에서 절차화는 뉴런의 세포체들로 이루어진 부분인 회백질과 회백질 사이를 연결하는 조직인 백질 모두에게 일어나는 변화를 포함해서 신중하게 조율된 광범위한 과정들로 이루어진다. 기존의 신

경 연결망 즉 시냅스들의 효율성이 높아져야 하고, 새로운 수상돌기 가시가 형성되고, 단백질 합성이 이루어져야 한다.(카 129-30)

이러한 생리학적 변화를 통해서 획득되는, 일상적인 방법적 지식이 인간이 자라나면서 획득하게 되는 사물들과 사람들에 대처하는 기능이라면, 전문가의 방법적 지식은 전문가가 어떤 영역에서 지식과 경험을 쌓아나가면서 획득하게 되는 그 영역의 문제들에 대처하는 기능이다.

이런 까닭으로 전문가가 사실적 지식에 의거한 컴퓨터의 도움을 받을 경우에는 방법적 지식의 축적이 어렵게 된다. 실험적으로도 낮은 수준의 전문가 시스템의 도움을 받은 전문가와 높은 수준의 전문가 시스템의 도움을 받은 사람의 업무능력을 비교해 보면 낮은 수준의 전문가 시스템의 도움을 받은 사람의 방법적 지식이 높다는 것을 확인할 수 있다.

그 결과 덜 유용한 소프트웨어를 사용한 세 번째 회사출신의 회계 감사관들은 [첨단 소프트웨어를 사용하는] 다른 두 회사 출신의 회계 감사관들에 비해서 다른 형태의 위험에 대해서 훨씬 더 뛰어난 이해력을 보여줬다. 첨단 소프트웨어로 인해 빚어진 학습능력 저하 현상은 심지어 베테랑 회계 감사관들 즉 현재 다니고 있는 회사에서 5년 이상 경력을 쌓아온 회계 감사관들에게도 영향을 미쳤던 것이다.(카 122)

드라이푸스는 전문가 시스템이 아직 제대로 작동되기도 전에, 그래서 실제로 전문가 시스템이 전문가들에게 전문성을 저하시키기 전에,

이러한 한계점을 먼저 지적한 셈인데, 그는 이러한 방법적 지식을 근육적인 게슈탈트라고 불렀다.

> 운전을 배우고, 춤을 배우고, 외국어를 배울 때 처음에 우리는 아주 느리게 그리고 의식적으로 규칙을 따른다. 그러나 마침내는 자동적으로 그렇게 할 수 있는 순간이 다가온다. 이 때 우리는 예전의 엄격한 규칙rigid rules을 단순히 무의식에 넘겨버리는 것으로 보이지 않는다. 오히려 우리는 우리의 행동에 새로운 융통성과 유연성을 주는 근육적인 게슈탈트muscular gestalt를 얻게 되는 것으로 보인다.(Dreyfus 249)

이렇게 방법적 지식에 주목했던 드라이푸스는 또한 세계 재귀성에 대해서도 경고하였다. 그는 인간이 전문가시스템처럼 "추상적으로 추론하는 기계"가 아니며, "인간기능을 기계화"하려는 시도는 거꾸로 인간을 기계화하려는 위험을 내포할 수 있다고 지적하고 있다.(Dreyfus+ xiv)

아울러 그는 이러한 논리가 교육 현장에도 적용될 수 있다고 본다. 가상적인 교사tutor로서, 또는 남에게 어떤 것을 가르치는 것이 그것을 배우는 가장 효과적인 방식이라는 원리에 따라, 가상적인 학생tutee으로 컴퓨터를 사용하는 것은 인간을 "논리기계"logic machine로 만들 상당한 위험성을 가지고 있다는 것이 그의 경고이다.(Dreyfus+ 122-157)

드라이푸스의 이러한 논의는 실제적으로 컴퓨터를 "생각하는 기계"thinking machine으로 이해하는 것이 오히려 거꾸로 인간을 생각하는 기계로 만들 위험성을 내포한다는 것을 잘 보여주고 있다.

4. 자동화와 인간

얻은 것과 잃은 것

아날로그가 디지털로 변경되는 3차 산업혁명이 진행되고 있던 시점에서 디지털 자동화를 비판했던 아이다나 드라이푸스와 달리 오늘날 우리는 무어의 법칙에 따라 기하급수적으로 성장하고 있는 디지털 자동화 세상에 살고 있다. 이제 우리는 그들보다 우리가 무엇을 얻고 잃고 있는지 더 정확히 이야기할 수 있는 입장에 이르렀다.

'구글은 우리를 바보로 만들고 있는가?' 등의 글로써 디지털화의 부작용을 탐구해온 니콜라스 카Nicholas Carr는 우리가 스크린이라는 『유리 감옥』에 갇혔다고 비판하고 있는데, 이 책에서의 그의 논의를 쫓아 디지털 자동화의 밝은 면과 어두운 면을 모두 살펴보자.

디지털 자동화의 선구자는 비행기이다. 오늘날 자율주행 자동차가 세상의 주목을 받고 있지만, 자동차보다 훨씬 가격이 비싼 비행기의 경우 훨씬 일찍 자율주행 비행기를 구현하였다. 자동비행조정 장치로 비행에 성공한 것은 이미 1947년이었다. 이륙에서부터 시작하여 착륙에 이르기까지 미군 C-54 수송기는 조종사의 개입 없이 미국에서 영국까지 비행하는 데에 성공하였다.

수송기는 혼자서 이륙하면서 자동으로 양쪽 날개와 엔진 출력조절기인 스로틀throttle을 조정했고, 하늘을 날기 시작하자 착륙 기어를 집어넣었다. 이어 승무원들이 '기계 두뇌'라고 부르는 것에 미리 프로그램 되어 있던 일련의 '순서들'에 따라서 대서양을 횡단 비행했다. 이 순서들은 특정 고도나 주행 거리별로 입력되어 있었다. 수송기 탑승자들은 비행경로나 목적지에 대해서 사전에 고지 받지 못했고, 수송기는 지상에 있는 무선 표지들과 바다 위의 배들이 보내주는 신호를 모니터링하면서 비행경로를 유지했다. 다음날 새벽 C-54기는 영국 해안에 도달했다. 수송기는 여전히 자동조종장치의 통제 하에 착륙 기어를 내리며 착륙을 시작했고, 옥스퍼드 주 영국 공군 기지 활주로를 따라 완벽하게 착륙했다.(카 84-85)

이러한 성공에 따라 다음과 같은 예측이 등장했다. "새로운 세대에는 자동조종장치로 인해 비행기에 조종사, [항공사], 무선통신사, 항공 기관사들이 탈 필요가 없어질 수밖에 없을 것 같다."(카 85) 실제로 1950년대에 무선통신사가 사라졌고, 1960년대 항공사가 사라졌으며, 1970년대가 되자 항공기관사도 사라졌다. 이제 항공기에는 기장과 부기장만 남았다.(카 98)

이러한 자동비행조정 장치가 완전히 디지털화된 것은 1988년에 제작된 에어버스Airbus의 A320 여객기이다. 이 비행기에서는 모든 조정이 컴퓨터에 입력되고 입력된 자료에 따라 컴퓨터가 비행기의 부품들을 작동시켰다.

A320 이전에 "조종사들은 기계의 일부였고, 몸으로 기계의 움직임과 기계의 반응을 감지했다. 또한 기계는 조종사들의 의지가 전달되는 통로였다."(카 87) 하지만 A320에서는 "조종사와 비행기 사이의 촉각적인 연결을 끊어버렸다. 그리고 인간의 명령과 기계의 반응사이에 디

A319/A320/A321 flight deck – main features

Control and indication panels in bold outline

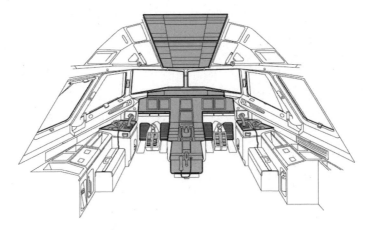

그림 13 A-320의 조종석(A320-200 매뉴얼)

지털 컴퓨터를 삽입해 놓았다."(카 88) 그래서 오늘날 조종사는 더 이상 기계와 직접 상호작용하지 않고 컴퓨터와 상호작용한다. "요즘 일반 여객기 조종사들은, 이착륙할 때 각각 1~2분 정도씩, 즉 총 3분 동안만 조종간을 잡는다. 조종사는 스크린을 확인하고 컴퓨터에 데이터를 입력하는 데 가장 많은 시간을 보낸다."(카 90)

드라이푸스는 이러한 방식의 비행기 조종이 일으킬 문제에 대하여 일찍이 지적하였다. 그는 한 비행교관의 예를 들고 있다. 우수한 조종 사이었기에 비행교관이 되었던 그 조종사는 자기 비행기에 문제가 생겼을 때 자기가 학생들에게 가르친 내용대로 반응할 수밖에 없었다. 그는 교관이 되기 전에는 그러한 문제에 방법적 지식을 가진 전문가로서 대응했지만, 교관으로 초보자를 가르치게 되자 자신의 방법적 지식을 잃고 사실적 지식에 경도된 나머지 문제의 순간에는 초보자와 같은 반응을 보였다.(Dreyfus+ 17)

오늘날 자동화된 비행기의 사고는 사고대응에서의 이러한 실수에서 보통 비롯된다. 비록 항공운항의 안전성은 매우 높지만, 최근의 사고의 반이나 삼분의 이가 조종사의 실수이며, 이러한 실수가 자동화에 기인했을 가능성이 높다는 평가가 있다.(카 93) 이러한 문제에 대한 실험적인 연구는 드라이푸스의 통찰을 보완하고 있다. 66명의 베테랑 조종사들을 모집하여 시뮬레이터에서 사고로 인한 수동조종 상황에서의 대처능력을 조사한 한 연구에 따르면

> 조종사들의 조종능력과 그들이 자동화의 도움 없이 비행한 시간의 양 사이에 직접적인 상관관계가 있음을 알아냈다. 이런 상관관계는 특히 실험 이전 두 달 동안 있었던 수동 비행시간의 양과 밀접한 관련이 있었다. 분석 결과 "수동조종 기술은 비교적 빈번한 연습을 하지 않을 경우 '용인 가능한 정도' 수준으로 급속히 퇴화된다"라는 게 확인됐다.(카 94)

이러한 비행기 조종의 자동화에서 볼 수 있는 것처럼, 인간의 기능이 점차 기계에 의해서 대체되는 현상은 은총이자 동시에 저주가 될 수 있다. 분명 조종사들은 비행 내내 조종간을 잡는 수고로부터 벗어났다. 그러나 그들은 이제 비행조종 컴퓨터의 관리자가 되었을 뿐이며, 조종사로서의 능력을 상실해 가고 있다.

자동화와 둔감성

왜 이러한 일이 발생하는가에 대한 설득력 있는 설명이 있다. "1970년대 후반부터 인지심리학자들은 이른바 '생성 효과'generative effect라는 현상을 연구해왔다. 이 현상은 어휘들을 연구하던 도중 처음으로 관찰됐는데, 사람들은 종이에 적혀 있는 단어들을 단순히 읽을 때에 비해 그 단어들을 적극적으로 기억해내려고 할 때, 즉 단어들을 머릿속에서 '생성해낼 때,' 훨씬 더 잘 기억하는 것으로 확인됐다."(카 116-17) 즉 '뜨겁다:차갑다'라고 적힌 카드를 보여주기보다 '뜨겁다:차'라고 적힌 카드를 보여주는 것이 더 효과적이었다.

> 우리는 혼자 어떤 과제나 업무를 수행할 때, 컴퓨터의 도움을 받을 때와는 다른 정신적 과정을 밟는 것 같다. 소프트웨어로 인해 일에 대한 참여도가 낮아지고 특히 소프트웨어 때문에 관찰자나 감시자 같은 보다 수동적인 역할을 맡게 됐을 때 우리는 생성 효과의 핵심인 깊은 인지적 과정에서 벗어난다. 결과적으로 노하우를 얻는 풍부하고 실용적인 지식을 얻을 수 있는 능력이 손상된다. 생성 효과를 내려면 자동화가 줄여주기 위해서 애쓰는 '힘든 수고'가 필요하다.(카 119)

이러한 힘든 수고와 생성효과가 어떤 관계에 있는지를 보여주는 '여키스-돗슨 법칙'Yerkes-Dodson's law이 있다. "이 법칙은 설치류뿐만 아니라 사람들에게도 영향을 미친다. 인간에게 적용될 때 이 법칙은 일반적으로 어려운 일을 해결할 수 있는 사람의 능력과 그가 경험하는 정신적 자극이나 흥분수준과의 관계를 나타내는 종형 곡선bell curve으로 묘사된다."(카 139) 즉 자극이 너무 약하거나 강할 때 학습은 덜 효율적이고 적당한 자극에서 학습효과가 가장 높다.

예를 들어 자율주행 자동차의 운전석에 앉은 사람은 별로 운전에 신경 쓸 일이 없다. 자극이 너무 적은 이런 상황에서 운전석에 앉은 사람은 '컴퓨터가 나보다 더 잘 하겠지'라는 안심complacency과 '컴퓨터가 감지하지 못하는 일은 없어'라는 편향bias에 빠진다.

> 안심은 잠재적인 위험이나 결함을 모르고 지나치게 자동화된 시스템에 의존하는 경향을 말하고 편향은 자동화를 맹신하는 경향을 뜻한다. … 이-메일이나 문서편집 소프트웨어를 사용할 때 맞춤법 검사 프로그램이 켜져 있으면 써놓은 글을 꼼꼼하게 교정 보지 않는다(카 109)

이러한 방심이 자동화가 인간에게 불러일으키는 첫째 장애이다. 인간 요인human factors(인간의 지각, 주의, 기억, 학습, 스트레스, 생리, 신체 등이 산업 현장에서 어떤 영향을 미치는지를 연구하는 분야) 전문가 … 는 사람의 "정신적 업무 부담이 줄어들면 그만큼 인간의 집중력도 쪼그라든다." 라는 걸 보여주는 증거를 찾아냈다.(카 140)

자율주행 자동차가 갑자기 멈춰버린 상황에서 운전석에 앉은 사람은 인간주행 자동차의 운전석에 앉은 사람보다 더 많은 일을 해야 한다. 비로소 눈을 돌려 사방을 살펴야 하고 어떤 요인이 자동차를 멈추게 했는지 판단해야 하고 컴퓨터에 추가적인 명령을 내려야 한다. 이렇게 여키스-돗슨 곡선의 다른 한쪽에 인간을 밀어 넣는 것을 '자동화

의 역설'automation paradox이라고 부른다.(카 141)

이러한 생성효과는 두뇌생리학적으로도 설명할 수 있다. 우리가 일상적으로 사용하는 길 찾는 장치인 GPS 내비게이션이 우리의 두뇌를 어떻게 약화시키고 있는지 확인할 수 있는 방법이 있다. 소위 '장소 세포들'place cells와 '격자 세포들'grid cells의 변화를 보는 것이다.

장소 세포들은 쥐나 인간이 특정한 장소를 지나갈 때 발화되는 두뇌 속 해마의 뉴런들이다. 이 세포들은 다양한 감각적 신호들과 함께 활성화되고 다시 그 장소에 돌아왔을 때 지각된다. 지리적 위치를 감지하는 일에 관여하는 다른 종류의 뉴런들은 따로 '격자 세포' 라고 불린다. 이것들은 해마의 입출력을 관장하는 내후각 피질에 위치하는데, 격자 세포들은 뇌에서 규칙적인 간격을 두고 존재하는 다수의 정삼각형들로 구성되어 있는 공간의 정확한 지리 격자를 만든다.(카 200-201) 동물들이나 인간들은 이러한 세포들을 이용하여 구체적인 장소를 파악하고 추상적인 공간지도를 머릿속에 그려낸다.

> 사람들이 공간에 대한 인지도를 만드는 데 열심일수록 그들의 기본적인 기억 회로들은 더욱 강해지는 것 같다. 사람들은 사실상 운동을 통해서 근육의 양을 늘리는 것과 같은 방식으로 해마에 회백질을 늘릴 수 있다(이는 런던의 택시 운전사들에게서 발견된 현상이다). 하지만 그들이 단순히 '로봇처럼' 턴바이턴 방식을 따를 때는 "해마를 자극하지 못해서 결과적으로 기억을 더 쉽게 잃어버리게 될 수 있다."(카 203)

우리가 내비게이션이 지시하는 대로 각각의 지시에 따라 좌나 우로

회전하는 방식으로, 즉 턴바이턴 내비게이션turn-by-turn navigation으로 길을 찾아 나갈 때 우리가 특정한 장소에 대한 기억이나 공간감각을 가지지 못하는 이유는 바로 이와 같은 것이다. 그러할 때 우리는 우리의 두뇌를 사용하지 않으며 우리의 두뇌는 그만큼 덜 활성화되고 위축되고 있다.

이러한 현상에서도 알 수 있는 것처럼 우리가 지식을 가진다는 것은 순전히 두뇌활동이 아니라 공감각적 활동이며 신체적 운동과 독립될 수 없는 활동이다. 심리학자들과 신경과학자들은 이러한 특성을 '체화된 인지'embodied cognition라고 부른다. 즉 뇌와 몸은 같은 물질로 이루어졌을 뿐만 아니라, 그들의 작동 방식은 우리가 생각하는 차원을 훨씬 더 넘어설 정도로 서로 얽혀 있어 인지는 몸을 통하여 이루어진다는 것이다. 드라이푸스도 이런 이유로 방법적 지식을 근육적 게슈탈트라고 불렀다.

우리는 몸과 마음을 구분함으로써 이러한 사실을 받아들이기를 매우 꺼려하는데, 이는 플라톤이나 데카르트의 이원론이라는 철학적 전통에서 비롯된 것이기도 하지만, 두뇌생리학적으로는 몸에 대해서 생각할 때와 마음에 대해서 생각할 때 각각 뇌의 다른 부분에 의존하기 때문이기도 하다.

> 당신의 몸과 그 몸이 히는 일에 대해서 생각할 때 당신은 우반구 외변에 있는 전두엽 전부와 체벽 부분을 사용한다. 당신이 마음에 대해서 생각할 때는 그보다는 두 반구가 서로 접하는 뇌의 중간 부분에 있는 다른 전부와 체벽 부분을 사용한다. 뇌의 여러 상이한 부분들이 경험

을 처리할 때, 의식은 그런 경험들을 서로 다른 범주에 속한 것들로 해석한다.(카 222)

하지만 바뤼흐 스피노자Baruch Spinoza나 존 듀이John Dewey나 모리스 메를로-퐁티Maurice Merleau-Ponty와 같은 철학자들은 행동하는 것이 생각하는 것이고 생각하는 것이 행동하는 것이라는 이러한 체화된 인지를 지지하는 반데카르트적인 전통을 수립하였다.(카 221, 317) 물론 이러한 전통들의 대립은 어느 한쪽으로 결정짓기는 어려운 문제이기는 하지만 대립되는 입장들을 고려할 필요는 얼마든지 있다.

자동화와 수동성

자동화가 인간의 두뇌를 둔화시키는 결과를 가져올 것으로 예상되지만, 이것보다 더한 결과 또한 예상되는데, 그것은 인간의 수동화라고 불릴 만한 상황이다. 항공기 운항의 자동화에는 우리가 눈치 채지 못하는 미묘한 부분이 있다.

컴퓨터는 비행과 자동화의 성격을 모두 바꿔놓았다. 컴퓨터는 '수동조종'을 해야 한다는 조종사의 역할과 생각을 시대착오적인 것처럼 보일 정도로 제한했다. … 오늘날 다수의 상용기들에서는 극단적인 조치를 취해야 할 때 비행 소프트웨어가 조종사들의 입력 신호를 무시할 수도 있다. 컴퓨터가 비행기를 궁극적으로 통제하는 것이다.(카 103)

과거에는 조종사와 비행기는 한 몸처럼 움직였다. 그러나 이제 조종사와 비행기 사이에는 제3자가 개입하였다. 컴퓨터는 이처럼 마치 한 사람의 인간, 그것도 유능한 인간인 것처럼 자동화되는 상황 속에 등장한다. 그래서 과거의 관계의 당사자들 사이에 들어와 자신의 의견을 개진할 뿐만 아니라 때로는 다른 당사자의 의견을 무시한다.

사실 이는 오늘날 아이들에게 텔레비전을 보게 하는 부모들과 비슷한 상황이다. 부모들은 대개의 경우 텔레비전의 전문가들보다 질 높은 정보를 제공할 수 없다. 그러하기 때문에 텔레비전이 아이들에게 더 신뢰할 수 있는 정보의 원천이 된다. 부모가 아이들에게 부모의 윤리적 가치와 태도를 가르치는 것이 아니라 텔레비전이 아이들에게 텔레비전의 윤리적 가치와 태도를 가르치고 있다. 조종사는 부모와 같고 텔레비전은 자동조종 장치와 같다.

항공 산업은 자동화의 선두주자로서 4차 산업혁명이 가져오는 자동화가 어떤 방향성을 가질지를 보여주는 모델이 된다. 이러한 방향성은 의료계에서도 확인할 수 있다. 의료계의 자동화는 미국과 같은 경우 전자의료기록EMR: Electronic Medical Record과 더불어 진행되었다.

이러한 제도가 원래 의도했던 목표, 즉 진료효과의 개선이나 진료비용의 감소를 달성했는가에 대해서는 많은 부정적인 평가가 있다. 왜냐하면 그러한 프로그램을 주도하는 사람들의 의도가 프로그램에 반영되어 있기 때문이다. 과거에는 의사와 환자의 관계였던 곳에 컴퓨터라는 존재가 개입한다. 프로그램은 환자보다는 의사나 병원의 경제적 이익을 편드는 역할을 한다. 의사들도 조종사처럼 컴퓨터에 대한 편향과 안심을 가지기에 진단에서 도움을 받듯이 또한 방해를 받을 수도 있다.

방사선 검사의 판독의들은 컴퓨터의 도움을 받아 더 잘 진단할 수도 있지만 때로는 안심과 편향 때문에 건성으로 판독함으로써 중요한 징후들을 놓칠 수도 있다.(물론 이는 판독절차의 개선을 통하여, 즉 인간과 컴퓨터가 각각 판독하고 결과를 비교해 보는 방식으로 변경함으로써, 극복될 수 있다.)

하지만 이보다도 더 본질적인 둘째 재앙은 컴퓨터가 의사에게 노예처럼 프로그램의 템플릿과 프롬프트만을 따르게 함으로써 의사의 잠재력과 창의력을 상실시키는 문제이다.

> 자동화는 환자의 방문을 간소화하고 유용한 정보를 저장해놓을 수 있지만, "조급하게 질문의 범위를 축소해버릴 수도 있다." 그리고 심지어 의사들에게 환자보다 컴퓨터 스크린을 더 중시하는 자동화 편향을 초래함으로써 오진으로 이어질 수도 있다.(카 160)

이러한 문제점은 건축계에서도 발생한다. 방사선 판독의들이 컴퓨터를 믿고 의존하는 것처럼 건축가들도 컴퓨터를 믿고 의존한다. 청사진을 현장에 넘겨줄 때에는 꼼꼼히 재삼재사 확인하던 건축가들이 컴퓨터 렌더링의 결과물을 넘겨줄 때에는 그러한 걱정을 하지 않는다. 컴퓨터가 더 유능하다고 믿기 때문이다. 컴퓨터의 결과물이 입력물에 따라 달라진다는 것을 알고 있음에도 컴퓨터가 정확히 처리했을 것이라는 믿음 때문에, 작가가 맞춤법 교정기가 켜져 있을 때 자신의 글을 자세히 검토하지 않듯이, 자신이 잘못 입력하지 않았는지를 확인하지 않는다.

하지만 의료계에서와 마찬가지로 둘째 재앙은 컴퓨터가 건축가에게 노예처럼 프로그램의 탬플릿과 프롬프트만을 따르게 함으로써 건축가의 잠재력과 창의력을 상실시키는 문제이다.

> CAD 소프트웨어는 '디자인을 계획으로 바꿔주는 도구'에서 '디자인 자체를 생산하는 도구'로 바뀌었다. … 건축가나 프로그래머는 스프레드시트 같은 양식이나 컴퓨터의 명령체계인 스크립트script를 사용해서 일련의 수학 규칙이나 파라미터를 컴퓨터에 입력한 다음에 기계가 설계도를 생산하게 만든다.(카 210)

의료계와 건축계뿐만 아니라 이러한 자동화 시스템을 만들어내는 컴퓨터산업계에서도 이와 같은 상황은 마찬가지이다. 오히려 컴퓨터 산업계가 이러한 디지털 자동화의 단점에 대해서 어떤 의미로는 더 적극적으로 대응한다. 가장 디지털적이어야 할 것으로 보이는 컴퓨터산업체들 중의 하나인 어도비에는 킥박스라고 부르는 상자가 있다. 상자 안에는 포스트잇, 순간적으로 떠오른 아이디어를 구현하기 위한 단계별 지침이 적혀 있는 지시 카드, 커피, 초콜릿, 펜과 연필, 종이 노트, 1000달러짜리 선불카드가 들어 있다. 어도비는 디지털이 만들어내는 시야의 협소화에 대응하기 위해서 이런 아날로그 박스를 활용하고 있다.

> 아이디어에 집중해야 하니까요. 테크놀로지 프로그래머들에게는 아이디어가 떠오르면 곧바로 코딩으로 뛰어드는 나쁜 버릇이 있어요. 일단 만들고 나면 거기에만 집중하게 되니까 시야가 좁아져버리거든요.(색스 371)

컴퓨터를 사용할 때 전문가들이 자신의 잠재력과 창의력을 활용하기보다는 컴퓨터의 의견에 귀를 기울이게 되는 것은 피할 수 없는 일이다. 컴퓨터가 없을 때에도 우리의 두뇌는 에너지를 아끼기 위하여 검증하기보다는 직관에 의존하여 판단을 내렸다. 노벨 경제학상을 수상했던 심리학자 대니얼 카너먼Daniel Kahneman과 아모스 트버스키Amos Tversky는 휴리스틱 이론을 통하여 우리가 에너지가 많이 드는 추론보다는 에너지가 덜 드는 직관을 우선적으로 적용한다고 지적하였다.

> 방망이와 공을 합친 가격이 1달러 10센트이다.
> 방망이의 가격이 공의 가격보다 1달러 더 비싸다.
> 그렇다면 공의 가격은 얼마인가?(카너먼 68)

이러한 물음에 우리가 즉각적으로 답할 때 우리는 대개 공의 가격을 직관적으로 10센트라고 답하기 마련이다. 하지만 추론을 통하여 검산해 보면 정답은 5센트이다. 카너먼과 트버스키는 우리가 이러한 휴리스틱 편향을 가진다고 지적하였다. 컴퓨터가 없어도 이러한데, 컴퓨터가 있는데, 누가 자신의 두뇌를 사용하는 수고를 자청하겠는가? 이러한 방식으로 우리는 컴퓨터에게 판단의 책임을 넘겨주고 수동적인 입장에 처하게 된다.

물론 디지털 자동화를 수행하면서도 이러한 수동성을 예방하는 자동화가 불가능한 것은 아니다. 자동비행조정 장치를 설계할 때 보잉Boeing 사와 에어버스사는 조금 다른 입장을 취한다. 에어버스사는 순수한 자동화 즉 기계중심의 자동화technology-centered automation를 선호하지만 보잉사는 아날로그적인 감성의 디지털화를 즉 인간중심의 자동화human-centered automation를 선호한다. 그래서 보잉사는 최종권한을 컴퓨터가 아니라 조종사에게 부여하며, 조종간을 조작할 때에도 촉감적인 피드백을 조종사에게 돌려주도록 설계한다.(카 249-50) 어느 방법이 더 나은지는 제작사의 철학의 문제이지만, 여기서 우리는 컴퓨터를 사용한 자동화가 반드시 한 방향으로만 진행되어야 하는 것은 아님을 알 수 있다.

법률적 책임과 윤리적 입장

과거의 도구나 기술들이 인간의 근육을 대체했던 것처럼, 오늘날 컴퓨터가 인간의 두뇌를 대체하고 있다. 하지만 컴퓨터는 때로 인간보다 우월하지만 때로 인간보다 열등하기도 하다. 디지털이라는 장점이 정확한 복제나 빠른 전달을 쉽게 하기는 하지만, 궁극적으로는 인간 두뇌의 부분적인 외화이기에 부분으로서의 한계를 가지기도 하고 인간 두뇌 전체가 가지는 강점을 가지지 못하기도 한다.

우리는 일반적으로 컴퓨터를 신뢰하지만, 그러한 신뢰는 완전하지 못하다. 컴퓨터는 어떤 관점에서 활용하느냐에 따라 다른 결과를 내놓기도 하기 때문이다. 2008년의 미국의 금융위기를 대부분의 전문가들은 예측하지 못하였다. 2016년 도널드 트럼프Ronald Trump의 미국 대통령 당선도 거의 대부분의 예측가들은 예상하지 못했다. 2012년 미국의 한 주식거래 사례에서 볼 수 있듯이 인간이 제대로 통제하지 못하는 컴퓨터는 유용한 도구가 아니라 엄청난 재앙일 수도 있다.

당시 월가 최대의 증권 중개업체인 나이트캐피탈그룹Knight Capital Group은 자동주식 매매 프로그램 신제품을 출시했다. 이 최첨단 프로그램에는 테스트 기간 동안에는 감지가 안 됐던 오류가 있었다. 이 프로그램은 곧바로 공인되지 않은 얼토당토않은 주문들을 쏟아냈고, 매초마다 260만 달러 상당의 거래했다. 나이트의 수학자들과 컴퓨터 과학자들이 문제의 원인을 밝혀서 프로그램을 중단하기까지 45분 동안에 이 프로그램은 70억 달러어치의 잘못된 거래를 수행했다. 나이트는 5억 달러 가까운 손실을 입으면서 파산 일보 직전까지 몰렸다.(카 232-33)

결점 없고 독립적인 자동화된 시스템을 구축할 수 있다는 확신은 결코 결점 없고 독립적인 자동화된 시스템을 구축할 수 없다는 확신과 마찬가지로 신념이지 사실이 아니다. 어떤 견해이든 그것이 입증되기 이전까지는 자신과 다른 의견에 귀 기울임으로써 자신의 견해가 가지는 한계들을 보완해 나가야 한다. 이러한 작업이 소크라테스 이후 인류가 진행해온 자기교정의 과정이다.

하지만 자동화를 실제로 적용하려고 할 때 문제가 되는 것은 이러한 기능적인 한계성에 한정되지 않는다. 자동화에 따르는 법률적인 문제들과 윤리적인 문제들도 우리는 고려하지 않을 수 없다. 가장 자주 거론되는 것은 무인주행 자동차가 사고 상황에 놓이게 될 때 생겨나는 문제들이다.

컴퓨터가 조종하는 자동차가 사고를 일으켜서 사상자가 발생한다면 이러한 과실에 대한 법적 책임은 누구에게 있을까? 자동차의 소유자에게 있을까? 아니면 자동운전 시스템을 설치한 제조사에게 있을까? 그것도 아니면 소프트웨어를 만든 프로그래머들에게 있을까? 이런 곤란한 문제들이 해결되기 전까지 100퍼센트 무인 자동차는 자동차 판매 대리점 전시장에 등장할 가능성이 낮다.(카 26-27)

이러한 법적인 문제보다 훨씬 더 풀기 어려운 문제는 윤리적인 문제이다. 법률은 어떻든 간에 결론을 내리지 않을 수 없다. 적어도 그 법체계가 통용되는 사회 내에서 법원은 소수의견이 있다고 하더라도 한 방향으로 판단을 내릴 수밖에 없다. 하지만 윤리적인 문제에 대해서는 그러한 한 방향으로의 판단이 불가능하다. 이 문제도 법률적인 문제와 비슷한 문제에 다다른다.

도덕적으로 모호한 상황에서 누가 어떤 것이 '최선의' 내지는 '합리적인' 선택인지 결정할 것인가?'란 질문이다. 누가 로봇의 양심을 프로그램하게 될까? 로봇의 제조사인가? 로봇의 소유자인가? 소프트웨어 부호 제작자들인가? 정치인들인가? 정부규제 담당자들인가? 철학자들인가? 보험회사인가?(카 274-75)

우리가 알고 있듯이, 윤리적인 문제의 최고법정은 없다. 법률적인 문제의 최고법정도 사실은 잠정적으로 결정을 내리지 최종적인 결정을 내릴 수는 없다. 판결은 시대를 반영하여 바뀔 수도 있다. 칼 포퍼Karl Popper가 관찰은 언제나 "이론들의 빛 안에서의 관찰"(포퍼 26)이라고 했던 것처럼, 결정도 언제나 의도의 빛 아래서의 결정이기 때문이다.

완벽한 도덕적 알고리즘은 없다. 또한 윤리를 모든 사람들이 동의할
일련의 규칙들로 정리할 수 있는 방법도 없다. 지난 수세기에 걸쳐 철
학자들이 그런 규칙을 정리하기 위해서 애써왔지만 실패했다. 심지어
냉정하고 실용적인 계산조차도 주관적이다. 계산 결과는 의사 결정자
가 중시하는 가치와 이해관계에 따라 달라지기 때문이다.(카 275)

자동화는 어떤 다른 기술보다도 인간에게 심각한 도전을 안겨주고
있다. 아이디가 지적한 것처럼 여타의 기술들을 통해서도 우리가 얻는
것이 있는 반면에 잃는 것도 있다. 하지만 자동화 기술과 관련하여 우
리가 당면하고 있는 도전은 이제까지의 도전보다 훨씬 더 본질적인 도
전이다. 인간의 정체는 사실 우리 신체 중에서 무엇보다도 두뇌가 결
정하는데, 이러한 두뇌의 일부분의 외화인 컴퓨터는 우리의 정체의 일
부분을 대체할 수도 있기 때문이다. 그래서 얻는 것과 잃는 것 중에서,
잃는 것이 우리의 정체성일 수도 있다.

우리가 어느 정도의, 어떤 방향의, 자동화를 하는 것이 최선의 효율
성을 확보하는 방법인지에 대해 정해진 해답은 없다. 자동화의 전문가
들은 자동화가 가질 수 있는 역기능에 대하여 더 많은 고민을 할 수밖
에 없다. 하지만 자동화 전문가가 이러한 기술적 고민을 할 수는 있겠
지만, 결국 그러한 자동화 기계와 함께 살아가는 모든 이들도 이러한
고민과 무관할 수 없다. 자동화에 대한 사회적인 규제가 그러한 규제
를 하지 않는 사회와의 경쟁에서 패퇴할 수도 있다. 아니면 그 반대의

경우일 수도 있다. 언제나 그러하듯이 인간은 어느 쪽으로도 굴러 떨어질 수 있는 산마루를 아슬아슬하게 걸을 수밖에 없다.

더 넓게 더 깊게 읽을거리

1. 아이디, 『기술철학』, 김성동 옮김, 서울: 철학과현실사, 1998.

2. 카, 『유리감옥』, 이진원 옮김, 서울: 한국경제신문 한경BP, 2014.

3. 하이데거, 『기술과 전향』, 이기상 옮김, 서울: 서광사, 1993.

제10장
디지털과 아날로그의
시소

 3차 산업혁명을 통하여 우리 삶의 패러다임은 아날로그에서 디지털로 변경되었다. 그리고 4차 산업혁명을 통하여 디지털은 다시 디지털 자동화로 전환되었다. 하지만 이러한 전환들은 한쪽 방향으로만 나아간 것은 아니었다. 그러한 전환의 반대작용으로 아날로그가 부분적으로 새롭게 등장하였다.

 디지털이 지배하는 거대세계에 아날로그적인 감성이 왜 다시 등장하게 되었는가? 디지털 자동화 기술이 이룬 어떤 축소가 이러한 아날로그적인 개인적인 감성을 불러일으키게 되었는가? 이 장에서는 이러한 질문에 답함으로서 4차 산업혁명 속의 인간의 또 다른 모습을 살펴보고자 한다.

1. 초점 사물과 장치 패러다임

미국의 기술철학자인 알버트 보그만Albert Borgmann은 초점 사물focal things과 장치 패러다임device paradigm을 구분해야 한다고 주장하였다. 왜냐하면 기술이 인간에게 약속한 것이 약속의 실현 과정에서 왜곡되었기 때문에, 이러한 왜곡을 극복하고 기술의 원래의 약속을 되살리기 위해서 이러한 구분이 필수적이라고 생각했기 때문이다. 그의 이러한 구분은 지금 우리가 아날로그와 디지털이라는 구분으로 이야기하고자 하는 것의 일부와 상통한다.

보그만이 초점 사물의 예로 제시하고 있는 전근대적인 기술은 난로이다. 난로는 한 가족의 구성원들이 모두 기여하고 모두 누리는 삶의 중심이 되는 기술이다. 나무를 베고 쪼개고 말리고, 불을 피우고, 음식을 만들고 집을 데우는 일들에서 가족들은 서로에 의존하고 서로와 깊은 관계 속에 들어간다.

> 난로는 단순히 따뜻함 이상의 것을 제공하기 위해 사용된다. 그것은 초점이다. 화로라는 장소에는 가족의 작업과 여가가 모이며, 집의 중심이 된다. 화로가 추우면 아침인 것이고, 따뜻함이 퍼지면 날이 시작된 것이다. 화로는 가족 구성원 각각에게 집안일에서의 자신의 자리를 정해주고 과제를 부여한다. 어머니는 불을 피우고, 아이들은 화로에 장작을 계속 넣고, 아버지는 장작을 쪼갠다. 화로는 전 가족에게 추위의 위협과 따뜻함의 위로가 함께 어우러진 계절의 리듬에 대한 정기적이고 육체적인 참여를 제공한다.(Borgmann 41~42)

하지만 보그만이 볼 때에 장치 패러다임인 근대적인 기술은 이와 다른 성격을 가지고 있다. 전근대적인 난로를 대체한 근대적인 난방장치를 생각해보라. 난방장치는 오직 따뜻함만을 제공할 뿐이다. 그것뿐이다. 여기에서는 난로를 피울 때 있게 되는 관계들의 성격이 퇴색되어 버린다. 나무가 타는 냄새를 더 이상 맡을 수 없으며, 가족들이 서로 기여할 일도 없다. 난방장치는 더 이상 가족을 불러 모으지도 않는다. 오히려 각자를 각자의 방에서 고독 속으로 빠져들게 한다.

> 중앙난방시설과 같은 장치는 단순히 따뜻함을 확보하며 모든 다른 요소들을 우리에게서 덜어낸다. 이런 다른 요소들은 기계장치가 떠맡는다. 기계는 우리의 솜씨나 힘이나 관심을 요구하지 않는다. 그것은 우리에게 그러한 것을 덜 요구하기 때문에 우리는 그 만큼 그것이 있다는 것을 덜 느낀다. 그래서 기술이 진보함에 따라 기계장치는 숨겨지거나 보이지 않게 되는 경향이 있다. 장치의 물리적 속성들 중에서 중요하고 눈에 띄는 것은 그 장치가 확보하는 유용한 기능성 그것뿐이다. 간단히 말하자면, 장치의 유용한 기능성은 '장치가 목적으로 하는 것'이다. 중앙난방시설의 경우에는 따뜻함이 목적이 되며, 전화는 의사소통, 자동차는 수송, 냉동식품은 식사, 스테레오세트는 음악이 목적이 된다.(Borgmann 42)

보그만은 우리의 근대적 기술들이 제공하는 편리와 쾌락은 바로 이처럼 우리의 어떤 욕구를 충족시키기는 하지만, 그러한 욕구의 토대가 되는 관계들을 붕괴시킴으로써 공허감을 자아낸다고 지적하고 있다.

이것이 근대 기술과 더불어 우리의 욕구 충족의 수준이 훨씬 개선되었음에도 불구하고 우리가 더 행복하기보다는 더 불행해졌다고 느끼는 이유라는 것이다.

> 우리를 기아와 질병과 문맹으로부터 해방시킨 기술적 수단들은 눈에 띄지 않는 일상생활이 되었다. 우리 삶의 중심을 즐거움과 오락으로 채우고 있는 상품들은 우리를 덧없고 천박한 방식으로 만족시킨다. 우리는 우리가 만들고 계속해서 개선해 온 기술적 기계들의 복잡함과 힘에 자부심을 가진다. 그러나 수단들에 대한 이러한 자신감은 수단들이 지향하는 목적과 관련해서는 커다란 망설임과 함께 한다.(Borgmann 246)

  하지만 보그만은 이러한 것이 근대기술이 세계를 형성하는 주된 방식이라고 하더라도, 이것이 근대기술이 나아갈 수 있는 유일한 길은 아니며, 기술이 개혁될 수 있다고 생각한다. 비록 근대적 기술과 함께 한다고 하더라도, 우리가 초점 활동을 인정하고 부활시키고 증대시킨다면 우리는 다시 자연과 사람과의 관계를 회복할 수 있다고 주장한다. 그가 즐겨 이야기하는 것은 식사와 음악이다.
  근대기술이 음식을 어떻게 변경시켰는지 한번 살펴보자. 오늘날 우리가 먹는 음식은 냉동되거나 깡통에 넣어 보존된다. 게다가 음식은 단순히 그 이름으로 말해지는 것이 아니라 구성 영양소로 서술된다. 그래서 극단적으로 식단은 칼로리로 계산된다. 이러한 음식들은 허기를 채우고 미각을 자극하는 것 그것 외에 다른 기능은 없다.

하지만 우리는 근대기술 속에 살고 있더라도 그 근대기술로 인하여 생긴 여유를 가지고 조그만 텃밭을 가꾸고 그곳에서 신선한 음식재료를 따와서 공들여 음식을 조리할 수 있다. 이렇게 텃밭과 요리가 초점 활동이 되도록 우리의 삶을 조절한다면 우리는 가족들이 한 식구食口 즉 먹는 입이라는 의미를 되살려낼 수 있다. 패스트푸드와 외식으로 가족들은 식구가 될 수 없다.

소리의 복제기술과 더불어 우리는 과거에 어느 누구도 누릴 수 없었던 방식으로 음악을 편리하게 즐기게 되었다. 음악이 인간의 심성에 미치는 영향을 고려하면, 다른 어떤 근대기술보다도 이 기술이 중요한 기술일 수도 있다. 하지만 이러한 복제기술은 음악을 더 이상 초점 활동이 되지 못하도록 만든다. 우리는 음악을 개인적으로 들을 뿐 음악을 통하여 가까운 사람들과 관계하지 못한다.

보그만은 우리가 다시 노래를 부르고, 악기를 연주하고, 음악을 만들어야 한다고 주장한다. 우리가 음악의 소비자에 불과하지 않고 음악의 생산자가 될 때 우리는 음악 활동을 통하여 가족과 친구들과 보다 전체적으로 만나는 경험을 갖게 될 것이며, 음악이 그 전문성에서 평가되지 않고 그것이 가지는 삶과의 관계에서 평가될 것이라고 지적한다.

2. 플라스틱 레코드판의 재등장

하지만 한번 초점활동으로서의 성격을 상실한 음악은 아직 초점활동으로 돌아오지 못하고 있다. 모여서 음악을 연주하는 경우는 여전히 드물다. 하지만 그것에 미치지 못한다 해도 스트리밍 음악은 엉뚱하게도 LP 레코드판으로 일부분 돌아왔다. 생산에서는 아니라고 하더라도 적어도 소비에서는 초점활동이 돌아온 것처럼 보인다.

오랫동안 음악을 감상하는 방법은 가수나 연주자가 노래하거나 연주하는 것을 직접 듣는 것이었다. 말을 글자로 옮김으로써 복제가 가능하게 된 것처럼, 음악은 애초에 밀랍원통에 옮김으로써 복제가 가능하게 되었다. 녹음기술의 발달에 따라 밀랍원통은 레코드판으로, 카세트테이프로, 콤팩트디스크로, MP3 다운로드로, 이제는 무선 스트리밍 서비스로 진화했다. 이제 다음은 무엇일까? 캐나다의 문명비평가인 데이비드 색스David Sax는 그의 저서 『아날로그의 반격』에서 LP 레코드가 귀환하고 있다고 적고 있다.

> 미국음반산업협회Recording Industry Association of America에 따르면 미국의 경우 LP 앨범의 판매량은 2007년 99만 장에서 2015년 1200만 장 이상으로 늘었고 연간 성장률은 20퍼센트를 웃돌았다. 다양한 자료를 종합해보면 2015년 LP 판매는 전체 음악 판매 수입의 25 퍼센트에 근접했다. 이는 광고로 운영되는 스트리밍 서비스를 능가하는 수치이며, 그동안 유료 다운로드와 CD 판매는 계속 감소했다. 2014년 신규 LP 레코드판은 3억4680만 달러의 수입을 창출했다. 여전히 LP 판매의 상당 부분을 차지하는 중고 레코드판 판매는 신규 앨범 판매의 몇 배에 달하는 액수다.(색스 43)

흥미로운 것은 이러한 레코드의 재등장이 과거 레코드 세대의 향수만은 아닌 것으로 보인다는 점이다. "2015년 영국에서 발표된 연구 보고서에 따르면 그해 레코드판의 주 소비층은 18~24세였다고 한다. 그 연구를 진행한 뮤직워치Music Watch는 LP 구매자의 절반 이상이 25세 미만이라는 점에 주목했다."(색스 47)

젊은 세대의 레코드판에 대한 관심이 새롭고 낯선 것을 추구하는 청년문화의 특징일 수도 있다. "자신들의 부모 세대가 아이팟과 페이스북을 이용하기 시작하자 아이들도 뭔가 다른 것을 찾기 시작했어요. 부모가 사용하는 것들은 쿨하지 않으니까요. 마치 로큰롤처럼 말이죠. LP는 이제 더 이상 부모 세대의 물건이 아니에요."(색스 46~47)

하지만 보그만적인 관점에서 보면 레코드판으로 음악을 듣는 경험은 디지털 파일로 음악을 듣는 경험과는 상당히 다를 수밖에 없다. 그러한 차이는 무엇보다도 초점 사물이 일으키는 다감각적 관계이다. 보그만의 의미에서 초점 사물은 사람들을 불러 모으는 일이 일반적으로 포함되지만 그러한 특성을 제외하고서도 사람들이 다양한 감각을 통하여 대상사물과 관계한다는 의미에서 초점 사물이라는 표현을 사용할 수도 있다.

이렇게 보면 레코드판은 초점 사물이었지만, 디지털 파일은 장치 패러다임이다. 따뜻함이라는 목적 외는 모든 것이 사라져버린 중앙난방 장치처럼, 디지털 음악파일은 음악에서 듣는다는 목적 외는 모든 것이 사라지게 하였다. "마치 디지털 음악의 편리함이 음악을 듣는 행위에서 즐거움을 쏙 빼내버린 것 같았다."(색스 12) 하지만 레코드판이라는 물리적인 실재와 그러한 실재와의 신체적인 관계를 통하여 음악을 들어본 젊은 세대는 무엇인가 잃어버린 것을 재발견한 것이다.

레코드판이 꽂힌 서가에서 앨범을 골라 디자인을 꼼꼼히 들여다보다가 턴테이블에 바늘을 정성스레 내려놓는 행위, 그리고 레코드판의 표면을 긁는 듯한 음악 소리가 스피커로 흘러나오기 직전 1초 동안의 침묵. 이 모든 과정에서 우리는 손과 발과 눈과 귀, 심지어 (레코드 표면에 쌓인 먼지를 불어내기 위해) 가끔은 입도 사용해야 한다. 우리가 가진 물리적인 감각을 더 많이 동원하게 되는 것이다. 레코드판이 주는 경험에는 계량화할 수 없는 풍성함이 있다.(색스 17)

레코드판으로 음악을 듣는 것은 비록 그것이 혼자서 음악을 듣는 행위일 때라도 행위자와 음악 간에 디지털로 들을 때는 생길 수 없었던 관계가 만들어지고 음악에 대한 집중이 일어난다. 음질에서도 긍정적이든 부정적이든 차이가 있지만 그것은 부분적인 요소에 불과하다. 더 중요한 것은 음악을 듣는 행위에 앨범을 고르고, 레코드판을 닦고, 턴테이블에 올리고, 바늘이 파인 자국을 따라 흐르는 의례儀禮rite적인 요소가 삭제되느냐 살아있느냐의 차이이다. 레코드판은 의례를 제공하지만, 디지털 파일은 그러한 의례를 제공하지 않는다.

게다가 스트리밍은 인간이 집착하는 소유의 욕구를 충족시켜주지도 않는다. 이는 MP3 파일로 그 음악을 소유할 때에도 마찬가지이다. 그러한 음악은 물리적 실체가 없다. 하드디스크에 담긴 다른 파일들과 다르지 않다. 그저 스크린 속의 파일일 뿐이다. 나는 그것을 손으로 만져볼 수 없다. 손으로 만질 수 있다는 촉지성tangibility이 없는 것이다. MP3는 내가 손으로 만져볼 수 없지만, 레코드판은 내가 손으로 만져볼 수 있다. CD도 내가 만져볼 수는 있다. 그러나 CD에는 의례적인 요소가 레코드판보다 적다.

이러한 상황은 디지털 사진에서도 마찬가지이다. 우리는 예전보다 훨씬 많은 음악을 파일로 소장하고 있듯이, 예전보다 훨씬 많은 사진을 파일로 소장하고 있다. 하지만 우리가 만질 수 있는 사진은 거의 없다. 아날로그 필름 사진 시절에는 사진 한 장 한 장을 주의 깊게 찍었고 인화하는 데에 많은 돈이 들었기 때문에 인화하기 전에 마음에 드는 사진을 골랐고 최종결과로 인화된 사진을 손에 넣었다. 그러했기에 한번 보고 잊어버리는 것이 아니라 앨범에 고이 추억으로 보관하였다. 하지만 오늘날 사진들은 모두 하드 디스크나 클라우드 스토리지에 불가촉의 상태로, 즉 만질 수 없는 상태로, 있을 뿐이다. 그래서 사람들이 레코드판으로 돌아가듯이, 즉석사진으로 돌아가는 현상도 또한 볼 수 있다.

하지만 레코드판의 귀환은 단순히 장치 패러다임에서 초점 활동에로의 개인적인 회귀는 아니다. 레코드판의 귀환은 판매업자들의 특별한 기획에도 또한 힘입었다. 그것은 바로 '레코드점의 날'Record Store Day이다.

2008년 4월 19일 북미와 영국에서 약 300개 매장이 첫 번째 '레코드점의 날'에 참여했다. … "개장 이래 고객들이 매장 바깥에까지 늘어선 건 처음 봤어요." … 많은 매장들이 평소에 비해 50퍼센트의 매출 신장을 기록했다. '레코드점의 날'은 계속 확장되어 2009년에는 … 더 많은 매장과 더 많은 콘서트와 더 많은 한정판 발매가 이어졌다. 수집가들은 '레코드점의 날'에 발매된 한정판 앨범을 사기 위해 밤새 줄

을 섰고, 음반들은 발매 직후 온라인에서 액면가의 몇 배로 거래되었다.(색스51)

판매업자들은 애초에 이러한 행사를 단순히 자신들의 사업영역이 부정적이지 않다는 것을 보여주기 위해 기획했지만, 결과는 언론이 이를 알아챈 것은 물론이고 레코드판에 대한 열기를 더욱 강화하는 효과를 거두었다. 사실 초점 활동은 다른 무엇보다도 인간과 인간의 연결을 초점으로 한다. 가촉성과 의례를 통하여 음악과 친숙해진 음악애호가들은 이제 레코드점의 날과 같은 행사들을 통하여 다른 음악애호가들과 연결되고 있고, 그러한 연결을 즐기고 있다. 하지만 이러한 연결은 레코드보다 색스가 보고하고 있는 학교나 보드게임이나 오프라인 서점의 귀환에서 더 잘 확인할 수 있다.

3. 학교의 방황과 귀환

디지털혁명의 와중에서 학교와 교육도 자유로울 수는 없었다. 디지털혁명의 학교와 교육에 대한 공세는 에드 테크ed tech 즉 교육 테크놀로지로 시작되었다. 다른 많은 디지털기술과 마찬가지로 인터넷에 연결된 컴퓨터를 이용하는 이러한 기술의 약속은 다음과 같은 것이다.

모든 아이들은 가장 좋은 장소와 시간에 각자의 속도에 따라 가장 흥미로운 방식으로 배우게 된다. 적은 비용으로 확실한 결과가 보장된다.

학교는 역동적으로 움직일 것이고, 교사들은 진정한 창의적 잠재력을 발휘할 것이며, … 책상에 줄 맞춰 앉아서 교사가 읽어주는 정보에 귀를 기울이는, 낡고 비효율적인 시스템은 뒤집힐 것이다.(색스 322)

이러한 약속을 실현하기 위한 첫째 단계는 전차칠판이나 컴퓨터, 아이패드나 교육프로그램과 같은 디지털 교보재를 구입하는 일로부터 시작된다. 이러한 일에는 많은 비용이 들기 때문에 결국 다른 교육 활동에 들어가는 비용을 전용할 수밖에 없음에도 불구하고 이러한 구입 결정을 정당화하는 논리에는 세 가지가 있다. "첫째, 테크놀로지는 학생의 학업 성취도와 성적을 올릴 것이다. 둘째, 테크놀로지는 전통적인 수업 방식을 비전통적인 수업 방식으로 변화시킬 것이다. 셋째, 테크놀로지는 학생들을 현대의 직업에 준비시킬 것이다."(색스 325)

이러한 논리에 따라서 아이들에게 노트북을 한대씩OLPC: One Laptop per Child 제공한 결과는 놀라운 것이었다. 미국의 경우 "가정 내의 컴퓨터 테크놀로지 도입은 학생의 수학과 읽기 성적에 심각하지는 않지만 통계적으로 유의미한 수준의 부정적 영향을 지속적으로 미쳤다. 추가 증거들을 보면 가정에서 쉽게 고속 인터넷에 접속하는 것이 가능해지면 수학과 읽기 성적의 격차가 좁혀지기보다는 오히려 벌어지는 것으로 나타났다."(색스 330-31) 학생들도 우리처럼 아이패드에서 즐거움을 찾으려고 하지 지식을 획득하려고 하지 않기 때문에 노트북이나 아이패드를 제공하여 교육효과를 높이려는 시도는 실패하고 말았다.

이러한 결과는 학생과 교사가 이러한 디지털 교보재들이 자신들의 활동에 적합하지 않다고 판단하고 있는 점과 학교와 교육이 본질적으로 교사와 학생, 학생과 학생, 학생과 세계와의 상호작용을 통하여 교육목표를 달성한다는 점을 고려해보면 당연한 일이다.

아이패드로 글을 읽기보다 프린트된 종이에서 글을 읽는 아이들에게 왜 그렇게 글을 읽느냐고 물어보면 "종이에 글이 쓰여 있어야 제대로 된 느낌이에요." "형광펜을 칠하거나 밑줄을 그을 수 없어요." "뭔가를 손에 들면 완결된 느낌을 주거든요." "다른 사람들과 돌려보기 좋아요." "아이패드보다 더 진짜 같아요." "유리판 위에 손가락을 대는 것보다 종이에 닿는 느낌이 더 좋아요." "집중하기가 쉬워요."(색스 337) 등의 대답을 듣게 된다. 이는 아이패드가 종이보다 아이들과 글 사이에 더 많이 끼어드는 제3자라는 의미이다.

화이트보드 대신에 스마트보드를 판매하려 했던 스마트보드 판매 회사는 결국 표준 화이트보드 측면에 스마트보드를 부착한 신제품을 제공하게 되었다. 왜냐하면 교사들의 필요에는 그것이 적합했기 때문이다. "후속 연구들을 통해 교실 내의 화이트보드 공간이 클수록 학생들이 '정보 지속성information pesistence'을 통해 정보를 오래 기억하는 것으로 밝혀졌다. 어떤 정보를 며칠 혹은 몇 주 동안 지속적으로 보게 되면 몇 초 동안 스크린을 통해 보는 것보다 훨씬 쉽게 기억하게 된다." (색스342)

이러한 것들이 교육현장에 더 적합한 교보재의 문제라면 교육의 본질과 관련된 문제는 지식과 태도의 획득이 신체를 통한다는 체화된 인지의 문제이다.

특히 유아교육과 같이, 체계적인 지식을 획득하기 이전에 그러한 지식을 획득하는 바탕이 되는 후설이 말한 생활세계적인 지식을 획득하는 교육상황을 생각한다면 더욱 그러하다. 소아과의사들이 두 살 미만의 아이들을 스크린에 노출시키지 말라고 권고하는 이유가 바로 이것이다.

한 살 반이었던 아이는 자기 반에서 손가락 그림을 그렸었다. 그 활동은 종이에 이미지를 만들어내는 능력을 키워줄 뿐만 아니라 젖은 물감이 팔에 떨어지는 것을 감각적으로 느끼고, 손가락으로 물감을 문질러서 색깔이 섞이는 것을 시각적으로 학습하게 해준다. 또한 물감이 바닥으로 떨어지는 것을 보며 공간지각력도 배우게 된다. … 이것을 태블릿에서 실행 가능한 손가락 그림 앱과 비교해보면 감각적 학습 경험은 (태블릿의) 유리 표면에 손가락 끝만 갖다 대는 것으로 축소된다. 감촉, 냄새, 맛을 비롯한 어떤 신체적 결과, 사회적 결과도 없다.(색스 326)

만약 이러한 학습이 없다면 우리는 컴퓨터와 같은 상황에 처하게 된다. 체화된 인지 없이 체계적 지식을 학습하게 되기 때문이다. 이렇게 되면 인간은 애초부터 컴퓨터에 뒤지고 들어갈 수밖에 없다. 인간이 컴퓨터에 앞선다면 신체를 통한 지식획득이 바로 그 이유이기 때문이다.

특정 과목의 학습에서도 디지털 테크놀로지는 마찬가지로 실망스럽다. 예를 들어 가장 널리 활용되는 수학 소프트웨어는 표준 수학교재와 똑같은 문제를 화면으로 보여주며 더 빠르게 채점한다. 하지만 교사들은 그러한 프로그램에 대하여 이렇게 평가한다. "그건 가르치는 행위를 본뜬 것이 아니라 가르치는 행위가 무엇인지에 대한 최악의 정의를 본뜬 겁니다. 교사는 '1번부터 20번 문제까지 풀어봅시다'라고 말하고는 자리를 비웁니다. 훌륭한 교수법이 아니지요."(색스 340)

이러한 디지털 교육 테크놀로지들은 교육이라는 초점활동을 장치패러다임으로 전환한다. 교육과 학습을 오직 교과과정 상의 지식의 전달이라는 관점에서 접근하는 것이다. 하지만 학원이 아닌 학교에서의 교육에는 지식의 전달 이상의 어떤 것이 있다.

예를 들어 4차 산업혁명 상황에서 살아갈 학생들에게 가장 중요한 능력들 중의 하나로 컴퓨터는 가질 수 없는 공감을 들곤 한다. 하지만 "연구 결과를 보면 오늘날 젊은이들 사이에서 공감능력이 두드러지게 감소했다고 한다(미시간 대학교의 연구에 따르면 10년 동안 40퍼센트가 감소했다고 한다). 디지털 테크놀로지의 탈감각화 효과desensitizing effect가 주요 원인으로 꼽혔다."(색스 345) 학생들이 자신들의 일상에서는 물론이고 교육현장에서도 디지털 테크놀로지만을 접하게 되면 이러한 공감능력을 기를 기회는 별로 가질 수가 없을 것이다. 컴퓨터 테크놀로지의 구루들인 스티브 잡스나 크리스 앤더슨이 자신의 아이들에게 컴퓨터와 마주하는 시간을 제한했던 것은 바로 이런 이유 때문이다.(색스 369)

전통적인 대학을 해체할 것 같이 기염을 토하였던 대규모 온라인 공개 강좌 무크MOOC: massive open online course가 성과상의 실패 때문에 방향을 전환한 것도 디지털 교육 테크놀로지의 한계를 보여준다. 무크는 스탠퍼드 대학교 컴퓨터과학자들이 인공지능 입문 강좌를 인터넷을 통해 무료 개방함으로써 시작되었는데, 예전에는 약 200명의 수강생이 있었지만 공개강좌에는 160,000명이 수강신청을 하였다.

이러한 강좌가 늘어나자 "사람들은 이런 온라인 강좌가 교육의 새

시대를 열어 최고 수준의 교육을 무료 또는 저비용으로 받을 수 있는 때가 왔다고 생각하기 시작했다. 아프리카와 아시아의 가난한 사람들도 저렴한 태블릿 컴퓨터나 스마트폰 하나만 있으면 미국 명문대 강의를 수강할 길이 열리리라는 뜻이었다."(포드 211)

하지만 결과는 그렇게 낙관적이지 못했다. 대표적인 한 무크회사가 제공한 강좌에 등록한 100만 명을 조사한 결과는 "신청자들 중 강좌를 하나라도 들은 사람은 전체의 절반에 불과했다. 강좌를 끝까지 듣는 사람의 비율은 2퍼센트에서 14퍼센트 사이였으며, 평균은 4퍼센트였다."(포드 212) 다른 회사의 한 강의를 들은 학생의 4분의 3이 중도 탈락했으며 정규강좌에 등록한 학생보다 학업성취도도 현저히 떨어졌다.

무크는 왜 실패했을까? 무크를 시작했던 스탠퍼드대학교의 교육학 교수인 래리 큐번Larry Cuban은 다음과 같이 지적하고 있다. 그의 지적은 교육의 장치 패러다임화를 비판하고 초점활동이 그 본질임을 강조하고 있다.

> 가르침과 배움은 교사와 학생 사이의 관계입니다. … 관계는 아날로그입니다. 테크놀로지를 밀어붙이는 사람들은 가르침과 배움을 관계가 아니라 지식의 전수로 여깁니다. 교육을 관계라는 측면에서 보지 않습니다. 그저 정보에 더 많이 접근하고 전에는 불가능했던 방식으로 커뮤니케이션하는 방법으로만 여깁니다. 그런 건 관계가 아니지요. … 한 명의 교사가 한 그룹의 학생들과 관계를 맺습니다. 배움의 기초는 그런 독립적인 관계들이며, 다른 설명은 필요 없습니다."(색스 360)

색스 또한 자신의 선생님들에게 헌사를 바치고 있다.

20년에 걸친 학창 시절을 되돌아보면 내 머릿속에 남은 것은 특정한 과목, 학습 도구, 교실 등이 아니다. 내가 받은 교육에 생기를 불어넣고 나의 흥미를 불러일으킨 것은 선생님들이었다. … 나를 가르친 선생님들은 진정으로 위대했다. 그분들은 적은 월급에 말도 안 되는 대우를 받으면서도 그분들이 내게 전달해준 지식들을 합친 것만으로는 도저히 완성되지 않았을 현재의 나를 만들어주셨다. 그런 관계는 디지털 교육 테크놀로지가 절대로 모사하거나 대체할 수 없는 것이다.(색스 361)

4. 보드게임의 재등장

배틀그라운드는 2017년 대한민국 게임대상 대상 수상작품이다. 최대 100명의 인원이 무기와 탈것을 활용해 벌이는 배틀로얄 게임 즉 1인칭 혹은 3인칭 슈팅 게임으로 지속적으로 소멸되어 가는 넓은 오픈 월드 맵에서 물품을 얻고 다양한 전략을 이용해 싸우면서 최후의 1인 혹은 1팀을 가려내는 방식의 인터넷 비디오 게임이다. 나무위키에 따르면

2017년 3월 말 얼리 액세스를 개시한 당일부터 스팀 판매량 1위, 3일 만에 1100만 달러(122억)를 벌어들였다. 판매량은 얼리 액세스 16일 만

에 100만장, 39일 만에 200만
장, 67일 만에 300만장, 9월
초 1000만장, 11월 2000만
장의 판매량을 기록했다. 스
팀 동시접속자수는 오픈 직
후 7위, 5월에는 H1Z1을 제
치고 평균 9만명의 동접자
로 3위권에서 순항하기 시
작했다. … 7월 통계로 전 세
계 PC게이머의 10.8%가량이
이 게임을 하여 5위언 오버워
치 11.2% 이어 6번째로 인기
많은 게임이 되었다. 미국 시

그림 14 비디오 게임 배틀그라운드

장 점유율은 16.0%, 중국 14.6% 한국 시장 14.4% 4위, 일본 26%로 1위
를 차지하였다. … 9월 8일에는 100만, 9월 16일에는 동접 130만을 달
성하면서 스팀 부동의 1인자였던 도타의 기록을 제쳤다. 9월 23일에는
150만, 10월 11일에는 200만, 11월 4일에는 250만, 11월 18일 290만을
기록했다. 12월 8일 정식 버전 출시일 12월 21일로 확정되고 테스트 서
버에 신규 전장 '미라마'가 추가되면서 스팀 본 서버 접속자 284만 명,
테스트 서버 접속자 19만 명 돌파, 동시접속자 수 303만 명을 달성했다.
이후 12월 30일에는 본 서버만으로 300만, 310만 명을 연이어 돌파했
다.(나무위키 "Playerunknown's Battleground")

2차 산업혁명의 물결이 밀어닥쳤을 때, 사람들이 기존의 삶의 방식에 대한 심각한 도전으로 여겼던 것은 미디어였다. 라디오가 등장하자 이전에는 서로 마주 보게 배치되었던 거실의 의자배치가 달라졌다. 이제는 라디오를 향해서 일자로 의자가 배치되었다. 이러한 배치는 라디오가 텔레비전으로 대체되어도 마찬가지로 유지되었다. 88올림픽이나 2002월드컵을 관람하는 추억의 장면들을 보면 사람들이 텔레비전을 향하여 같은 방향으로 앉아서 시청하며 흥분하고 함성을 지르는 모습을 확인할 수 있다.

3차 산업혁명이 진행되어 아날로그 텔레비전이 디지털 텔레비전으로 바뀌어도 이러한 의자배치는 변하지 않았지만, 이제는 그 의자에 앉는 사람이 변화되었다. 더 이상 가족 전체가 거실에 앉아서 텔레비전을 보는 일이 없어졌다. "아빠는 인터넷에 빠져 있고, 엄마는 위층에서 비디오를 보고 있습니다. 아이들은 아래층에서 비디오 게임을 즐기고 있습니다. 모두가 공간적으로 집 안에 있긴 하지만 집 밖의 어떤 것에 연결되어 있지요."(그웬네 96)

배틀그라운드의 인기를 보면 아이들이, 아니 신입사원이나 심지어는 중년 샐러리맨까지, 빠져있는 비디오게임의 열기를 간접적으로나마 경험할 수 있다. 하지만 아무리 신나는 비디오 게임이라고 할지라도 과거와 달리 오늘날은 점점 더 고립적인 경험이 되고 있다. 전 세계 곳곳의 친구들과 채팅을 나누며 게임을 진행하기는 하지만 결국 방 안에서 스크린을 들여다보는 이는 자신밖에 없다. 피시방에서 같은 게임을 하고 있기는 하지만 시선은 텔레비전을 보듯이 모두 스크린을 향해 있을 뿐 게임에 참여하는 다른 사람의 눈을 향해 있지 않다.

컴퓨터 게임도 디지털 자동화와 마찬가지의 효과를 가진다. 즉 컴퓨터라는 제3자가 끼어들고 굴러온 돌이 박힌 돌을 빼내며 주인공 행세를 한다.

> 게임을 혼자서 하든 여럿이 하든, 우리가 컴퓨터와 놀 때는 그 경험의 주도권을 소프트웨어와 나눠야 한다. 우리는 상상력을 동원하여 놀이의 경험을 창조하는 능력이 있지만 프로그램과 기기가 그런 능력을 제한해버린다.(색스 161)

마주 앉아 게임을 하는 것은 그것이 체스이든, 보드게임이든, 술래잡기든 무엇이든 간에 가상세계에서 게임을 하는 것과는 근본적으로 다른 상황이다. 우리가 마주보고 게임을 할 때는 컴퓨터가 아니라 우리가 가상세계를 선택한다. "우리는 함께 노력해서 서로를 현실로부터 풀려나게 한다. 매일 밤 수백 명의 사람들이 [캐나다의 한 보드게임장인] 스네이크 앤드 라테스에서 그런 일을 한다. … '그런 느낌은 컴퓨터로는 얻을 수 없습니다. 컴퓨터를 통해 참여하거나 흥분할 수는 있지만 살아 있음을 느낄 수는 없지요.'"(색스 162)

북미에서의 보드게임장의 귀환은 바로 이러한 각성 때문이다. 비디오 게임이 뺏어 가버린 살아있는 사회적 상호작용을 되찾고자 하는 열망이 보드게임장을 부활시켰다.

> 취미용 게임의 매출은 2008년 이후 해마다 두 자릿수 성장을 거듭하면서 북미 지역에서만 두 배 이상 증가했다. 과거 북미의 테이블게임

시장에서 별 관심을 끌지 못하던 취미용 게임은 오늘날 장난감 업계에서 20억 달러에 달하는 게임과 퍼즐 부문 매출의 절반에 가까운 매출을 올리고 있다. 2년 전에 비하면 엄청난 변화다. 미국의 게임제조업체연합GAMAGame Manufacturers Assoication은 2009년 이후 회원사가 두 배 이상 증가했다.(색스 154)

이러한 보드게임의 유행은 물론 재미있는 보드게임의 제공에 기인하는 바도 없지 않다. 하지만 게임의 재미로만 말하자면 비디오 게임이 보드게임보다는 더 재미있을 수 있다. 그래서 많은 보드 게이머들은 비디오 게임을 찾아서 처음에는 오락실로, 뒤이어 피시와 게임콘솔로, 드디어는 모바일 기기로 몰려갔었다. 물론 어떤 이들은 게임 참가자들이 상상력을 발휘할 수 있기에 보드게임이 더 재미있다고 말하기도 하지만 이는 레코드판의 음질처럼 부분적인 중요성을 가질 뿐이다.

디지털 게임의 경우 얼굴 표정을 읽어낼 정도의 고화질 웹캠과 마이크를 장착하고 있다고 해도 자세, 숨소리, 음료를 마시는 모습, 테이블 아래 다리의 흔들거림 등 사람의 몸이 내보내는 많은 물리적인 신호를 놓치게 된다. 이것들은 사람들이 실망했거나 겁먹었거나 기뻐하거나 건방을 떨고 있음을 알려주는 신호다. … 디지털 게임 참가자들은 스크린 너머에 있는 상대방을 현실 속의 사람으로 인식하지 못한다. 그들은 그저 화면 속의 픽셀을 움직이는 익명의 손가락들에 의해 조종되는 아바타들일 뿐이다.(색스 165)

하지만 테이블 위에서 벌어지는 게임의 내용이 보드게임장의 유일한 게임의 내용이 아니듯이 테이블 아래에서 벌어지는 게임을 위한 정보탐색만이 보드게임장의 매력은 아니다. 이러한 게임장은 "사회학자들이 '제3의 공간'the third place이라고 부르는 장소가 된다. 제3의 공간이란 집이나 직장이 아니면서도 안전하고 환영받는 신성한 공간으로, 사람들이 자신의 정체성과 인간관계의 한계를 탐험하는 장소다."(색스 160)

우리 사회에는 서구에서처럼 보드게임장이 없다. 온라인으로 조사해 보면 서울에서 2002년경 보드게임 카페가 생겨나 크게 성공했다가 몇 년 만에 사라졌다.(색스 156) 왜 그러했는지 정확히 알 수는 없지만 우리 사회에는 다른 제3의 공간이 있기 때문이 아닐까 생각한다. 그것은 회식문화이다. 학교나 직장이 끝나고 나면 학교 앞이나 직장 근처에 삼삼오오 둘러앉아 밥을 먹든 술을 마시든 어쨌든 같이 한다. 이러한 관행에도 많은 변화가 일어나고 있기는 하지만, 우리 사회에는 여전히 또래 친구들이나 직장 동료들과 함께 하는 거룩한 장소가 있다. 이곳에서 우리는 서구인들이 보드게임장에서 찾고 있는 모든 것을 구할 수 있다. 진실이 깃든 것이든 아니든 간에 우선은 '우리는 하나다'라고 외칠 수 있다.

이에 반해 "트위터상의 대화는 심하게 편집된 짧고 재치 있는 말의 연쇄 반응에 불과하고, 페이스북의 친구 관계는 진짜 관계라기보다는 온라인상의 크리스마스 카드 교환에 가까우며, 인스타그램 피드는 일상의 가장 빛나는 순간만을 담고 있다. '우리는 네트워크 안에 함께 있어도 서로에 대한 기대가 아주 낮기 때문에 심한 외로움을 느끼는 것

이다.'"(색스 159)

디지털 비디오 게이머들은 결국 자기각성에 이르게 된다. 2% 부족한 무엇인가를 채우기 위하여 무엇을 해야 할 것인가? 그들은 비로소 사회적 상호작용이 그들의 채워지지 않는 욕구임을 깨닫는다. 그래서 디지털 비디오 게임을 박차고 나와서 아날로그 게임의 세계로 떠나기도 한다.

> 콜 오브 듀티를 하는 사람들은 또한 (페인트 볼을 이용한) 서바이벌 게임을 하고, 온라인 포커 게임을 하는 사람들은 매년 라스베이거스로 여행을 떠나고, 판타지 팬들은 방 탈출 게임을 하고, 월드 오브 워크래프트를 좋아하는 사람들은 망토를 걸치고 스티로폼 칼을 차고 라이브 액션 롤 플레잉LARP: Live Action Role Play 캠프에 참가한다.(색스 163)

5. 온라인 매장과 오프라인 매장

이러한 아날로그에의 욕구는 플랫폼의 등장으로 사양길에 들었던 오프라인 시장의 부활을 이끌고 있기도 하다. 어느 영역보다 오프라인 매장을 고사시켰던 온라인 매장은 온라인 도서판매를 시작했던 아마존으로 보인다.

> 아마존이 경쟁이 불가능한 가격과 누구도 따르지 못할 다양성은 물론, 사용자가 직접 작성하는 서평과 별점, 사용자에게 책을 추천하는

소프트웨어 알고리즘, 무선 기술과 엄청난 용량, 한 번의 클릭으로 구매가 가능한 이북 시장의 선두주자 킨들 e리더 등으로 대표되는 기술적 혁신을 통해 (약 50억 달러에 달하는) 출판시장의 4분의 1을 점령하다시피 했기 때문이다.(색스 235)

이러했던 아마존이 2015년 11월 오프라인 서점을 개설했다. 물론 이러한 매장은 전통적 오프라인 매점처럼 판매처Point of Sales가 아니라 체험의 장소Point of Experience로 해석될 수도 있다. 하지만 앱 생태계를 만들어 플랫폼 경제를 개척했던 애플의 예를 보면 단순히 그렇게만 해석할 수는 없다.

스티브 잡스는 2001년에 애플 스토어를 선보였다. 업계의 애널리스트들은 애플이 다급한 모양이라며 2년 내에 철수할 것이라고 전망했다. 하지만 2년 동안 오프라인 매장은 철수하기는커녕 빠르게 이익을 냈다. 그리고 애플 스토어는 해마다 0.09제곱미터당 거의 5000달러를 벌어들이는, 지구상에서 가장 성공한 매장이 되었고 애플 스토어 직원들은 1인당 50만 달러 상당의 매출을 올렸다.(색스 258)

오프라인 매장의 단위 면적당 수익률에서 1,300달러짜리 노트북을 파는 애플은 수만 달러짜리 보석을 파는 티파니Tiffany보다 앞서지만, 애플과 티파니를 바짝 뒤따르는 3위 회사는 100달러짜리 안경을 파는 와비 파커Warby Parker이다. 와비 파커는 원래 온라인 안경 판매업체였다. 소비자가 선택한 5개의 안경테를 보내주고 소비자가 가장 좋아하는 안경테와 시력과 눈 사이 거리를 홈페이지에 입력하면 맞춤안경을 만들어 보내주는 업체였다. 2011년에 2만개, 12년에 10만개, 13년에 25만개, 14년에 100만개 이상을 판매했다. 하지만 2013년에 뉴욕에 오프라인 매장을 낸 이후 지금은 수십 개의 매장을 운영하고 있다.(노경목 〈한국경제〉 2015. 2. 15)**11**

> "와비 파커는 애초에 오프라인 매장을 브랜드 홍보용으로 생각했어요. 매장에서 손해를 보더라도 손님을 끌어들일 수는 있으니까요." … "하지만 매장이 너무 잘되는 바람에 와비 파커는 전략을 전환했지요." 이제 와비 파커는 미국 전역에 약 20개의 매장을 열었고 공격적으로 매장을 늘리는 중이다.(색스 257)

이러한 현상은 '옴니채널 리테일 이론'Omnichannel Retail Theory의 타당성을 더욱 굳건히 해주고 있다. 즉 온라인이든 오프라인이든 매점판매든 방문판매든 유통업에서는 채널을 가릴 필요가 없다는 입장이다. 사실 전자상거래의 성장은 예전에는 결코 볼 수 없던 일이었다. "미국 상무부 자료에 따르면 2015년 전자상거래는 미국 리테일 구매의 7퍼센트 이상을 차지한 만큼 가장 큰 주목을 받고 있다. 경쟁이 심한 리테일 시장에서 이는 정말 급속한 성장이다."(색스 238)

물론 웹사이트를 통한 온라인 매매는 서로 알지 못하는 공급자와 소비자를 서로 이어주며 가격이나 편리성에서 오프라인 매매보다 훨씬 낫다. 하지만 무겁고 부피가 크고 관리도 어렵고 비용도 많이 드는 레코드판이 무선 스트리밍을 상대할 수 있는 이유와 같은 이유로, 실체가 있는 부동산, 얼굴을 맞댈 수 있는 진짜 점원, 그리고 양적으로 제한된 책들을 가지는 오프라인 서점들도 온라인 서점들과 상대할 수 있다.

오프라인 서점들이 가진 첫째 노하우는 진짜 점원들로부터 나오는 핸드셀링hand-selling이다. "핸드셀링이란 서점 업계의 용어로, 쉽게 말하면 서점 직원이 손님이 읽고 싶을 만한 책을 찾아 손님에게 건네주는 것이다"(색스 243) 아마존은 물론 진짜 점원이 없기 때문에 핸드셀링을 하지 않는다. "아마존의 추천 엔진은 협업 필터링Collaborative Filtering을 기반으로 한다. 이것은 고객이 누구인지를 알아낸 다음, 그와 비슷한 프로필을 가진 사람이 구매한 물건을 제시함으로써 고객이 원한다고 생각하는 것을 결정한다는 뜻이다."(마 312) 그래서 아마존은 비슷한 책을 추천해 주기는 하지만 전혀 다른 책을 추천해 주지는 않는다.

둘째 노하우는 구체적인 부동산에서 나오는 온갖 방법으로 판매 상품을 돋보이게 하는 판매 방식이다. 여기에는 서가와 진열대 구성부터 조명, 음악, 장식, 심지어 향기에 이르기까지 광범위한 요소들을 활용한다. 쇼핑은 온몸으로 접촉하는 활동이기 때문에 이 모든 것이 중요하다. 온라인 서점은 장치 패러다임으로서 오직 책을 사고파는 경험만을 남겨놓지만, 오프라인 서점은 초점 행동이 가능하도록 다양한 경험을 제공한다. 스크린에서는 책의 무게를 느껴볼 수도 없고 드레스를 만져볼 수도 없고 멜론의 향을 맡아 볼 수도 없다.

서점에 가보면 손님들이 제품을 쓰다듬고 손으로 비비고 들어서 무게를 재보는 등 책이라는 제품을 즐기는 것과는 전혀 상관없는 물리적 특성들을 경험하는 모습이 눈에 들어올 것이다. 내용과 무관한데도 우리는 만지게 된다. 우리는 상상력과 개념화 능력, 지적 능력을 갖추고 있으면서도 결국 다른 동물과 다르지 않게 오감을 통해 세상을 경험하는 육체적인 존재다.(색스 246-247)

이러한 경험은 서점에만 영향을 끼치고 있는 것이 아니고 책을 읽는 습관에도 영향을 끼치고 있다. 디지털시대의 도래와 함께 종이책은 조만간 전자책으로 전환될 것이라는 예상이 팽배했었다. 하지만 전자책은 MP3만큼 극적인 전환을 이룩하지 못하고 있다. 게다가 최근 전자책은 그 성장세마저 주춤하고 있다.

2014년 출판 업계의 매출 데이터를 가장 광범위하게 추적 조사하는 닐슨북스캔NielsenBookScan은 종이책 매출이 전년 대비 2.4퍼센트 성장했다고 밝혔다. 2010년 전자책의 판매가 시작된 이래 처음으로 종이책 매출이 성장세를 보였던 것이다. 종이책 매출은 2015년에도 2.8퍼센트 성장했다. 같은 기간 킨들Kindle 누크Nook, 코보Kobo 같은 전자책 기기 판매는 정체기를 맞은 것처럼 보였다. 2015년 퓨 리서치 센터Pew Research Center의 조사에 따르면 2014년 전자책 단말기를 소유하고 있다고 응답한 사람의 숫자는 32퍼센트 감소했다고 한다.(색스 264-65)

6. 문화적응곡선

이러한 추세들은 외국문화에 대한 호감의 변화를 보여주는 한 그래프와 유사하다. 네덜란드의 문화사회학자인 헤이르트 홉스테드Geert Hofstede는 한 개인이 자신이 원래 속했던 민족문화와 다른 문화에 들어가면 문화적 충격을 겪고 적응하는 과정을 갖는다고 설명하고 있다. 홉스테드의 아래와 같은 문화적응곡선은 그러한 과정을 보여주고 있다.

단계1은 황홀감euphoria의 시기이다. 여행과 새 땅을 보는 흥분의 시기이다. 모든 것이 신선하고 차이가 나면서 나쁜 점들보다는 좋은 점들이 먼저 느껴진다. 단계2는 문화충격culture shock의 시기이다. 낯선 이국문화 속에 있는 방문객은 제일 쉬운 것도 새로 배워야 하는 유아의 정신 상태에 되돌아와 있는 셈이기 때문에 이로 인해 고통, 무력감, 적대감을 겪게 된다. 이러한 심리적인 문제가 신체적인 문제로 드러나는 것도 자주 있는 일이다. 단계3은 문화적응acculturation의 시기이다. 방문자가 새로운 조건 하에서 활동하는 것을 천천히 배워가며 현지의 가치

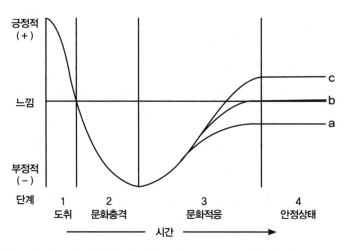

그림 15 홉스테드의 문화적응곡선(홉스테드 298)

를 얼마간 수용하고, 어느 정도 자신을 갖게 되고 새로운 사회망으로 편입되기 시작한다. 단계4는 최종적으로 도달하는 안정stable state의 시기이다.

만일 방문자가 계속 소외감을 느끼고 차별대우를 받고 있다는 느낌을 가지고 있으면, 마음은 모국에 대해서보다는 부정적으로 남게 된다.(4a) 전과 다를 바 없는 상태가 될 수도 있는데, 그 경우는 방문자가 양쪽 모두에 문화적응을 한 경우이다.(4b) 또는 전보다 더 좋을 수도 있다.(4c) 이 마지막의 경우는 방문자가 '본토인화' 즉 그가 로마인보다 더 로마인으로 된 경우이다.(홉스테드 298-99)

인간이 디지털과 아날로그에 반응하는 방식도 이와 비교할 수 있다. 발달의 추세로 보면 인간의 아날로그 세계에서 디지털 세계에로의 이민은 후진국에서 선진국에로의 이민과 같은 것이라고 볼 수 있다. 왜냐하면 디지털은 아날로그가 제공해 주지 못하는 편리나 기능을 제공해 주기 때문이다. 전자책의 판매가 4년 동안 상승세를 보였다는 것은 독자들이 도취단계에 있었기 때문일 것이다. 종이책의 성장이 다시 시작되었다는 것은 이제 디지털서적이라는 문화충격을 받기 시작했다는 신호라고 해석될 수 있다. 물론 디지털은 장치 패러다임으로서 단점도 있지만 장점도 있기에 초점 행동을 원하지 않는 이들은, 우리가 벽난로를 버리고 중앙난방에 적응한 것처럼, 전자책에 적응할 것이다.

우리는 어떤 방식으로 안정될 것인가? 이는 개인적인 취향의 문제일 수도 있다. 스마트폰이 등장한지 10년이 넘었지만 아직도 스마트폰을 사용하지 않는 사람도 있다. 하지만 대부분의 사람은 스마트폰으로 넘어갔으며 다시 돌아올 것 같지는 않다. 그렇게 보면 4c가 대부분의 사람이 걸어갈 경로처럼 보인다. 하지만 전자상거래가 시작되었을 때 "리테일 업종은 끝나가고 있다. 이제 모두들 전자상거래로 물건을 사게 될 것이다. 대안은 없다"(색스 235)라는 예언에도 불구하고, "오늘날의 리테일은 둘러보기 위한 외출입니다. 리테일은 상품의 구매 장소라기보다는 공간에 대한 느낌과 경험이죠. 이건 중요한 변화입니다."(색스 242)라는 변화를 거쳐서, "지난 6월 〈뉴욕타임스〉는 이마케터eMarketer의 조사 결과 미국 내의 전자상거래 성장률이 감소세를 보이면서 2013년에 비해 2015년에는 2퍼센트 포인트 정도 줄었다"라는 보고를 보면 4b일 것 같이 보이기도 한다. 여하튼 4a가 아닐 것만은 확실하다.

3차 산업혁명이 시작될 즈음 미디어의 소비와 관련하여 사회계층별로 미디어의 소비형태가 다르다는 보고가 있었다. 1982년 미국통계에 의하면 소득이 1만5천 달러인 경우는 텔레비전의 시청시간이 주당 58시간, 3만 달러인 경우는 주당 50시간이다. 이는 이렇게 해석될 수 있다. 노동과 공동체적 삶이 점점 만족을 주지 못하게 되자 사람들은 '보상적 충족'을 위해 다른 곳에 눈을 돌리고자 하였고 마침내 미디어가 제공하는 콘텐츠에 눈을 돌렸는데, 이곳에서조차도 소득이 높은 사람들은 콘서트나 뮤지컬과 같은 옥외활동에 참여하는데 반해, 소득이 낮은 사람들은 옥내활동 즉 매체소비와 같은 가상적 소비행위를 하고 있다는 것이다.(쟐리 233)

온라인 소비와 오프라인 소비와 관련해서도 이런 추세가 예상된다. 가격만을 기준으로 삼는 저소득층의 경우에는 온라인 소비를 강화하겠지만, 가격뿐만 아니라 경험까지도 누리고자 하는 고소득층은 온라인 소비와 아울러 오프라인 소비도 즐길 것으로 보인다. 이렇게 보면

그림 16 애플스토어(Wikipedia "Apple Store")

저소득층은 디지털 세계에 4c 적응자가 되고 고소득층은 4b 적응자가 될 것으로 예상된다. 2000년부터 2007년까지 애플매장을 만들고 운영했던 리테일 담당 부사장 론 존슨Ron Johnson이 상대하고 있는 고객은 분명 4b 적응자들이다.

"그곳은 애플 제품을 가장 비싸게 사는 곳입니다. 다른 곳에서 애플 제품을 사는 것이 더 저렴해요." 존슨이 자랑스럽게 말했다. 그러나 하드코어 팬들은 신제품이 출시되기 전에 간이의자를 가져다 매장 앞에서 잠을 자고 과자로 연명하며 며칠 동안 줄을 서서 기다린다. 단지 최신 아이폰을 제일 먼저 손에 넣기 위해서 기꺼이 더 많은 돈을 지불하는 것이다. 차가운 시장의 논리로만 들여다보면 애플 스토어에서 웃돈을 주고 제품을 구매하는 것은 이성적인 행동이 아니다. 그러나 존슨은 쇼핑이 전적으로 이성적 행동이 아니라는 점을 내게 일깨워주었다. "우리는 사람을 가장 중요시합니다." 그의 말이다.(색스 260)

더 넓게 더 깊게 읽을거리

1. 김성동, 『기술 열두 이야기』, 서울: 철학과현실사, 2005.
2. 색스, 『아날로그의 반격』, 박상현, 이승연 옮김, 서울: 어크로스, 2017.
3. 홉스테드, 『세계의 문화와 조직』, 차재호, 나은영 옮김, 서울: 학지사, 1995.

제11장

새 도시혁명:
노동과 여가의 일치

4차 산업혁명이 새로운 세계를 열어줄 것이라고 본다면, 그러한 새로운 세계는 과거의 혁명들을 통하여 우리에게 전개된 세계의 문제점을 해결해주어야 할 것이다. 물론 과거의 혁명들도 문제를 덜어준 것이 있는가하면 더하여 준 것도 있다.

도구혁명은 우리를 동물의 세계에서 인간의 세계로 이끌었으며, 신석기혁명은 에덴으로부터 땀 흘려 땅을 부치는 노역으로 이끌었다. 도시혁명은 수평적 분업을 통하여 이러한 노역의 효율성을 개선하기는 하였지만 수직적 분업을 통하여 계급을 낳음으로써 이후 지속된 지배하는 자들과 지배받는 자들의 분열을 만들었다. 그에 따라 남을 위해 노동하는 노예와 아무런 노동 없이 생활하는 주인이 등장함으로써 노동과 여가의 분리가 이루어졌다.

1차 산업혁명은 획기적인 동력원을 개발함으로써 인간의 근육을 사용하는 노역을 엄청나게 덜어주었다. 부분적인 지체가 있기는 했지만 지배받는 자의 삶의 형편을 크게 개선한 것은 물론 여가생활의 단초까지 만들었다. 2차 신업혁명을 통하여 이러한 여가시간은 외양으로는 증대되었으나 실제로는 광고를 통하여 유도된 소비의 시간으로 설정되자 1차 산업혁명에서는 노동시간에만 느꼈던 탈아감을 이제는 여가시간에서까지 느끼게 되었다. 3차 산업혁명은 소품종 대량생산에서 벗어나 다품종 소량생산을 가능하게 하였지만, 2차 산업혁명으로 생성된 중산층의 양적인 축소를 가져왔다.

4차 산업혁명이 획기적인 지능기술의 개발을 통하여 새로운 삶의 방식을 제공할 수 있다면 그것은 무엇보다도 노동과 여가의 일치를 가져올 수 있으리라 기대된다. 이 장에서는 4차 산업혁명이 가져온 새로운 도시혁명과 노동과 여가의 일치라는 이러한 기대에 대하여 살펴보자.

1. 먼 과거와 가까운 미래

도시혁명 이전의 사람들

순수하게 노동하는 사람과 순수하게 여가를 누리는 사람이 구분되는 도시혁명 이전에 인간들은 어떻게 살았을까? 타임머신을 개발하기 전까지 우리는 고고학을 통하여 이러한 삶에 접근하거나 아니면 아직까지 그 시절의 삶의 방식을 유지하면서 오늘날까지 남아있는 원시부족을 통하여 이러한 삶에 접근할 수 있다. 신석기혁명 이전의 삶의 모

습을 보여주는

칼라하리 사막의 쿵 부시맨Kung Bushmen과 같은 집단을 연구한 결과에 따르면, 근대화가 그들의 활동 영역을 좁히고 그들의 생물학적 서식지를 파괴하기 전에는, 이들 사냥꾼-채집자들은 하루 3 내지 4 시간만 일해도 기초적 욕구에 필요한 물질을 구할 수 있었다. 소위 "석기 시대"에는 우리 시대보다 여가가 더 많았을 것이 분명하다.(그왠네 213)

신석기 혁명 이후에도 상황은 그렇게 나쁘지 않았다고 보인다. 페루 아마존 강우림의 북부지역에 사는 약간의 농사를 짓는 수렵채집인들인 마치구엔가Machiguenga족과 같이 생활했던 한 문화인류학자의 보고에 따르면 "마치구엔가족이 6 내지 8 시간 일하면 필요한 물자를 모두 충당할 수 있는 것만은 분명한 사실입니다. 그 덕에 시간이 많이 남지요. 마치구엔가족은 늘 시간이 많은 부족이라는 생각이 들었어요. 그들은 결코 서두르는 법이 없습니다."(그왠네 214)

이 인류학자가 발견한 사실은 두 가지로 요약된다. 하나는 자신이 가져온 짐들 대부분이 없어도 살아갈 수 있는 불필요한 물건들이라는 사실이고, 다른 하나는 그 종족의 삶에는 전반적인 만족 같은 것이 있다는 사실이었다.

시간이 지남에 따라, 우리는 이와 같은 최소주의적인minimalist 생활이 대단히 편해졌고, 그 모든 소유물들이 전혀 불필요하다고 느끼기 시작했어요. 나는 마치구엔가 부족에게서 우리가 훨씬 더 단순하게 살고도 편할 수 있다는 것을 배웠습니다. … 마치구엔가족이 일을 할 때면 그들 곁에 있는 것만으로도 기분이 좋습니다. 그들은 차분하고, 육체적으로 고되지 않습니다. 그들은 바느질을 하거나 옷감을 짜거나 상자나 활과 화살을 만드는데, 우리가 취미나 공예를 즐기듯이 그런 일을 즐기는 것 같습니다. 시간압력이란 없지요.(그왠네 214)

4차 산업혁명 이후의 사람들

소수의 사람들이 유랑하던 구석기 시대에나 적정 규모의 사람들이 모여 살던 신석기 시대에는 누구나 자신이 필요로 하는 물건을 자신이 생산하여야 했기 때문에 남을 위해 생산할 필요가 없었다. 하지만 도시혁명 이후 수평적 분업과 수직적 분업이 고도화되면서 우리는 누구나 남을 위해, 그리고 산업혁명 이후에는 자신이 필요로 하는 물건을 구입할 돈을 위해, 살아야만 하게 되었다.

하지만 이러한 삶의 방식이 영원불변하리라 생각할 필요는 없다. 산업혁명을 거쳐 오면서 우리의 삶의 방식이 계속 바뀌어온 것처럼 이러한 분업적인 삶의 방식도 변경될 수 있다.

우리가 고객조립DIY: Do-it-yourself 가구를 구입하는 경우 우리는 반제품인 가구를 받게 된다. 다시 말해 우리가 가구를 제대로 사용하기 위해서는 반제품인 가구를 조립해야만 한다. 이런 조립필요가구의 대표적인 예는 스웨덴의 가구회사이자 우리나라에서도 영업을 하고 있는 이케아IKEA이다.

이케아는 깨끗하면서도 저렴한 북유럽풍 디자인의 제품을 판매한다. 이케아가 낮은 가격을 유지하는 방법은 바로 덩치 큰 상품들을 조립하지 않은 상태로 판매하는 것이다. … 고객은 이케아 상자를 집으로 운반해 가구를 조립하는 그림자노동 [즉 원래는 공급자가 하던 일을 소비자가 대신하는 노동]을 시작한다. 즉 고객은 가구 제조 공장 노동자들이 월급을 받고 하는 일을 직접 해낸다. 그 과정이 항상 쉬운 것은 아니다.(램버트 98)

지은이의 개인적인 경험에 따르면 간단한 것은 30분, 조금 복잡한 것은 1시간 정도 시간과 정열을 쏟아 가구를 조립하여 사용하게 된다. 때로 우리는 내가 '사온' 가구보다 내가 '조립'한 가구에 더 자부심을 가질 수도 있다. 인간은 자신이 신체를 움직여 나온 결과물에 대하여, 특히 그것이 자신의 소유여서 생산물로부터 소외가 일어나지 않을 때, 더 큰 만족을 느끼는 존재이기 때문이다.

"실험 참가자들은 실용적인 제품이든 재미 삼아 만든 제품이든 미숙하나마 자신이 직접 만든 것이 전문가가 만든 것만큼이나 가치가 있다고 생각했다. 그리고 다른 사람들도 자신과 똑같이 생각할 것으로 기대했다." 물건을 만드는 일은 사용자의 자부심과 능력을 높인다. 그리고 그렇게 만든 물건은 만든 사람의 전문성을 보여주는 훌륭한 전시품이 된다. 이케아 효과는 보람으로 가득 차 있다.(램버트 99)

하지만 만약 우리에게 그러한 가구의 설계도가 있고, 그러한 설계도에 따라, 나무를 깎아 내거나 삼차원 프린팅을 할 수 있다면, 사실 그러한 DIY 가구를 구입할 필요조차 없다. 나는 가구의 원재료인 나무들과 나무들을 조립할 나사못 몇 개를 구입하여 자르고 조립하여, 내가 '조립한' 가구가 아니라 내가 '만든' 가구를 사용할 수 있다. 이렇게 되면 가구뿐만 아니라 다른 물건들도 만들 수 있고, 좀 더 전문적인 출력이 필요한 부품의 경우에는 지역의 출력소나 메이커스페이스나 팹랩 같은 작업장을 이용할 수도 있다.

> 싱기버스닷컴Thingiverse.com 같은 인터넷 사이트에는 그러한 설계도가 수천 개나 올라와 있다. 3D 프린터는 컴퓨터 제어를 통해 재료(대개는 플라스틱인데, 최고급 프린터의 경우는 도자기나 강철도 이용할 수 있다.)를 겹겹이 쌓는 적층 가공법으로 물건을 만들어 낸다. 한 번에 하나씩 물건을 만들기 때문에 사용자는 그때그때 필요에 맞게 물건을 만들 수 있다.(램버트 100)

앞에서 이미 본 것처럼 4차 산업혁명은 바로 이러한 가능성을 우리에게 제공한다. 이렇게 내가 필요한 것을 내 스스로 만들 수 있다면 내가 하는 노동은 여가와 구분되는 소외된 노동이 되지 않을 것이다. 이것은 도시혁명 이후로 인간에게 영원한 형벌처럼 주어졌던 노동의 소외가 극복되는 획기적인 사건이다. 물론 이렇게 되기까지 우리는 조금 더 기다려야 할 것 같기는 하지만 그렇다.

하지만 귀촌이나 귀농을 생각하거나 실천한 사람이라면 적어도 텃밭에서 가꾸는 식품재료에 관한 한 이렇게 노동과 여가가 일치된 생산을 할 수 있다. 물론 텃밭에서 작물들을 심어서 먹으려고 하면, 산업사회의 체계 속에서 살아가는 사람들은 대부분의 여가시간을 텃밭에 투자해야 한다. 땅은 쉽게 소출을 허락하지 않기 때문이다. 하지만 자가제조술처럼 예컨대 수경재배술이 발달한다면 텃밭이 없더라도 그러한 삶은 앞에서 인용한 19세기 미국 뉴잉글랜드 농부의 삶에 가까이 갈 수 있다.

> 나와 나의 가족은 농장에서 나오는 수입으로 만족할 만한 생활을 하고 있다. 나는 소금과 못 같은 것을 사는 데 1년에 10달러 이상을 쓰지 않기 때문에, 매년 백오십 달러의 은화를 번다. 우리 농장에서 모든 것이 생산되므로 먹고 마시고 입을 것은 아무 것도 사지 않았다.(유엔 111 재인용)

하지만 19세기 미국 뉴잉글랜드의 삶은 산업혁명의 성과들이 반영되지 않은 삶이었다. 라디오도 텔레비전도 인터넷도 없는 삶이었다. 하지만 4차 산업혁명을 통하여 우리는 이러한 산업혁명의 성과들을, 자가발전을 통하여, 누리면서도 필요한 원자재정도만을 구입하는 수준에서 나와 내 가족을 위하여 내가 노동하는 자족적인 삶을 꿈꿀 수 있게 되었다. 물론 이렇게 살아가도록 기본적인 장비를 갖추고 필요한 원자재를 구입하는 자금을 어떻게 마련할 것인가는 또 다른 문제이다. 이런 문제를 해결한다면 성공한 레게 밴드의 베이스 기타 연주자인 스틸처럼 살 수 있다.

그들은 농가에 설치한 태양 전지판에서 전기를 얻는데, 최소한의 필요를 충족할 만큼은 된다. … 나무를 태워 쓰는 효율적인 난로로 단열이 잘된 집에 난방을 제공할 수 있다. 장작을 톱질해서 가르고 쌓는 일은 모두가 참여한다. 물은 자체 우물에서 공급받는다. 즉 이 집단은 주요 공공시설이 전혀 없이도 살 수 있다. 또한 그들은 대부분의 식재료를 재배하고 닭을 길러 달걀을 얻는다.

스틸은 다음과 같이 설명한다. "우리는 가능한 소비자가 아니라 생산자가 되려 한다. 우리는 가게에서 물건을 많이 사지 않는다. 물건을 직접 만들면 품질이 훨씬 더 좋을 뿐 아니라 생산자가 되는 즐거움도 누릴 수 있다. 정신적, 육체적으로, 영적으로 훨씬 더 만족을 느낀다. 돈도 덜 쓰고, 운동도 더 많이 한다. 그러니 건강에도 좋다. 또한 에너지를 직접 만들어 사용하기 때문에 정전을 걱정할 필요도 없다. 정말 건강에 좋은 생활 방식이다."(램버트 79-80)

만약 가까운 미래에 자가제조술이나 수경재배술이 우리가 예상하고 있는 수준까지 완성될 수 있다면 우선 은퇴자들은 은퇴연금을 통하여 이러한 기본적인 장비와 원자재를 구입함으로써 자족적인 삶을 살아갈 수 있을 것이다. 산업사회에서 노동자들은 은퇴의 시점까지 마치 노예처럼 땀 흘려 일만 하고 은퇴 후에는 마치 동화 속의 베짱이처럼 쉬고 놀기만 하는 삶을 꿈꾸었지만, 자가제조술과 수경재배술을 이용한다면 적당하게 노동하고 적당하게 즐기는 삶을 살 수도 있을 것이다.

하지만 왕성하게 활동해야 할 젊은 나이에 로봇에 의해서 실직당하는 사람에게 이러한 자가제조술이나 수경재배술이 어떤 소용이 닿을까? 오늘날 대개의 중산층은 자기 월급의 몇 개월 정도의 금액밖에 통장 잔고가 없다고 알려져 있는데, 아디다스의 스피드 팩토리와 같은 방식의 4차 산업혁명의 제조업이 형성되어 대규모 실업이 생겨나게 된다면 오히려 도시혁명 때와 같은 사회분열이 생겨나지 않을까?

2. 새로운 러다이트운동과 새로운 차티즘

4차 산업혁명은 이전의 산업혁명들과 마찬가지로 새로운 기술을 통한 혁명이다. 1장에서 이미 검토한 것처럼, 4차 산업혁명에서 우려되는 사회적 문제들 중에서 가장 심각한 것은 실업과 이로 인한 사회의 양극화이다. 1차 산업혁명에서 인류는 이미 기술을 통한 실업이라는 현상을 경험하고 그것에 저항했었다. 그러한 저항은 그 지도자의 이름을 따라 러다이트 운동이라 불렸다.

하지만 이러한 저항운동은 사실 산업혁명의 초기에 이미 예견된 일이었다. 다축 방적기를 만든 하그리브스는

수세기 동안 랭커셔 지방에서 길드를 형성해 면직물 생산을 통제하던 장인들에게 환영받지 못했다. 하그리브스가 발명한 다축 방적기로 방적공 1인당 생산량이 급증하면서 실 가격이 폭락했기 때문이다. 그래서 랭커셔 지방 방적공들은 다축 방적기를 적대했다. 한번은 성난 몇몇 사람이 하그리브스 집에 들이닥쳐 새로 만든 다축 방적기 20개를 불태웠다. 하그리브스는 잉글랜드 중부 도시 노팅엄으로 거처를 옮겼

다.(앤더슨 61-62)

러다이트 운동은 산업혁명이 진행 중이던 영국에서 1811년에서 1817년 사이에 가공의 인물로 의심 받는 네드 러드Ned Ludd라는 인물을 중심으로 이루어졌다. 이 당시만 하더라도 부유층 남성만이 투표권을 가지고 있었으며, 이들 젠틀맨들은 증기기관이 등장하자 이를 이용하여 숙련 작업들을 기계가 대신하도록 함으로써 값싼 노동력인 비숙련공들을 고용하였다. 이로 인한 실업에 좌절한 숙련공들이 기계파괴운동을 통해 빈부의 격차에 저항하였다. 이에 대해 정부는 강력하게 대응하여 불법적인 파괴운동을 근절시켰다. 하지만 이는 1799년에 제정된 단결금지법을 폐지하고 노조설립과 단체교섭을 인정받는 계기가 되었다.(Wikipedia "Luddite")

오늘날 우리가 당연한 것으로 생각하는 보통선거 즉 국민 누구나 투표권을 갖는 권리는 이러한 러다이트운동의 연장선상에서 이루어진 차티스트운동을 통하여 확립되었다. 1838년에 윌리엄 러벗William Lovett 등이 발표한 인민헌장People's Charter이 이 운동의 중심이었기에 이 운동은 차티즘 혹은 차티스트 운동이라고 불린다. 이 운동은 여러 차례의 시도에도 불구하고 러다이트 운동처럼 실패하고 말았으나, 여론의 변화를 유도하여 1884년 선거법이 개정되고 남성에 한하여 보통선거가 정착되었다. 여성은 1928년에 가서야 선거권을 인정받았다.(Wikipedia "Chartism")

인류역사에서 평등한 부족사회가 있었고 그러한 평등의 전통이 현대 민주주의의 핵심이라고 보는 보엠의 관점에서 보면, 이러한 운동들은 도시혁명으로 인하여 수립된 수직적 분업이, 아테네에서 비롯되었다고 믿고 있지만 실제로는 그보다 훨씬 오래전에 부족사회에서 확립된 평등주의의 재도입으로 인하여, 비록 영국이라는 한정된 지역에서이기는 하지만, 해체되는 과정이다. 물론 이러한 해체에도 불구하고 가진 자와 가지지 못한 자 간의 실질적인 불평등은 여전히 남아있다. 이렇게 본다면 정치적인 수직적 분업은 해체되었지만, 경제적인 수직적 분업은 여전히 잔존하고 있다고 보아야 할 것이다.

4차 산업혁명이 대량 실업과 양극화로 이어지든 그렇지 않든 간에, 이렇게 보면 도시혁명의 그림자는 아직도 길고 진하다. 민주주의의 도입으로 평등주의가 우리 삶의 원칙이 되었음에도 불구하고, 경제적 평등은 여전히 아직도 달성해야 할 이상으로 간주되고 있다. 심지어 4차 산업혁명으로 경제적 평등은 더욱 열악한 상태에 빠질 것이라는 예상도 강화되고 있다.

함께 사는 사람의 숫자가 적었던 부족사회에서 정치적 수평화는 물론이고 경제적 수평화 또한 완벽에 가깝게 수립되었다. 큰 사냥감을 평등하게 나누었을 뿐만 아니라 그 사냥의 업적을 자랑하는 일조차 회피되었다. 사냥의 업적은 사냥감에 꽂힌 화살의 소유자에게 돌아갔기 때문에, 심지어 그들은 화살을 서로 교환함으로써 사냥의 업적이 그리고 그것에 따르는 분배의 권리가 무작위적으로 배정되도록 했다.(보엠 90)

젊은 사람이 많은 고기를 사냥할 때, 그는 자신을 추장이나 중요인물로 생각하게 되고 나머지 우리들을 그의 하인이나 열등한 사람으로 생각한다. 우리는 이를 받아들일 수 없다. 우리는 떠벌리는 사람을 거부한다. 왜냐하면 언젠가 그의 자부심 때문에 그가 누군가를 죽일 것이기 때문이다. 그래서 우리는 언제나 그의 고기를 가치 없다고 이야기한다. 이러한 방식으로 우리는 그의 심장을 식히고 그를 점잖은 사람으로 만든다.(보엠 89-90)

이렇게 보면, 4차 산업혁명이 야기하는 새로운 러다이트운동은 과거의 러다이트운동에 이어서 인간의 삶의 방식을 '정치'적 평등에서 '경제'적 평등으로 가져가고자 하는 운동이라고 볼 수 있다. 이러한 새로운 러다이트 운동도 과거의 러다이트 운동처럼 민주주의적인 사회적 의사결정인 차티즘으로 끝나게 될 수도 있는데, 과거의 차티즘의 성과가 노동자의 적절한 '임금'을 보장한다는 사회적 의사결정이었다면, 새로운 차티즘의 성과는 국민의 적절한 '수입'을 보장한다는 사회적 의사결정일 수 있다. 이러한 운동이 실제로 발생할 것인가 여부와 상관없이 우리가 걸어가야 할 길은 산업문명을 가지고 부족사회의 이상적인 평등주의로 돌아감으로써 도시혁명의 부작용을 극복하는 것이다.

3. 보편적인 기본소득

노동의 종말과 보편적인 기본소득

4차 산업혁명이 우리에게 가져올 충격을 가늠해 보면, 가장 먼저 대두되는 것은 노동의 종말 즉 실업의 문제이다. 1995년에 워싱턴 경제

동향연구재단의 설립자인 제레미 리프킨Jeremy Rifkin은 이미 『노동의 종말』을 선언하였는데, 그는 미래에 인류가 소수의 노동만으로도 경제적 삶을 영위할 수 있을 것이라고 예언하였다. "아마도 2050년쯤이면 전통적인 산업 부문을 관리하고 운영하는 데 전체 성인인구의 5 퍼센트 정도밖에 필요하지 않게 될 것이다. 모든 나라에서 노동자가 거의 필요치 않는 농장, 공장 및 사무실이 일반화될 것이다."(리프킨 20)

세계경제포럼의 일자리 관련 보고서는 향후 5년간 전 세계 고용의 65%를 차지하는 선진국 및 신흥시장 15개국에서 일자리 710만 개가 사라지고, 4차 산업혁명으로 210만 개의 일자리가 창출되어, 종합적으로 보면 500만 개의 일자리가 감소할 것이라고 전망하고 있다. 이러한 전망에 따라 우리 국민 10명 중 9명도 4차 산업혁명으로 일자리가 줄어들 것이라고 예측하고 있다.

'4차 산업혁명=일자리 감소'란 공식은 이후 꾸준히 재생산돼오면서, 우리 인식 속에 자리 잡았다. 이제 이 공식은 너무나도 자연스럽게 4차 산업혁명의 특징 중 하나로 여겨지게 될 지경이다. 4월27일 한국언론진흥재단 미디어연구센터가 발표한 온라인 설문조사 결과에 따르면 응답자의 89.9%가 '4차 산업혁명으로 전체적인 일자리가 줄어들 것'이란 항목에 동의했다. 그러니까 국민 10명 중 9명은 4차 산업혁명으로 일자리가 줄어들 것으로 보고 있다는 것이다.(김경민 〈시사저널〉 2017. 5. 3)[12]

이러한 일자리 감소의 한 극단적인 예는 패스트푸드 산업의 일자리이다. 대표적인 패스트푸드업체인 맥도날드McDonald는 전 세계 3만개 이상의 점포에 180만 정도의 인원을 고용하고 있다. 패스트푸드 산업은 임금이 낮고 복지혜택도 적어서 별 대안이 없는 근로자들을 위한 민간 부문의 안전망 역할을 해왔다고 평가받는다.

> 샌프란시스코의 벤처기업인 모멘텀 머신즈Momentum Machines사는 고급 햄버거의 생산을 완전 자동화하는 데에 착수했다. … 이 기계는 고기만 다루는 것이 아니라 햄버거 빵도 앞뒤로 굽고, 토마토, 양파, 피클 같은 것들도 썰어 넣을 수 있는데, 이 모든 작업을 특정 고객의 주문을 받은 다음에 수행할 수 있다. 패티, 빵, 야채가 한데 모여 즉시 먹을 수 있는 상태가 된 햄버거가 컨베이어 벨트를 타고 도착한다.(포드 41)

일본의 초밥식당 체인 쿠라Kura는 자신들의 262개의 식당을 이미 이러한 방식으로 운영하고 있다.(포드 45) 이러한 기계가 맥도널드에 도입된다면 어떤 일이 벌어질 것인가? 이제까지의 산업사회가 이러한 도전에 응전하는 한 방식은 적극적인 재교육 및 재취업 정책이었다. 실업급여를 제공하고, 새로운 직업훈련을 실시하고, 직업을 알선하는 국가사회의 노력으로 이러한 실업사태에 대처하였다. 하지만 이러한 재취업 정책이 4차 산업혁명에서도 제대로 작동할 것인지 의심스럽다.

왜냐하면 앞에서 이미 지적하였던 것처럼 손발을 대체하던 반자동화 기계는 그것을 조작할 인간을 필요로 했지만 손발은 물론이고 머리까지 대체한 자동화 기계는 그것을 조작할 인간까지도 필요로 하지 않기 때문이다. 결국 이러한 기계들이나 제조과정들을 디자인하거나 시장을 조사하고 분석하는 소수의 전문가들만이 사회적 지위를 획득하고 단순 노동자는 사회적 지위를 상실하는 상황으로 전개될 수밖에 없다고 보인다.

물론 이러한 상황에서 국가사회는 둘째 응전방식인 복지정책의 확대를 수행할 것이다. 왜냐하면 우선 대량소비가 없다면 대량생산을 유지하는 것은 불가능하고 경제공황을 불러오게 될 것이며, 경제공황으로 국민다수가 빈곤에 빠질 때에 정치적으로 그러한 국가가 민주주의로 남을 가능성이 희박하기 때문이다.

이러한 염려에서 자본주의적 사고체계에 동조하는 진영에서 제안하고 있는 것은 역소득이다. "역소득세는 정부가 저소득자에게 지급하는 보조금으로, 예를 들어 50퍼센트의 역소득세를 받는 경우 근로 소득으로 1달러를 벌면 정부가 50센트를 추가로 지급해주는 식이다."(체이스 61) 하지만 사회주의적 사고체계에 동조하는 진영에서는 이러한 세제가 역소득세를 받는 사람들에게 차별시정조치affirmative action 즉 역차별reverse discrimination처럼 부정적인 효과(싱어 92)를 줄 수도 있다는 점에서 반대한다.

4차 산업혁명 또한 1차 산업혁명과 같이 실업문제를 야기하겠지만, 1차 산업혁명 때와 달리 오늘날의 국가들은 국민 복지를 지향하고 있기 때문에, 복지정책을 통하여 실업자들의 최소한의 인간적인 삶을 보장할 것이라고 낙관적으로 예상할 수 있다. 그러나 역소득세와 같은 방식들로 보장하는 인간적인 삶이 과연 진정으로 인간다운 삶이냐는 반론 또한 있다.

이러한 반론은 예를 들면, 정의의 문제를 집중적으로 다룬 철학자 존 롤스John Rawls가 구분한 개념, 즉 '자산조사에 입각한 복지국가'와

'재산소유 민주주의'에 근거할 수 있다.

> 오히려 롤스는 복지국가, 특히 자산조사에 입각한 복지국가에 반대한
> 다. 자산조사에 의한 복지국가는 소위 구성원들의 소득과 자산을 기
> 반으로 하여 낮은 소득과 열악한 자산을 지닌 이들을 대상으로 복지
> 를 실시하는 국가를 말한다. 롤스는 자산조사에 입각한 복지국가에서
> 는 자본이 사적 기업에 장악된 상황에서 정부에 소득을 의존하는 사
> 람들과 시장에서 임금으로 자족하는 사람들로 사회가 갈라져 있음
> 을 지적하며 이런 형태의 분배는 바람직하지 않다고 힘주어 말한다.
> 자산조사에 입각한 복지가 사회를 분열시키기 때문이다. …… 롤스
> 는 애초부터 적정 소득이 분배될 수 있는 사회적 기본 제도가 갖추어
> 진 민주적 정체를 '재산소유 민주주의property-owing democracy'라고 부른
> 다.(김만권 333-34)

이러한 반론을 펼치는 이들은 자산조사국가에서는 최소한의 인간적
삶과 최대한의 인간적 삶이 대립됨으로써 실제적으로는 낙관적 전망
에서조차도 사회 내의 인간의 분열과 부정의가 극단에 달할 것이라고
경고한다. 그래서 그들은 국가의 복지정책이 자산조사에 입각할 것이
아니라 재산소유에 입각해야 한다고 주장한다. 재산소유 민주주의의
방식은 다음과 같은 것이다.

"일정 시기의 마지막 순간에 적게 가진 사람들에게 소득을 재분배함
으로써가 아니라 각 시기가 시작하는 순간 생산적 자산과 인간자본(교
육된 능력과 훈련된 기예)의 광범위한 소유를 보장함으로써 부의 집중을

피한다." 이렇게 하게 되면 "사회적으로 생산적인 자산은 일부 계층이 아니라 일반시민들의 수중"에 있게 된다. "그러므로 재산소유 민주주의에서 가장 핵심적인 것은 경쟁을 가장한 독점을 제거하고 자본소유를 분산시키는 것이다."(김만권 347)

왜 이렇게 자본소유를 분산시켜야 하는가? 왜냐하면 자본주의 사회에서 자본이 곧 권력이기 때문이다. 권력을 복잡하게 정의하거나 이해할 수도 있지만, 간단하게 정의하고 이해한다면, 권력은 자기가 하고 싶은 일을 하고 자기가 하기 싫은 일을 하지 않는 것이다. 권력이 분산되지 않는 자산조사국가에서 사회복지혜택을 받는 사람들은 복지 관료들에게 자신의 생존을 의탁하고 그들의 권력에 종속되는 사람에 불과할 위험성이 크다.

> 오늘날의 복지국가는 곤궁한 사람이 도움의 필요성을 증명할 경우에 국가가 그에게 도움을 준다는 돌봄의 원리 위에 세워졌다, … 곤궁함을 드러내기란 결코 쉽지 않다. 누군가가 자신은 도움이 필요한 곤궁한 사람임을 다른 누군가에게 증명하고 그에게서 도움을 받는다면, 이 둘은 결코 대등한 관계일 수 없다. 이것은 주권자의 모습이 아니며, 현대적 차원의 구걸일 뿐이다.(헤코 123)

이런 까닭으로 현대사회의 복지정책에 부정적인 태도를 취하는 사람들은, 4차 산업혁명으로 인하여 증대될 자산조사적인 복지혜택에 대하여 비판적인 시각을 견지하며, 복지정책을 재산소유적인 방향으로 전환할 것을 주장하고 있다. 어떻게 이러한 전환이 가능할 것인가?

재산소유 민주주의를 이루기 위한 여러 가지 실천 방안들이 있을 수 있지만, 현재 가장 강력한 후보로 거론되는 것은 보편적인 기본 소득 Universal Basic Income 제도이다.

　　　최근 노동의 자동화에 따른 글로벌 기술 실업의 문제에 대한 해법으로 '기본소득'basic income이 중요한 화두로 떠오른다. 애초 기본소득은 자산이나 소득, 경제적 능력, 고용 상태에 상관없이 매달 일정 금액을 국가에서 일괄적으로 각 국민에게 균등하게 지급 보조하는 제도로 제기되었다. 기본소득의 핵심은 생존의 기본 조건을 보장하는 취지이기도 하지만, 소비나 구매 능력 없는 다수 노동자를 배양해 시장을 살리고 이들의 실업 빈곤 범죄를 예방하는 효과를 얻으려 한다. 최근에는 기본소득의 도입이 기술 실업에 따른 경제적 궁핍을 겪을 노동자들의 우울한 미래를 대비하기 위해서 정부와 기업이 고민해야 할 근본 구제책으로 제시되고 있다. 예를 들어, 미국 오바마 대통령조차 디지털 문화 잡지 〈와이어드〉의 2016년 11월 특집호 인터뷰에서 미국 내 기본소득 도입을 우호적으로 피력한 바 있다.(이광석 〈월간 워커스〉 2016. 12. 7)**13**

　　원래 기본소득이라는 개념이 제시될 때는 국가가 국가 구성원의 최소한의 삶을 보장해야 한다는 인도주의적인 요구와, 국가 구성원은 공유재인 토지에 대한 권한을 특정 개인에게 이전하는 대신 그 대가로 위임된 공유재에 해당하는 기본소득을 받아야 한다는 권리론적인 요구가 그 근본에 깔려있었다.

하지만 오늘날 기본소득이 논의되고 있는 현실은 이것들을 넘어선다. 4차 산업혁명으로 인한 글로벌 기술 실업에 대한 대응이기도 하지만, 의료기술의 도입에 따라 급격히 생성된 노령세대의 등장에 대한 대응이기도 하며, 이러한 인구의 노령화와 실업율의 증가로 인하여 사회의 소비능력의 감소에 대한 대응이기도 하고, 마지막으로 현재의 복잡한 사회복지제도의 개선을 위한 대안이기도 하다. 이러한 측면은 4차 산업혁명과 그로 인한 대규모실업을 만들어내었다고 볼 수 있는 실리콘밸리의 대응에서도 확인할 수 있다.

> 실리콘밸리의 기본 소득 실험도 빈곤층 퇴치를 위한 기본 소득 개념과 맞닿아 있다. '테크노 엘리트'들이 기술 발전에 따른 대량 실직 사태와 빈곤층의 확대를 염두에 두고 신新 '러다이트 운동Luddite Movement'을 방지하기 위해 기본 소득 실험에 나서고 있다는 것이다. 이들은 정교한 기본소득 정책이 기술을 개발해 이윤을 추구하는 실리콘밸리 기업가와 기계와 로봇의 발전으로 직장을 잃게 될 비숙련 노동자 사이의 갈등을 완화하는 '완충 지대'를 만들 것으로 본다.(이다비 〈조선비즈〉 2018. 1. 3)[14]

기사에 따르면 실리콘밸리의 보편적인 기본소득 실험을 주도하고 있는 이는 창업 지원 기업인 와이콤비네이터Y Combinator의 샘 올트먼Sam Altman이지만 스탠퍼드대학교Stanford University도 기본소득실험실을 만드는 등 그의 아이디어에 동참하고 있으며, 유명사업가인 엘론 머스크 Elon Musk 테슬라 최고경영자나 마크 저커버그Mark Elliot Zuckerberg 페이스북 최고경영자도 이에 동조하고 있다.

이러한 실험을 두고 비판가들은 정보기술의 발달로 심화되는 기술적 실업과 이에 따른 21세기 러다이트 운동을 막기 위해 실리콘밸리가 취하고 있는 선제적인 방어 전략이라고 평가하기도 하지만, 그것보다는 오히려 실업의 증가가 구매력의 감소로 이어져 과거의 대공황과 같은 경제위기에 이르는 것을 방지하기 위한 전략이라는 관점도 있다.

이러한 실험에 대한 보다 긍정적인 비판가들은 AI와 로봇, 자동화로 인간은 놀고먹는 새 유토피아 시대를 맞이할 것이라고 주장한다. 이들은 '완전히 자동화된 화려한 공산주의'Fully Automated Luxury Communism 또는 '테크노 막시스트'Techno-Marxist라고 불리기도 하는데, 그들은 돈을 벌기 위해 일하는 노동이 인류 역사상 처음으로 사라지고 사람들은 하고 싶은 일만 하는 사회가 펼쳐질 수 있다고 주장한다. 이러할 수도 있겠지만 아무런 노력 없이 이렇게 되리라 생각되지는 않는다.

기본소득의 재원

재산소유 민주주의를 위한 기본소득제도의 도입은 4차 산업혁명의 진전과 더불어 진지하게 고려해 보아야 할 방안으로 부상하였다. 실제로 우리나라에서도 지난 대통령선거의 후보로 거론되었던 한 정치인은 기본소득에 관한 책을 공동 번역했을 뿐만 아니라 그것을 다양한 정책으로 구상하고 발표하기도 했다. 그는 기존의 예산운영을 변경하여 연간 100만원, 국토보유세를 신설하여 연간 30만원을 지불할 수 있다고 주장하였다.

이러한 기본소득이 대단히 이상적인 재산소유 민주주의의 방안인 것처럼 보이기는 하지만 가장 결정적인 문제는 그 재원의 염출 문제이다. 기존의 사회복지재원을 기본소득재원으로 사용하기 때문에 이 문제가 없다는 주장이 있기도 하다.

> 재정과 관련해서 본다면 이것은 일종의 (이득과 손실의 총합이 제로가 되는) 제로섬게임이다. 기본소득을 시행하기 위해 재정이 추가로 필요한 것은 아니다. 계좌에 더 많은 돈을 넣어야 하는 것이 아니라, 계좌에 있는 돈을 다른 방식으로 배분하는 것일 뿐이다.(헤코 138)

하지만 이렇게 기존재원만으로 기본소득을 운영하는 것은 복지제도의 배분방식의 변경에 불과할 가능성이 있으며, 기본소득이 충분히 효과를 가지기 위해서는 추가적인 재원이 불가피해 보인다. 가장 성공적인 사례라는 미국의 알라스카Alaska 주는 석유판매대금을 재원으로 하고 있으며, 실험적인 실시를 하고 있는 북구의 나라나 여타 지역도 일단은 제한된 범위에 제한된 금액으로 실험을 하고 있다.

따라서 일반적으로 재원이 이 제도의 핵심장애라고 지적된다. 공유재산에의 권리를 원래 권리자에게 돌려주자는 기본소득의 기본적인 개념을 고려하면 가장 유력한 재원 후보는 부동산세라고 할 수 있다. 어느 정도가 적절한 세율인지에 대해서는 합의가 어렵겠지만, 우리나라의 부동산 세율은 다른 나라에 비해 상대적으로 낮다. 물론 우리 세제는 소득에 과세한다는 입장에서 거래세율을 높게 매기고 있기는 하다.

자산경제의 규모가 생산경제에 비해 7배나 큰데도 여기에서 걷는 세금은 생산경제의 4분의 1도 되지 않는다. 자산경제에서 발생하는 소득은 대부분 불로소득에 가깝다. 열심히 일하는 당신은 매월 근로소득세와 주민세를 내고 있다. … 부동산 보유세 부담액이 전체 부동산 자산가치의 0.09%에 지나지 않는데도, 그것도 많다며 '세금 폭탄' 운운하는 언론 보도가 넘치는 나라이다. 실질 보유세율이 1%를 넘는 미국 같은 나라는 '세금 핵폭탄'이 떨어지는 나라란 말인가? (선대인 26-27)

언급되고 있는 대로 어떤 자산소득이 불로소득에 가깝다면, 예를 들어, 국가 전체의 부동산 가격 상승분과 서울 강남 3구의 부동산 가격 상승분이 급격한 차이가 있다면, 이러한 차등분은 불로소득에 가깝다고 해야 할 것이다. 이런 방식으로 집값이 올라 수억 원의 차익이 생겨도 1가구 1주택일 경우 시가가 9억 원을 넘지 않는 한 내야 할 세금은 없으며, 주식으로 큰돈을 벌어도 역시 내야 할 세금은 없다. 이러한 불로소득은 경제적 정의감을 심각하게 손상시킬 수 있으며, 국가는 이러한 부문을 조정해야 한다. 이러한 조정으로 기본소득의 재원을 확보할 수 있다면 이는 일석이조일 것이다.

이와 아울러 4차 산업혁명으로 인한 실업에 대한 대응으로 기본소득 제도를 실시한다면, 이러한 실업사태를 가져오는 원인들 중의 하나인 자동화기계의 소유에 대해서도 세금부과가 필요하다.

이런 관점에서 보면, 조건 없는 기본소득은 자동화에 대한 일종의 이익배당금이나 마찬가지이다. 로봇은 소득을 필요로 하지 않지만, 우리는 소득이 있어야만 살아갈 수 있다. 그래서 로봇이 우리의 일자리를 가져가 일을 하고, 임금을 필요로 하지 않는 로봇 대신 우리가 그 임금을 받는 것이다. 곧 로봇이 일을 하는 세상을 만드는 데 기여한 보상을 모두가 나누어 받는 셈이다.(헤코 41)

로봇은 임금을 필요로 하지 않지만, 로봇의 소유자는 그 임금을 필요로 한다. 그러므로 로봇의 임금을 그냥 가져오는 것은 불가능할 것이고, 로봇의 소유에 대하여 세금을 매기는 것만이 가능할 것이다. 이미 상당히 진행된 자동화에 대하여 세금을 매기기 시작한다면 자동화 속도를 조정하는 효과와 더불어 자동화로 인한 실업에 대처할 재원을 확보하는 효과도 또한 있을 것이다. 물론 이러한 세제는 국경을 넘어 전 세계가 함께 시행할 때만 실질적인 효과가 있을 수 있다는 현실적 한계점이 있다. 그러나 역으로 보면 한 나라가 이러한 세제를 채택하여 국가의 정치경제를 유지할 수 있다면 다른 나라들도 뒤따라 채택할 가능성도 있다.

생각할 수 있는 또 다른 세원은 정부가 보호하는 지적 재산권이다. 사실 지식은 이전의 지식이나 정책적인 배려에 의거하지 않고서 새롭게 탄생하기 어렵다. 먼 과거에 피타고라스와 수많은 수학자들의 기여가 없었다면, 그리고 가까운 과거에 기초과학연구를 장려한 공적 자금을 제공한 성실한 납세자들이 없었다면, 새로운 지식은 존재하지 못했을 수도 있다. 그리고 정부가 법률로 그러한 새로운 지식의 특허권을 보호해주지 않는다면 그러한 특허로부터 제대로 된 수익을 올리지 못할 수도 있다. 이러한 점들을 두루 고려할 때 지적 재산권이 그러한 재산을 소유한 특정인에게만 있다고 주장하기는 어렵다. 이런 차원에서 지적 재산권에 대한 과세도 자동화세나 부동산세와 마찬가지로 검토해볼 만하다.

기본소득을 통한 노동과 여가의 일치

자본주의 사회에서 노동자들은 노동을 통하여 자신의 생계를 유지한다. 그래서 노동은 자유로운 선택이 아니라 불가피한 선택이 된다. 노동자는 자기가 하기 싫은 일이라 하더라도 그 일을 함으로써 사회에 기여하고 그러한 기여를 바탕으로 다른 사람들의 기여에 의존하여 살아간다. 만약 이러한 기여를 하기 싫다고 한다면, 자신의 생계를 더 이상 유지할 수 없다. 그래서 마르크스는 자본주의 사회의 노동을 '강제노동'Zwangarbeit이라고 부른다.

이렇게 하여 우리는 타인을 위한 8시간의 노동과 생산, 자신을 위한 8시간의 여가와 소비로 분열되어 있다. 하지만 앞에서 본 것처럼 자신을 위한 8시간조차도 타인의 8시간에 종속되어 그 본래의 모습을 상실하고 있다. 이것이 산업사회 속의 인간의 불가피한 질병이다.

우리가 살고 있는 상황이 대체로 이러하기 때문에 우리는 일과 생활, 노동과 삶을 분리하여 생각하며, 노동은 어찌할 수 '없는' 것, 삶은 어찌할 수 '있는' 것으로 구분한다. 그리고 이러한 노동과 삶의 균형을 찾으려고 노력한다. "노동과 삶을 분리시키는 '일과 삶의 분열증'은 오늘날 우리 모두가 앓고 있는 하나의 집단적인 질병이다."(헤코 43)

'일과 생활의 균형'은 우리의 노동을 강제노역과 같은 끔찍한 것으로 만들어버린다. 그리고 우리를 어떤 때는 부지런하기만 하고, 어떤 때는 게으르기만 한 우스꽝스러운 반쪽짜리 존재로 만들어버린다. 노동의 시간도 여가의 시간도 모두가 삶의 시간이다. 그 둘을 갈라놓으면서 노동의 시간은 속박의 시간이 여가의 시간은 불모不毛의 시간이 되어버린다.(혜코 43-44)

이러한 질병의 결과는 어떠한 것일까? "우리는 노동을 삶에서 분리함으로써 노동의 가치를 깎아내리고, 나아가 노동의 주체인 우리 자신의 가치마저도 깎아내리고 있다."(혜코 43) 우리는 자신이 하고 있는 일이 남의 일이라고 생각하고 그 일을 하는 자신을 노예와 같은 존재라고 생각한다.

그리고 "노동과 삶에 대한 이러한 낡은 이분법은 실은 우리가 여가시간이라고 불리는 그 시간에도 날마다 매우 가치 있는 일을 하고 있다는 사실을 잊게 만든다."(혜코 43) 여가시간에 우리가 하는 일들은 실로 우리의 삶의 목적들이고 본질들이다. 그러나 그런데도 우리 삶의 수단들이고 도구들인 노동보다 그것들을 결코 앞세우지 않는다. 왜냐하면 그것은 돈벌이가 아니기 때문이다. 돈은 이러한 목적을 달성하기 위한 수단이었지만 어느덧 주객전도를 통하여 제일목적이 되었다. 우리는 우리가 왜 일하는지 잊고 있다. 회사일은 집안일보다 언제나 더 중요하다. 그래서 아이들 얼굴을 제대로 보지도 못하고 부모들은 오직 직장을 오간다.

기본소득을 주장하는 사람들은 이렇게 말한다. 이러한 질병이 없었던 때가 있었던가? 그렇다. "고대 아테네의 시민들은 이러한 구분에 관해 알지 못했다. 그들의 삶은 언제나 여가시간이었고, 그들이 소유한 노예의 삶은 언제나 노동시간이었다."(헤코 42) 이러한 질병이 없어질 때가 있을까? 그럴 수 있다. 그들에 따르면 기본소득이 바로 이를 해소시켜준다.

기본소득은 우리로 하여금 자신의 노동을 선택할 수 있도록 해준다. 우리에게 기본소득이 있다면 우리는 서둘러 직업을 선택할 필요가 없다. 기본소득으로 최소한의 생계를 유지할 수 있다면 우리에게 적합한 노동의 기회가 오거나 그러한 기회를 스스로 만들 때까지 기다릴 것이다. 그렇게 되면 일과 생활, 노동과 여가는 하나가 될 것이다.

> 조건 없는 기본소득은 이렇게 억압을 위한 굴레로 악용되는 노동을 해방시킨다. 기본소득이 보장되면, 노동은 더 이상 억압이나 고통으로 나타나지 않는다. 기본소득이 보장되면, 내가 하고 싶은 바로 그 일이 나의 노동이 된다. 나아가 내가 나 자신을 발전시키고 싶어 하는 바로 그 분야가 나의 노동이 된다. 기본소득과 함께라면 노동은 내게 힘과 의미를 주는 것이 되며, 완전한 인간으로서 자신을 스스로 체험할 수 있게 해주는 것이 된다.(헤코 79)

우리도 아테네의 자유 시민처럼 살 수 있다. 우리에게도 노예가, 즉 기계나 로봇이, 있기 때문이다. 그래서 우리들의 삶은 언제나 여가시간이고 기계나 로봇의 삶은 언제나 노동시간일 수 있다. 그렇게 살지 못한다고 하더라도 마치 구엔가족처럼 취미나 공예를 즐기듯이 작업을 진행할 수 있다. 이것이 기본소득을 통한 노동과 여가의 일치이다.

　이제까지 우리가 아테네의 시민이나 마치구엔가족처럼 살지 못했던 이유는 무엇인가? 그것은 인간다운 생활을 유지하기에 충분한 소득이 없었기 때문이다. 기계는 애초부터 인간의 직장을 뺏어갔다. 1811년에 시작된 기계파괴운동인 러다이트 운동에서 우리는 일찍이 이것을 보았다. 그 운동은 실패했다. 4차 산업혁명에 대응하는 새로운 러다이트 운동도 실패할 것이다. 지금 필요한 것은 러다이트 운동이 아니라 기본소득운동이다.

> 자동화가 축복이 될 수 있는 궁극적인 이유는 기계의 한 부속품으로 전락해버린 인간이 이제 그런 무의미한 노동에서 벗어나서 의미 있는 노동을 할 수 있게 되었다는 점에 있다. 그러나 오늘날 많은 사람들은 컨베이어벨트 옆에 인간이 설 자리가 없어지고 있다고 탄식만 하고 있을 뿐이다. … 하지만 지금은 오히려 그 동안 우리가 이룬 기술의 진보를 어떻게 복지로 연결할 수 있을지를 고민해야 할 때이다.(헤코 41)

　기본소득은 개인의 노동과 여가를 일치시켜 신석기나 구석기 시대의 인간의 만족스러운 삶을 회복시켜줄 수 있다. 이것은 도시혁명 이후에 인간이 간헐적으로 추구해온 자유, 산업혁명의 성과로서 자랑스럽게 제시된 자유의 새로운 버전이다. 스위스의 두 기본소득 운동가인 다니엘 헤니Danel Häni와 필립 코브체Philip Kovce는 그들의 저서『기본소득: 자유와 정의가 만나다』에서 자유를 자유I과 자유II로 구분하였다. 그들의 이러한 구분을 1, 2차 산업혁명 이후의 자유를 자유I이라고 지칭하고, 3,4차 산업혁명 이후의 자유를 자유II라고 지칭했다고 해석할 수도 있다. 1,2차 산업혁명 이후의 자유는 노동'으로부터의' 자유를 뜻하는 반면, 3,4차 산업혁명 이후의 자유는 노동 '안에서의' 자유를 뜻한다. 우리는 오늘날까지 자유I을 유일한 자유로 보고 그것을 향유하기 위해 노력을 집중해 왔다. 그들은 우리에게 이제 우리가 누려야 할 자유는 자유II라고 지적하고 있다.

그들이 말하는 자유I은 아테네를 기준으로 보면 노예의 해방에서 비롯된 것이고, 중세를 기준으로 보면 권위주의의 약화로부터 비롯된 것이다. 하지만 산업혁명을 기준으로 보면 그것은 노동 소외의 산물이다. 그래서 자유I은 노동과 대립적이며 모순적인 특성을 가지고 있다.

> 여가는 노동과 삶의 분열 속에서 생겨난 개념이다. 스위치를 켜면 작동하는 기계처럼 자신의 의지와 무관하게 노동이 행해지게 되면서 기계가 쉬어야 하는 것처럼 인간의 노동에도 여가가 필요하다는 생각이 제기되었다. 그리고 여가는 기본적으로 자신의 의도와 무관하게 행해지는 노동, 다시 말해서 일하는 사람의 사정이나 의사와는 무관하게 일하는 시간이 미리 정해져 있는 노동을 전제로 하는 개념이다. 노동이 삶의 의미를 만들어 내는 과정이 아니라 생존을 위해 어쩔 수 없이 참고 견뎌야 하는 고통스럽고 힘겨운 과정이라면 그와 같은 노동에 대한 보상으로서 임금만이 아니라 노동의 시간과는 다른 성격을 지닌 삶의 시간도 보장되어야 한다.(헤코 198-88)

이러한 다른 성격의 삶의 시간이 바로 자유시간이다. 하지만 그들이

그림 17 테슬라 자동차 공장의 조립라인

말하는 자유II는 이러한 자유I과는 다른 종류의 자유다. 그것은 변화된 생산 환경으로부터 비롯되는 새로운 방식의 자유다. 자유I이 기계화에 기인했다면 자유II는 자동화에 기인한다. "연산이 가능한 모든 것들이 자동화되어가고 있다. 실제로 은행에서도, 백화점의 계산대에서도 자동화가 진행되고 있으며, 심지어 자동차운전마저 자동화되고 있다."(헤코 201)

앞에서 이미 본 것처럼 '노동의 종말'이 오고 있다. 하지만 노동의 종말 가운데서도 살아남는 노동이 있다. 그것은 매뉴얼에 따라 조립하는 것과 같은 기계적인 일이 아니라 인간이 아니면 할 수 없는 창조적인 일이다.

그리고 이러한 창조적인 일은 그 일을 싫어하는 사람, 그만두고 싶은 사람이 할 수 있는 일이 아니다. 그 일을 즐기는 사람, 그 일에서 재미와 보람을 느끼는 사람, 자유롭게 그 일을 선택한 사람만이 할 수 있는 일이다. 어떻게 이러한 선택이 가능하게 되는가? 헤니와 코브체에 따르면 바로 기본소득을 통해서이다. 자유I이 소비에서의 자유를 의미한다면, 자유II는 생산에서의 자유를 의미한다.

조건 없는 기본소득은 우리에게 더 많은 생산의 자유를 가져다줄 것이다. 그리고 우리가 한 사람의 인간으로서 어떻게 살아갈지, 무엇을 위해 살아갈지, 어떤 일을 하며 살아갈지에 대해서도 더 많은 선택의 가능성과 자유를 가져다줄 것이다. 꼭 해보고 싶은 일이 있다면 더 이상 지금처럼 머뭇거리지 않게 될 것이다. 실패하더라도 기본소득이라는 안전한 생존의 기반이 나를 받쳐줄 것이기 때문이다. 기본소득이 시행되면, 내가 원하는 일이 무엇인지, 그리고 나를 필요로 하는 곳이 어디인지에 대해서도 나는 더 자유롭고 깊게 생각할 수 있게 될 것이다.(헤코 203)

물론 기본소득이 4차 산업혁명에 대응할 유일한 방안도 아니며, 기본소득이 반드시 작업과 여가의 일치를 보장하는 것도 아니다. 예를 들어 20여 년 전에 이미 '노동의 종말'을 예언했던 리프킨은 석탄, 석유와 같은 특정 지역에 집중된 화석 연료에 이어지는 지역적으로 분산될 수 있는 수소 연료, 주당 35시간의 노동시간을 통한 일자리 나누기와 이를 위한 정부의 지원정책, 그리고 공동체적 유대와 사회적 질서를 창출할 그가 제3의 부문이라고 부르는 시민사회와 이에 따르는 유사통화를 제안하고 있다.(리프킨 20-45)

기본소득은 4차 산업혁명에 대응하여 우리가 고려할 수 있는 한 가지 대안이며, 그러한 대안적 가능성으로서 작업과 여가의 일치를 기대해 보는 것이다. 제도나 방안은 여러 가지일 수 있겠으나, 인간이 인간성을 보존하고 발전시킬 수 있는 노력을 다해야 한다는 것은 분명하다. 이러한 노력을 통해서만 우리는 과거의 도시혁명에서 비롯된 작업과 여가의 분리를 극복하고 작업과 여가가 일치하는 새로운 도시 혁명을 이룩할 수 있을 것이다.

더 넓게 더 깊게 읽을거리

1. 그라프, 왠, 네일러, 『어플루엔자』, 박웅희 옮김, 서울: 한숲, 2004.

2. 헤니, 코브체, 『기본소득: 자유와 정의가 만나다』, 원성철 옮김, 인천: 오롯, 2016.

3. 리프킨, 『노동의 종말』, 이용호 옮김, 서울: 민음사, 2005.

제12장

4차 산업혁명과 인간의 미래

4차 산업혁명은 어떻게 보더라도 지금은 진입단계라고 보이며, 아직 성숙단계에 이르렀다고 보이지 않는다. 성숙단계에 대한 다양한 예상들이 있지만, 그러한 예상들 중에는 일정한 조건들이 달려 있거나 정확한 시기를 지정하지 않는 경우들이 많아서 그러한 예상들이 틀렸다는 것을 입증하기도 쉽지 않다. 더욱이 그러한 예상들 중에는 서로 상충되는 경우까지 있어서 어느 일방만이 정확한 예상이라고 단정 짓기도 어렵다.

이런 상황에서 우리는 이제까지 다양한 가능성들을 개방적으로 검토해 보았다. 이 책의 마지막 장인 이곳에서는 이러한 개방적 가능성들을 전제로 인간의 미래를 그려보고, 나아가 그러한 미래가 인류에게 바람직한 방향으로 전개되기 위해서 자율적인 인간이 무엇을 자신의 책무로 삼아야 할 것인가를 최종적으로 살펴보고자 한다.

1. 단절 없이 살아가기

앞 장에서 우리는 4차 산업혁명과 보편적 기본 소득을 연결시켜 생각해 보았다. 하지만 기본 소득을 이와 같은 방식으로 연결시키는 것은, 이 세상에 존재하는 일자리의 총량이 정해져 있어서 기계가 노동의 일부를 대신하면 인간의 일자리 감소는 불가피하다는 소위 노동 총량의 오류lump of labor fallacy와 같이(슈밥+ 150) 4차 산업혁명이 대량 실업을 야기하고 이것이 소득 양극화를 확대할 것이라는 가정에 근거하고 있었다. 이러한 가정에 연구자들은 대체로 동의하는 입장이지만, 모든 사람이 동의하는 것은 아니다. 그러므로 과거의 산업혁명처럼 어느 정도의 영향은 있겠지만 지금의 삶의 방식이 어느 정도 지속가능할 것으로 가정할 수도 있다. 이처럼 현재와의 단절 없이 살아가게 된다면 우리가 어떻게 살아갈지 그려보자.

켄타우로스적이고 기그적인 생산

세계적인 컨설팅 기업인 맥킨지McKinsey & Company도 자동화된 기계가 인간의 일을 어느 정도 떠맡을 것이라고 보았지만, 그들은 미래의 일자리를 논할 때 어떤 '직업'이 아니라 어떤 '직무'가 자동화될 것인지를 문제 삼아야 한다는 점에 착안했다. 그들은 앞으로 어떤 직업 자체가 완전히 없어지는 경우는 드물겠지만 근로자가 맡은 일 중 일부가 자동화될 것이며, 현재 사람이 하고 있는 직무의 최대 45퍼센트는 이미 개발되어 있는 기술로도 충분히 자동화할 수 있는 수준이라고 본

다.(체이스76) 맥킨지가 낸 보고서의

저자들은 보고서 발표 시점[2015년]을 기준으로 완전한 자동화가 가능한 직업은 5퍼센트에 불과하지만, 현존하는 직업의 60퍼센트는 그 직업을 구성하는 업무의 30퍼센트를 자동화할 수 있다고 결론지었다. 그러나 근로자의 수가 30퍼센트 감소하기보다는 기존 근로자들이 나머지 70퍼센트에 해당하는 업무를 더욱 철저히 해내면서, 결국 기계가 인간의 생산성을 향상시키는 결과에 이를 것으로 예상했다.(체이스77)

지금의 관점에서 보면 지금의 방식이 지속된다는 맥킨지의 예상이 쉽게 받아들일 수 있는 예상이다. 맥킨지의 예상에 따르면 미래 우리의 직업생활은 반은 사람이고 반은 말인 켄타우로스 모델이 될 것처럼 보인다. 이는 1997년에 체스시합에서 인공지능 딥블루에게 패했던 당시 세계 체스 챔피언 카스파로프가 제안한 모델이다.

카스파로프는 실력이 뛰어난 인간 체스 선수가 유능한 체스 컴퓨터 프로그램과 한 팀을 이루면 혼자서 대적하는 컴퓨터 프로그램을 언제든 이길 수 있다고 주장한다. 인간이 단기적으로 이해가 안 되는 수를 놓거나 직관적인 전략을 쓰는 작전으로 컴퓨터를 서서히 무너뜨릴 수 있기 때문이다. 각자 컴퓨터와 팀을 이룬 두 사람 간에 벌이는 체스 대결은 [프리스타일 체스 또는] '어드밴스드 체스' 또는 '켄타우로스 체스'라고 불린다. 카스파로프가 창시한 켄타우로스 체스 대회가 1998년 스

페인 레온에서 처음 열렸으며 이후 같은 장소에서 정기적으로 대회가 열렸다.(체이스 213)

앞에서 보았던 것처럼 오늘날 조종사들과 의사들과 변호사들은 이와 같은 형태로 작업을 한다. 조종사는 자동 조종 장치를 감독하고 이착륙의 시점에서만 3~4분 조종간을 잡는다. 의사들은 왓슨에게 진단을 시킨 다음 그 진단목록을 보면서 환자를 진료한다. 변호사들은 수많은 판례에 대한 조사는 이-디스커버리e-discovery에게 시키고 재판에서 이길 전략을 짠다. 컴퓨터가 규칙적이고 논리적이고 따분한 부분을 맡고 인간은 직관과 창의력을 효율적으로 사용하는 영역을 맡는 것이다.

미래학자 프레이 또한 극단적인 실업과 양극화에 대하여 부정적인 입장을 취했다.

현존하는 50%의 직업이 향후 사라질 것이다. 하지만 이건 인구의 절반이 실업자가 된다는 의미가 아니라 지금 산업에 종사하는 사람들이 다른 일에 종사하게 되는 것이다. … 장기고용보다는 짧게 일하는 사람들이 늘어날 것이며, 젊은이들이 한 번에 5~6개의 프로젝트에 몸담는 일도 늘어날 것이다. 그래서 나는 실업자가 늘어나기보다 오히려 이런 세세한 일들을 담당할 사람이 부족해질 것이라고 생각한다. 기본소득제를 리스크를 줄이는 안전망으로서는 좋게 생각하지만 이 개념이 나온 건 앞으로 일이 줄어들고 실업자가 늘어난다는 가정에서 기인한다. 하지만 (이 가정에 그다지 동의하지 않기 때문에) 나는 기본소득제를 꼭 적용해야 할 이유를 찾지 못했다.(김영우 〈IT동아〉 2017. 11. 23)[15]

맥킨지와 같이 미래가 지금의 방식의 연장선상에 있다고 보는 프레이의 예상에 따르면 우리의 직업생활은 현장에서 필요에 따라 사람을 구해 임시로 계약을 맺고 일을 맡기는 이른바 기그 경제gig economy가 될 것이다. 우버나 프리랜서닷컴에서 활동하는 사람들은 플랫폼을 활용하여 커다란 일들의 아주 작은 일부를 프리랜서로 담당하고 있다. 이런 현상은 기그경제, 네트워크 경제, 공유 경제, 온디맨드 경제, P2P경제, 보텀업 경제 등 다양한 용어로 지칭되고 있다. 하지만 이런 경제가 새롭게 탄생한 자영업인지 불안정한 프롤레타리아, 즉 프레카리아트precariat인지에 대한 의문도 있다. 하지만 이와 무관하게 이는 어느 정도 진행되었다.

> 이런 조직에 고용된 사람들은 급여 이외의 특전이나 혜택이 없는 저급 일자리를 놓고 서로 경쟁해야 하는 새로운 '프레카리아트precariat' 일까 아니면 자영업자일까? 이들이 일하는 환경은 네트워크 경제일까 아니면 착취 경제일까? 공유 경제가 사실은 이기적인 경제인 건 아닐까? 이런 논쟁에서 어느 편에 서건 기그 경제는 중대한 발전이다. 회계컨설팅 기업 프라이스워터하우스쿠퍼스의 조사에 따르면 미국 성인의 최대 7퍼센트는 기그 경제의 일원이다.(체이스 212)

스펙타클한 소비

생산의 부분에서 이러한 켄타우로스적인 삶이나 기그 경제적인 삶이 가능하다면, 소비의 부분에서는 어떤 삶이 가능할까? 소비의 삶에서도 켄타우로스적인 삶이 가능할 것이다. 다시 말해, 인간의 소비는 사실적 소비와 가상적 소비가 결합한 형태로 존재할 가능성이 높다. 워쇼스키Wachowski 형제 아니 자매는 영화 『매트릭스』Matrix에서 달콤한 스테이크를 먹을 때 매트릭스가 어떻게 우리 머리에 신호를 보내 꿈인지 현실인지 구분할 수 없는 스테이크 먹는 경험을 제공하는지 설명한 적이 있다. 오늘날의 가상현실은 미각에서는 아니지만 시각이나 청각에서는 이 수준에 이르고 있다. 2016년 페이스북의 자회사인 오큘러스 브이알Oculus VR이 출시한

리프트Rift는 고화질 영상을 레이턴시(지연) 없이 볼 수 있는 최초의 VR 기기다. 레이턴시는 서로 다른 곳에서 출발해서 뇌에 도달하는 두 자극이 동시에 일어나지 못하고 지연이 발생하는 현상으로, 시각이 다

그림 18 오큘러스 리프트

른 감각과 일치되지 못하면 뇌가 혼란스럽고 불만족스러운 상태가 되고, 심하면 속이 몹시 매스꺼워지기도 한다. 가상현실이 제대로 작동하면 그 효과는 놀라울 정도로 강력하다. 구별하기 힘들 정도로 현실적인 감각 데이터가 뇌에 수용되면 뇌는 '정신을 잃고' 그 환상을 현실이라 믿어버린다.(체이스 148-49)

프랑스의 문화평론가인 기 드보르Guy Debord는 20세기에 이미 이러한 가상적인 삶의 모습을 지적하였다.

인민을 매혹시키는 가장 효과적인 스펙터클은 물론 성적 쾌락의 이미지이다. 그러한 이미지가 점잖고 고상한 '에로티시즘'에서 천박한 '포르노그라피'에 이르기까지 각양각색으로 제공되는 현대 사회에서 … 그[성의] 신비는 민중을 매혹하는 신비주의로서 사방에서, 그것도 끝없이 불행히도 성에 관심을 안 가질 수 없는 신체들의 시선을 사로잡고 그들의 상상력을 지배한다. 20세기의 성이 이전 시대보다 뚜렷하게 다른 점은 바로 성이 스펙터클로서, 대중사회를 조절하는 기제로 이용된다는 점이다.(오윤 21)

물론 드보르의 논의는 성적인 스펙터클에 맞추어져 있지만, 이를 넘어서 다양한 스펙터클이 가능하다. 모든 사람이 공기가 맑고 경치가 아름다운 휴양지에서 살 수는 없다. 모든 사람이 수억 원짜리 스포츠카로 도심이나 해변도로를 질주할 수는 없다. 모든 사람이 기막힌 이성과 환상적인 사랑을 나눌 수는 없다. 하지만 가상현실에서라면 이 모든 것이 가능하다. 인류가 비트세계가 아니라 원자세계에서 얼마나 많은 성장을 할지 확신할 수 없지만, 원자세계에서 이러한 삶을 모든 사람이 누리는 것은 불가능하므로 결국 비트세계에서 인류는 이러한 가상적 삶을 지향할 것이다. 이러한 스펙터클한 비트적인 소비와 실제적인 원자소비가 결합된 켄타우로스적인 소비가 미래의 소비가 될 것이다.

2. 단절과 더불어 살아가기

4차 산업혁명이 지금의 삶의 방식을 혁명적으로 뒤흔들게 된다면, 인간의 삶의 방식은 어떻게 변화해 나갈까? 디스토피아일까? 유토피아일까? 앞 장에서 보았던 것처럼 기본소득을 주장하는 사람들은 대체로 기술혁신이 가지는 효율성을 기본소득으로 배분함으로써 유토피아적인 방향으로 시선을 돌린다. 하지만 디스토피아적인 방향으로 시선을 돌리는 이들은 기술의 변화가 인류가 그러한 대처를 할 수 없을 정도의 속도로 진행되거나 아니면 아예 대처할 수 없는 구조를 가질 것이라고 주장하고 있다.

양극화의 디스토피아

이러한 구조적 문제의 선례는 1983년 노벨 경제학상을 받은 바실리 레온티예프Wassily Leontief가 언급하고 있는 말의 경우에서 확인할 수 있다. 그는 인간과 말을 비교하면서 "가장 중요한 생산 요소로서 인간의 역할은, 말의 역할이 처음에 감소하다가 나중에 사라진 것과 같은 방식으로, 감소할 것입니다."(슈밥+ 151-52)라고 지적하였다.

> [전신과 철도가 팽창하고 있었기는 하지만 미국에서] 1840년에서 1900년까지 말과 노새가 6배나 증가해서 2,100만 마리나 되었다. 이 말과 노새는 농장에서뿐만 아니라 빠르게 성장하는 미국 도시의 중심부에서도 사람과 화물을 운송하는 전세 마차와 합승 마차에 요긴하게 쓰였다. 그러나 내연기관이 도입·확산되면서 추세가 급격하게 반전되었다. 엔진이 도시에서는 자동차에, 시골에서는 트랙터에 사용되면서 말은 무용지물이 되었다. 1960년에 미국 말 사육두수는 300만 마리로, 불과 반세기 만에 거의 88퍼센트나 감소했다.(슈밥+ 151)

인간도 생산에서 이렇게 탈락할 수 있다. 하지만 소비에서도 탈락할 수 있을까? 결코 아니다. 1929년의 경제공황에서 이미 강력하게 각인되었듯이, 소비자 없이 산업사회는 결코 유지될 수도 성장할 수도 없다. 인간과 말의 운명이 결코 똑같을 수 없는 까닭이 바로 여기에 있다. 그러나 똑같지는 않다고 하더라도 어느 정도 같을 수도 있다. 즉 말과 같이 그 '종'이 타격을 받지는 않겠지만 그 '종의 일부분'은 타격을 받을 수도 있다.

타격을 받을 그 종의 일부분은 중산층이라고 불리는 사람들이다. 중산층은 2차 산업혁명의 생산효율성과 더불어 등장한 계층으로서 산업사회의 주요한 생산자이자 또한 소비자이며, 도시혁명 이후의 정치적인 수직적 분업을 부족사회의 정치적인 수평적 분업체계로 복원시켰으며 경제적 수직적 분업까지도 수평적 분업으로 전환시킬 것으로 기대 받은 산업사회의 핵심적인 계층이다. 그러나 이러한 계층이 최근 말처럼 위기에 처해 있다.

인용되는 통계치들은 주로 미국의 경우이기는 하지만 이는 또한 글로벌 경제체제 내의 모든 나라들의 추세인 것으로 보인다. 1975년부터 2010년까지의 45년 동안의 소득추이를 보면 1인당 실질 GDP는 상당히 가파르게 상승했지만, 중간가구의 실질소득은 상당히 완만하게 상승하였으며 심지어 하락하기까지 하였다.

지난 10년간 경제활동인구의 가구당 소득을 집중적으로 분석해 보면, 중간 가구의 실질 소득은 6만 746달러에서 5만 5821달러로 하락했다.(브매 76)

실제로 경제학자 에드 울프Ed Wolf는 미국의 상위 20%가 1983에서 2009년 사이에 증가한 미국 전체 부의 100% 이상을 챙겨왔다고 밝혔다. 이것은 지난 30년 동안 나머지 5분의 4에 해당하는 인구의 실질적인 부가 감소하였음을 의미한다. 좀 더 면밀히 살펴보면, 상위 5%가 실질적인 부의 80% 이상을, 그리고 상위 1%가 40% 이상을 챙겼다.(브매 77-78)

이러한 불균형은 결국 상위계층이 경제성장의 실질적인 성과를 모두 가져갔다는 의미이며, 그중에서도 극상위에 가까울수록 더 많은 부를 가져갔다는 의미이다. 이러한 상위계층의 독점적인 부의 획득이 반

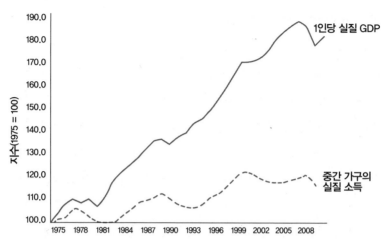

그림 19 미국의 1인당 실질 GDP 성장 지수와 중간 가구의 실질 소득 비교, 1975년-2010(브매 77)

드시 기술 발달만의 효과는 아니겠지만, 상위계층이 인간의 노동 대신에 자본집약적인 기술을 채용함으로써 생산성 향상을 꾀했던 것이 이러한 효과에 상당부분 기여했을 것이라고 보인다.

역사적으로는 산출량이 늘어나는 것은 고용 증가를 의미했다. 그러나 최근에는 경기가 회복되더라도 고용이 예상만큼 늘지 않고 있다. 국내총생산이 바닥을 치고 상승기에 접어들었어도 일자리 수는 증가하지 않았다. 역사적으로 국내총생산과 고용 사이에는 강력한 상관관계가 존재했지만, 디지털 기술의 발달이 이 둘의 관계를 약화시킨 것이다.(브매 81)

이러한 특징은 사실 앞에서 이미 지적했던 포디즘과 포스트포디즘의 차이점이다. 포디즘에서는 실업율과 성장율이 역비례 관계에 있었지만, 예를 들자면 실업율이 1% 증가하면 경제성장률이 3% 감소했지만, 포스트포디즘에서는 아웃소싱이나 오프쇼링을 통하여 실업율의 변동 없이도 경제성장이 가능하게 되었다. 포스트포디즘에서 그 수가 줄어드는 계층은 중산층이며, 그 수가 늘어나는 계층은 상위층과 하위층이다. 중산층에서 탈락한 사람들은 과거 직장보다 임금이 낮은 직장으로 밀려나게 되고 이러한 결과는 하위층 인구의 증가로 나타난다.

> 경기후퇴 기간 동안 사라진 일자리 중 약 60퍼센트가 소위 '중간 임금'을 받는 직업이었다. 경기후퇴가 끝난 이후 추가된 일자리는 어떨까? 추가된 일자리 중 63퍼센트가 시간당 13.52 달러 이하인 저임금 직업이다.(코웬 64)

결국 4차 산업혁명을 겪고 있는 사회에서는 전문 근로자들을 포함하는 고소득자들과, 컴퓨터가 대체할 수는 있지만 그렇게 하기 위해서 투입되어야 하는 기술적 비용보다 더 싸게 인간이 수행할 수 있는 허드레 일을 하는 저소득자들로 양극화 현상을 보이게 된다.

> '평균의 시대는 끝났다'는 말은 우리 세대의 상황을 여실히 드러내며, 앞으로 모든 면에서 이 말을 더욱 통감하게 될 터이다. 이 경구는 일자리의 질, 소득, 거주지, 교육, 자녀교육, 심지어 가장 사적인 관계에까지 적용될 것이다. 결혼과 가족과 비즈니스와 국가와 도시와 종교를 비롯한 모든 면에서 물질적 결과물의 격차를 목격하게 될 것이다.

이를테면 높은 소득을 올리는 부유층과 하찮은 소득에 만족해야 하는 빈곤층으로 양극화될 것이다.(코웬 16)

이러한 양극화는 숙련기술자에게 유리한 기술발달을 의미하는 '기량 편향적 기술변화'skill-biased technical change의 결과이며, 소수의 승자가 대부분의 보상을 가져가는 '승자 시장 독식'winner-take-all-markets의 결과이다.

최근 기량 편향적 기술변화에는 두 가지 특징적 요소가 있다. 로봇이나 수치 제어기계, 컴퓨터 재고 관리와 같은 기술이 발전하여 기계가 인간의 반복적인 업무를 대체하며, 이런 일을 하는 근로자들을 대신

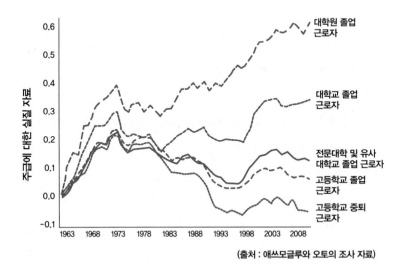

그림 20 미국 정규직 남성 근로자의 임금 변화, 1963년-2008년(브매 88)

해왔다. 반면 데이터 시각화와 분석, 초고속 통신, 빠른 시제품 제작 등의 기술 발전으로 데이터에 기반을 둔 합리적인 결과물이 쏟아져 나오면서 관련 직업의 가치를 높여 왔다.(브매 88-89)

대부분 시장에서 소비자들은 가장 좋은 것에 대해 기꺼이 웃돈을 지급한다. 만약 기술의 발전으로 단 한명이 판매할 수 있는 제품과 서비스를 값싸고 쉽게 복제할 수 있다면, 최고 품질의 제품을 만드는 한사람이 시장의 대부분을 차지한다.(브매 92)

[이에 따라 최고경영자의 중요도도 강화되었는데] 일반 근로자와 CEO의 월급을 비교해 보면, 1990년에는 70배의 차이를 보였지만 2005년에는 300배까지 늘었다.(브매 94)

디스토피아적인 견해는 이러한 양극화가 결국 인간을 과거의 영주와 같은 부자들과 과거의 농노와 같은 빈민으로 구성되는 기술적 봉건제technofeudalism를 낳을 수도 있다고 본다. 물론 중세의 농노들은 그 사회의 생산을 위해 필수적인 요소였지만 기술적 농노들은 이런 의미마저 가질 수 없다.

하지만 이러한 양극화는 인간의 자산소유에서만 이루어지지 않고 나아가 인간 자체에서도 이루어질 것이라고 보기도 한다. 생명과학의 발달에 따라서 인류가 자신을 진화시킬 수단을 개발하게 되면, 상위층이 이를 먼저 손에 넣고 활용하여 나머지 대다수 사람들과 구별되는 신체적 인지적 능력을 갖추게 되어서, 같은 조상으로 분기된 '인간'과 '침팬지'가 오늘날 존재하듯이, 내일에는 '인간'과 '초인간'이 존재할 것이라는 시나리오이다. 이는 보통 트랜스휴머니즘trans-humanism이라

고 불리며 약간의 뉘앙스 차이가 있지만 포스트휴머니즘post-humanism
이라고 불리기도 한다.

기본소득과 유토피아

인간에게 복종과 지배의 두 본능이 상존하고 있다는 보엠의 입장에
따르면 인간은 복종을 선택할 때조차도 지배의 욕망을 포기하지 않는
다. 그래서 양극화는 어떤 방식으로든 갈등을 만들어낼 뿐 평화를 가
져오지는 못할 것이다. 그래서 디스토피아적인 세계에서는 지배하는
자나 지배받는 자나 모두 안락하지 못할 가능성이 많다.

이러한 가능성을 지적함으로써 양극화를 방지하고 상호적인 승리를
가져오기 위한 방안으로 앞 장에서 이미 살펴본 기본소득을 제안하는
사람들은 대개 유토피아적인 미래를 묘사한다. 이들은 기본소득을 통
하여 적어도 디스토피아적인 미래를 방지할 수 있으며, 나아가 유토피
아적인 희망을 볼 수 있다고 주장한다.

기본소득보다는 역소득세가 개인의 노력이라는 가치를 존중하고 있
다는 점에서 자본주의적인 원칙에 더 적합하다고 볼 수도 있지만, 이
는 자산조사에 입각한 복지국가라는 롤스의 비판을 피할 수 없을 뿐만
아니라 일단 혜택을 받게 되면 혜택이 줄어드는 것을 방지하기 위하여
더 이상 소득을 늘리지 않으려고 하는 모순에 빠질 수도 있다.

자본주의적인 가치에 비중을 두면서도 기본소득에 찬성하는 이들은
대개 복잡한 복지제도를 단순화함으로써 복지정책의 효과를 개선한다
는 의미에서 기본소득에 동의한다. 하지만 이와 달리 기본소득을 가족

적인 상호부조가 해체된 산업사회의 최소한의 안전장치로 동의하는
이가 신자유주의의 아이콘이자 사회주의 비판가로 유명한 경제학자인
프리드리히 하이에크Friedrich August von Hayek이다.

> 일정 수준의 기본소득을 모든 사람에게 보장하는 일, 달리 말해 스스
> 로를 부양할 능력을 잃어도 일정한 선 이하로 생활수준이 떨어지지
> 않게 해주는 일, 이는 단순히 모든 사람을 위한 보호 차원을 떠나 위대
> 한 사회의 한 요소로서 반드시 필요하다. 위대한 사회는 자신이 태어
> 난 사회의 특정집단에 대해 개인이 스스로의 문제 해결을 위해 이것
> 저것 요구할 필요가 없는 사회이다.(포드 396)

이러한 하이에크의 생각은 물론 기본소득을 정당한 분배의 차원에
서 보고 있는 것은 아니다. 그의 시각에서 보면, 하나의 사회가 정당하
게 경쟁하는 개인들의 공동체로서의 자격을 충분히 가지기를 원한다
면 그 사회에 태어난 개인이 자신의 문제를 해결하기 위해 이것저것을
입증하고 요구하는 그러한 번잡함을 원천적으로 봉쇄할 수 있어야 한
다. 그는 이러한 조건으로 기본소득에 동의하고 있는데, 이는 자산조
사에 의한 복지국가에 대한 롤스의 비판과 상통하기도 한다.

기본소득은 여러 가지 실험이 행해지고 있기는 하지만, 아직까지 4차
산업혁명이 본격적으로 인류의 삶을 규정하지 않은 것처럼, 아직까지
본격적으로 실시된 적은 없는 제도이다. 이러한 제도를 받아들이는 데
에는, 4차 산업혁명의 새로운 삶의 방식을 수용하는 데에서와 마찬가지
로, 망설임이 있다. 하지만 미국의 독립선언문을 기초한 제퍼슨의 다음

과 같은 주장을 주목할 필요가 있다.

> "나는 헌법과 법률을 자주 개정하는 데에 찬성하는 사람은 아니지만
> 헌법과 법률은 인간정신의 발전에 발맞추어 나아가야 한다고 생각
> 한다. 인간정신이 더 진보하고, 더 큰 깨우침을 얻고, 새로운 발견이
> 이루어지고. 이를 수행하는 방법과 사람들의 의견이 달라지고, 상황
> 이 변해감에 따라 제도도 이에 발맞추어 발전해야 한다. 문명사회가
> 원시적인 조상들의 규범 속에 머물러야 한다고 주장하는 것은 어른
> 이 되어서도 어릴 때 입던 옷을 계속 입어야 한다고 주장하는 것과 같
> 다."(포드 398)

3. 인류의 피할 수 없는 선택

4차 산업혁명은 바로 이러한 상황의 변화이다. 이러한 상황의 변화
에 따라서 인류는 이제 새로운 옷을 입어야 할 시점이다. 우리는 어떤
옷을 선택해야 할까? 우리에게서 변해야 할 것은 무엇일까? 도시혁명
으로 정치적 경제적 분업이 형성되었지만, 산업혁명을 통하여 우선 정
치적 수직분업은 폐지되었다. 경제적 수직분업도 사회계층의 자유로
운 이동을 통하여 폐지되는 방향으로 가는 듯이 보였지만, 4차 산업혁
명이 진행되고 있는 오늘날 우리는 세상이 오히려 그 반대방향으로 흘
러가고 있음을 보고 있다.

개인적으로

오늘날 우리가 개인적으로 선택하기 위하여 우선 무엇을 해야 할까? 우리의 우선적 과제는 우리의 직업 활동과 컴퓨터 사용의 관계를 파악하는 것이다. 우리가 하고자 하거나 하고 있는 일이 컴퓨터에 의해서 손쉽게 대체가능하다고 한다면, 그 일을 꼭 해야 할 것인지 아니면 꼭 계속 해야 할 것인지를 고민해야 한다. 요컨대 4차 산업혁명에서 유지될 것인지 사라질 것인지를 검토해야 한다. 아울러 그러한 확률이 낮은 직업이라고 하더라도 자신의 직무 중에서 컴퓨터로 처리하는 편이 나은 부분이 어떤 것이며, 자신이 처리하는 편이 나은 부분이 어떤 것인지 확실히 파악해야 한다.

> 당신은 컴퓨터 작업에 능숙한가, 아니면 능숙하지 않는가? 당신의 숙련도가 컴퓨터 기술을 보완하는가, 아니면 당신 없이 컴퓨터가 홀로 작업할 때 성과가 더 좋은가? 보다 심각한 문제를 반영하는 질문도 빼놓을 수 없다. 혹시 컴퓨터와 경쟁하고 있지는 않은가?(코웬 17)

물론 이러한 상황에서도 앞에서 본 맥킨지와 같은 접근방식이 필요하다. 직업과 직무는 전혀 다른 개념이기 때문에 내가 하는 직무들 중의 일부를 컴퓨터가 맡을 수 있다고 해서 나의 직업이 컴퓨터에 의해서 대체된다고 생각할 필요는 없기 때문이다. 왓슨이 의사들에게 조언을 한다고 해서 의사의 업무가 없어지지는 않는다. 이-디스커버리가 변호사들의 조사업무를 대신한다고 해서 변호사의 업무가 없어지지 않는다. 기사를 작성하는 소프트웨어가 작성한다고 알려진 기사는 사실은 이디스커버리가 하는 조사업무와 같은 종류의 기사이지 민완 기자들이 작성하는 기사는 아니기 때문이다. 물론 새로운 직무나 직업도 생겨나겠지만 아직은 그것을 충분히 예상할 수 없다.

이런 관점에서 보면 전문직은 상당기간 동안 여전히 수요가 있을 것이며 상당한 보상이 뒤따를 것이지만, 컴퓨터가 대체할 수 없는 고급 능력을 발휘하는 전문직에 종사하기 위해서는 재정적으로나 재능적으로 그리고 노력에서도 남다른 투자가 필요하다. 이러한 조건들을 충족시킬 수 있다면 전문직을 선택해야 할 것이다.

이러한 전문직을 선택하지 않는 경우 과거의 중간관리직을 지향하는 것은 별로 전망이 없다. 미국의 경우 고등학교 졸업자의 실질수입은 계속 감소하여 왔으며, 심지어 최근에는 대학 졸업자의 실질수입까지 감소하고 있다. 흔한 표현으로 '중간은 없다'Average is over는 말이 산업혁명 이후 오늘날처럼 절실한 때도 별로 없었다.

> 2010년 이후로 물가상승률을 감안한 고등학교 졸업자의 임금은 2000년에 비해 11퍼센트가 떨어졌으며 4년제 대학 졸업자의 임금은 5퍼센트 이상 하락했다. 대학 졸업자의 실업률이 수년 동안 약 10퍼센트 선을 벗어나지 못하고 있으며, 불완전 고용은 거의 20퍼센트에 달한다.(코웬 15)

하지만 모든 사람들이 전문적인 직업을 선택할 수는 없다. 희망고문을 당하면서까지 전문직을 선택할 필요는 없다. 뭐든 할 수 있고 뭐든

될 수 있다는 꿈을 버릴 필요는 없지만 현실적인 한계를 냉정하게 인정하는 것 또한 지혜이다. 전문가들과 다른 차원에서 컴퓨터로 대체하기 어렵거나 대체하는 데에 비용이 많이 드는 작업들이 있다. 그것은 인류가 지적 능력처럼 수천 년 전에 비로소 시작한 것이 아니라 수백만 년 전에 시작하여 그 이후 계속 개발해온 신체적인 동작들을 필요로 하는 작업들이다.

> 시각적이면서 섬세한 동작을 필요로 하는 것들은 쉽게 자동화되지 않고 있다. 인간의 두뇌는 백만 년 이상의 진화를 통해 지속해서 개선되었으며, 섬세하고 특수한 신경 회로에 의존하여 얼굴을 인식하고, 물체를 조작하며, 비구조적인 환경 속에서도 보행할 수 있게 만든다. 다섯 자리 수 이상의 곱셈을 인간이 수행하기는 어렵지만, 시신경과 연결된 두뇌 피질은 경계를 구분하고, 시차를 인지함으로써 공간에 있는 물체의 위치를 파악하는 등 복잡한 수학 문제를 푸는 것보다 훨씬 더 어려운 일들을 매일 같이 잘 해내고 있다.(브매 105)

이러한 종류의 일들은 주로 목표의 달성을 위하여 인간의 신체적 동작을 필요로 하는 개인 서비스 분야이다. 유대인들이 자식들에게 직업 능력으로 의사와 법률가와 같은 전문가의 능력과 목수와 이미용사와 같은 신체적 능력을 겸비하도록 한 이유는 물론 그들 민족의 특별한 상황에 기인한 것이었지만, 이러한 전략은 4차 산업혁명의 상황에서도 적합한 것으로 보인다.

물론 이러한 서비스업에 사람이 몰리면 인건비가 하락하기는 하겠지만, 그러한 문제점을 제쳐 둔다면, 짧은 숙련기간을 통하여 일단 기능을 익히고 성실성을 통하여 평판을 얻게 되면, 컴퓨터와 대비하여 인간만이 가지는 강점을 십분 활용하는 작업으로 경쟁력을 가질 것이다. 이러한 선택이 고소득을 보장하지는 못하겠지만, 4차 산업혁명은 사회전체의 생산성을 매우 높일 것이므로, 커다란 수입이 없어도 과거보다는 상당히 안락하고 풍족한 생활을 누릴 가능성이 크다.

물론 제3의 선택도 가능하다. 대도시적인 삶을 등지고 소도시적인 삶이나 전원적인 삶으로 돌아가서 최소한의 도시생활이나 자급자족을 지향하며 자연과 가깝거나 더불어 사는 삶도 살아갈 수 있다. 우리는 대개 이를 귀농이나 귀촌이라고 부르지만, 서구에서는 이들을 하향이동자라고 부른다. 이러저러한 계기들로 사람들이 자신들의 삶의 규모를 줄이고 목가적인 삶으로 나아가기 때문에 이들을 자동차의 속도를 줄이기 위하여 기어를 아래로 내리듯이 삶과 소비의 속도를 줄이는 사람이라는 의미로 "하향이동자downshifters"라고 부른다.(그웬네 298)

> 그 사람들은 "먹이사슬에서 아래쪽을 먹는," 즉 채식을 하는 경향이 있고, 간소하고 실용적인 옷을 입으며, 더 오래 자고, 연료 효율이 높은 차를 사며, "내적" 생활을 함양한다. 곧, 자신의 행동이 미치는 영향을 충분히 고려하여 "의식적으로, 신중하고 계획적으로" 생활한다.(그웬네 308)

4차 산업혁명을 통하여 이러한 이동은 더욱 용이해질 것이다. 태양전지의 발달, 인터넷의 확산, 지역의 메이커스페이스 등으로 도시민으로서의 삶의 혜택을 크게 줄이지 않고도 자연친화적인 삶이 가능해졌기 때문이다. 초기의 하향이동자들처럼 극단적인 결심을 하지 않고서도 이러한 삶을 훨씬 쉽게 선택할 수 있다.

사회적으로

4차 산업혁명과 관련하여 개인적인 수준이 아니라 사회적인 수준에서 선택하려고 할 때, 우리는 산업혁명 이전으로 돌아갈 것인지, 산업혁명의 성과를 계속 유지해 나갈 것인지, 갈림길에 선다. 왜냐하면 4차 산업혁명의 여러 지표들은 이제까지의 산업혁명의 방향을 거꾸로 돌리려고 하는 것으로 보이기 때문이다. 2차 산업혁명이 중산층을 두텁게 만들었다면 3차 산업혁명은 이러한 중산층의 개인적인 수요에 적절히 대응할 수 있게 만들었다. 하지만 4차 산업혁명은 미시적으로 이러한 개인적인 수요에 계속 대응해 나가는 것으로 보이지만, 거시적으로는 2차 산업혁명의 성과인 중산층을 얇게 만들고 있기 때문이다. 4차 산업혁명에 대한 전망이 디스토피아와 유토피아로 엇갈리고 있기는 하지만 중산층의 몰락에 관한 한 이견이 없다.

중산층의 몰락 시나리오는 우리 사회의 구성원으로 새롭게 대두한 로봇을 새로운 구성원으로 포함하여 진행될 수밖에 없다. 하지만 로봇이라는 구성원은 이전의 기업가나 노동자들과 달리 자기 욕망을 가지지 않는다. 하지만 이전의 노동자들을 대체하면서 기업가에게는 노동자와 마찬가지로 생산성을 높여주며 노동자에게는 긍정적으로는 직무를 덜어주는 보조자일 수도 있지만, 보조자가 결국에는 담당자를 대체하듯이 부정적으로는 실업자를 양산하는 대체자일 수도 있다. 하지만 이러한 부정적인 효과는 기업가에게도 마찬가지로 나타나는데 그것은 시장수요의 축소이다. 로봇은 자기 욕망을 갖지 않기에 임금을 요구하지도 않지만 물건을 구입하지도 않는다. 로봇만 있다면 경제의 성장은 물론 경제의 유지조차도 불가능하다. 헨리 포드가 표준화와 컨베이어 시스템으로 향상된 생산성을 가지고 노동자에게 임금과 여가를 높여 제공함으로써 창조했던 소비자 공급을 4차 산업혁명은 중단시킬 수도 있다.

　시장유지를 위한 소득의 재분배 요구는 인권의 문제이기에 앞서서 시장경제 존립의 전제조건이다. 그래서 로봇 생산에 따르는 실업의 문제에 대한 대표적인 저술가인 마틴 포드Martin Ford는 『로봇의 부상』이라는 저술에서 이렇게 단정했다.

> 더 먼 장래에 기계가 인간의 노동을 상당 수준 대체한다고 가정하면 경제성장을 지속하는 데에 있어 구매력을 이렇게 직접 재분배하는 일은 경제에 필수적인 것이 되리라고 나는 생각한다.(포드 406)

　이렇게 소득이 재분배되는 사회의 가능한 모습은 어떠한 것일까? 중산층의 몰락을 집중적으로 조명했던 『강력한 인간의 시대』라는 저술에서 타일러 코웬Tyler Cowen의 상상은 디스토피아와 유토피아가 뒤섞인 절충안으로 보인다.

　나는 시민의 10~15퍼센트가 현대보다 훨씬 더 좋은 의료혜택을 받고 현대의 백만장자와 맞먹는 아주 부유하고 안락하며 활동적인 생활을 하는 세상을 상상해 본다. 나머지 대부분의 사람은 침체된 상태에서 벗어나지 못할 것이며 임금이 더욱 하락할 것이다. 하지만 교육과 여가생활을 저렴하게 누릴 수 있는 기회는 많아질 것이다. 이들 중 많은 수가 상당히 풍요롭게 살 것이며, 현대 기술 덕분에 가능해진 무료, 혹은 무료에 가까운 서비스에서 이익을 얻는 방법을 익힌 사람일 것이다. 그리고 나머지 사람들은 길가로 내몰릴 것이다.(코웬 336)

하지만 이러한 소득 재분배를 요구하는 두 계층이 있다는 점을 또한 고려하여야 한다. 그 하나는 점점 숫자가 증대되고 있는 노인계층이며, 다른 하나는 이러한 노인계층과 구별되는 실직계층이다. 우리 사회가 정치적으로 민주주의라는 원칙을 유지하는 한에서 앞으로의 선거에서 가장 강력한 유권자는 바로 이러한 노인계층이다. 그들은 숫자적으로 많을 뿐만 아니라 투표율도 다른 계층에 비해 훨씬 높다. 노인 인구가 폭증한 일본의 정치상황을 연구한 우치다 미츠루內田滿는 이를 『실버데모크라시』라는 용어로 요약하였다. 사회적으로나 개인적으로 더 많은 소득재분배를 필요로 하는 실직계층을 위하여 우리는 민주주의의 원칙을 저버리는 선택을 해야 할 것인가?

이와 더불어 고려해야 하는 문제는 이렇게 재분배할 소득을 어떻게 마련하느냐의 문제이다. 상위 1%가 더 많은 세금을 내면 앞으로 생길 지출을 감당할 수 있다는 것이 통설이기는 하지만, 고소득자들은 자신들이 가진 사회적 영향력을 동원하여 세율인상을 저지하고자 할 것이다. 전문직을 포함하여 상위 10%가 고소득자가 된다면, 이러한 저항은 더욱 거세질 것이다. 아울러 그들은 자신들을 방어할 많은 방법이 있다. 그들이 정책의 입안자나 비판자나 결정권자일 가능성이 높으며, 탈세가 아니라 절세를 도와줄 변호사들과 회계사들이 있고, 설혹 세율이 인상된다고 하더라도 그 인상분을 상품가의 인상 등을 통하여 서민에게 전가할 가능성이 매우 높다.(코웬 340-41) 이러한 가능성을 방지하기 위하여 거대자본을 가진 사람들에게 자본의 일부나 전부를 강제적으로 양도받음으로써 자본주의 원칙을 저버리는 선택을 해야 할 것인가?

유토피아와 디스토피아라는 표현과 비교되는 또 다른 표현은 프로토피아protopia이다. 세계 최고의 과학 기술 문화 전문 잡지 〈와이어드〉의 공동 창간자 가운데 한 명으로, 처음 7년 동안 그 잡지의 편집장을 맡았던 케빈 켈리Kevin Kelly가 제안한 이 용어는 혁명이 아니라 개량을 의미한다.

> "나는 유토피아를 꿈꾸기보다는 프로토피아를 꿈꾼다. 나는 매년 그 전년보다는 조금 나아지지만 그 차이가 아주 급격하지는 않은 점진적인 발전이 가능하다고 믿는다. 기술 덕분에 아무런 문제도 발생하지 않는 유토피아가 존재하리라고는 믿지 않는다. 모든 신기술은 그 기술이 해결해내는 것 못지않게 많은 문제를 만들어낸다." 그러나 신기술은 결정적으로, "전에 없던 선택지를 제공하고, 좋고 유용한 것들의 총합을 서서히 아주 조금씩 채워나간다."(체이스 337 재인용)

실질적으로 우리가 선택할 수 있는 방안은 아마도 이러한 점진적인 문제 해결밖에 없을 것이며, 이러한 점진적인 진전이 어떤 임계점에 이르면 배가 뒤집히는 것과 같은 혁명의 형태로 나타날 수도 있을 것이다. 하지만 조금 더 거시적인 입장에서 우주적으로 이 문제를 볼 수도 있다.

우주적으로

자본주의와 민주주의는 개인주의 철학에 기초해 있다. 자본주의와 민주주의를 새로운 기술적 환경 속에서 유지해 나갈 수 없다면 새로운 철학을 생각해 볼 수도 있다. 하나의 형이상학적인 논의로 우리는 북경 원인의 발굴에 크게 기여했던 고생물학자이자 우주가 알파점에서 출발하여 오메가점을 향하여 진화한다는 목적론적 우주론을 주창했던 떼이야르 드 샤르댕Pierre Teilhard de Chardin의 사상을 검토해 볼 수도 있다.

떼이야르는 인간의 진화를 추적하여 인간은 반성능력을 갖추었기 때문에 다른 생물종에서는 종단위로 이루어진 단위화가 인간에서는 개체단위로 이루어지게 되었다고 설명하였다.

> 세대의 고리 속에서 볼 때, 개체 하나는 중요하지 않았고 살 권리가 없었다. 개체는 자기 위로 지나가는 어떤 흐름을 받쳐주는 지점에 불과했다. … 그런데 반성의 출현과 함께 모든 게 변했다. 집단 변이의 현실 속에서 개인화individualization를 향한 행진이 비밀스럽게 시작되었다. … 전체에서 보면 세포에 불과한 개체가 '뭔가'가 되었다. 단위 물질 후에 단위 생명이 생기고 이제 '단위' 생각이 이룩된 것이다.(떼이야르 인167-68)

하지만 그는 이렇게 개인화된 인간들에게 새로운 국면이, 즉 개인화를 넘어서는 어떤 새로운 집단화가 전개되고 있다고 또한 지적하였다.

> 한 세기 전부터 전 세계에 걸쳐 그 망을 펼쳐 가고 있는 경제적, 기술적, 사회적 힘들의 작용방식을 조금이라도 분석해 본 사람이라면, 점점 우리를 가깝게 만들어 주는 에너지들을 우리가 피할 길이 전혀 없다는 사실을 결국 확실히 보지 않을 수 없게 될 것이다.(떼이야르 자174)

하지만 떼이야르는 이러한 개인화된 인간의 새로운 일체화가 과거와 같은 방식의 일체화가 될 수는 없다고 또한 지적하고 있다. 그는 그것을 차별적 일체화differentiated unification라고 불렀는데, 이는 뒤섞이지 않으면서 합류하는 일체화이다. 개체의 고유성을 유지하면서도 하나의 전체가 되는 이러한 일이 과연 가능할까?

하지만 이는 어떤 의미에서는 지극히 일상적인 현상이다. 우리가 누구를 사랑한다고 할 때, 우리가 하는 행위가 바로 이런 것이기 때문이다. "사랑하는 두 사람이 서로 자신을 상대에게 내주지 않고 어떻게 상대를 완벽하게 가질 수 있겠는가? 남과 하나가 되면서 '내가 된다'는 모순된 행위를 실현하는 것은 사랑이 아닐까?"(떼이야르 인246)

> 얼의 농축으로 이루어지는 세상의 마지막 상태는 통일성과 함께 복합성이 같이 있는 조직이 될 것이다. 그러므로 세상 끝을 개체가 완전히 사라지고 생기는 하나의 큰 중심으로 보는 것은 잘못이다. 결국 오메가는 '여러 중심들이 이룬 유기체 한 가운데서 빛나는 중심'이다. 매

우 자율적인 '하나' 아래에서 '전체'의 하나됨과 각 개체의 개체화가 서로 섞이지 않고 동시에 최고에 달한다.(떼이야르 인244)

떼이야르에 따르면 우주는 빅뱅에서부터 복잡성을 더하여 가면서 진화하여 드디어 자신의 진화를 자의식하는 인간의 수준에 이르렀다. 이제 오메가 포인트를 향한 더 이상의 진화는 인간이 이를 실감하고 자유롭게 선택하는 데에 달려있다. 이제 인간의 성공과 실패, 우주의 성공과 실패는 인간에게 달려있다. 인간은 4차 산업혁명을 통하여 오메가 포인트에 접근할 것인가?

4차 산업혁명이 자본주의 경제원리, 민주주의 정치원리, 개인주의 철학원리에 의하여 수행된다면, 대기업 정규직 노동자들은 자신들의 일자리를 다른 사람들과 나누려고 하지 않을 것이며, 일자리를 대체한 로봇의 임금은 실직한 노동자에게 주어지는 것이 아니라 로봇의 소유자에게 주어질 것이다. 중소기업 비정규직 노동자들에게 또는 실직한 노동자들에게 기본소득을 제공하기 위하여 부동산세나 자동화세나 지적재산세를 거둔다고 하더라도, 이러한 세금제도의 성공이나, 이에 근거하는 기본소득 제도의 성공은, 그리고 이를 통한 작업과 여가의 일치는, 부동산 소유자나 로봇 소유주나 지적 재산권자의 협력 없이는 성공할 수 없을 것이다.

대기업 정규직 노동자나, 부동산 소유자나, 로봇 소유주나, 지적 재산권 소유자들은 왜 이러한 4차 산업혁명에 대한 대응에 협력하거나 협력을 거부할 것인가? 그들이 협력을 거부한다면, 그것은 떼이야르의 표현에 따르자면, 그들이 접합 이기주의자joint egoist들이기 때문이다.

그들 사이에 위대한 사랑이 가능한 두 존재가 [즉 부부가] 다른 존재들의 무리 [즉 사회] 속에서 어떻게 하여 만나게 될 때, 그들은 즉각 그들 자신들을 그들의 상호적인 이익이라는 질투심이 강한 상태 속에 가두는 경향이 있다. 그들을 삼켜 버린 [사랑의] 실현에 의해 재촉을 받아, 그들은 본능적으로 다른 사람들을 배제해 버리고, 그들 자신들을 서로 속에 가두려고 시도한다.(Teilhard 75)

그는 이러한 형태로는 인류의 진화가 완성될 수 없기 때문에, 이 책의 맥락에서는 4차 산업혁명에 대한 인간의 대응이 성공적일 수 없기 때문에, 인류 진화의 한 단계로 인류가 접합 진보주의자joint progressive가 되기를 선택해야 한다고 주장한다. 그는 인간이 자의식을 가지고 생물종에서 개인주의자로 거듭났던 것처럼, 자의식을 가지고 개인주의자에서 공동체주의자로 거듭날 수 있다고 주장한다.

심연의 변두리에 서지 않고 산을 오를 수 없다. 이러한 모험은 재앙이 아니며, 우리는 추락을 피할 수 있다. '유기적 기계'organic machine가 인간의 신체에 처음으로 [초-생명적인] 사유를 방출했다. 왜 산업 기계 industrial machine가 둘째로 인류에게 [초-인간적인] 사유를 방출해서는 아니 되는가?(Teilhard 81)

4차 산업혁명이 인간존재에게 위기가 아니라 기회가 되기 위해서는, 기술의 발전을 친인간적으로 정향시키는 것도 중요하지만, 그러한 기술발전의 성과를 사회의 구성원들이 평화롭게 나누는 것도 또한 중요하다. 현상적이고 일원적인 기술의 특성상 전자는 어쩌면 불가능할 수도 있지만, 후자는 인간이 이를 하고자 결심하기만 하면 훨씬 가능한 일일 수 있다. 떼이야르의 용어를 빌어, 초인간적인 사유, 초개인적인 사유라고 부를 수 있는 이러한 신사유가 제퍼슨이 말한 상황의 변화 때문에 우리에게 필요하고 실현 가능할 수도 있다.

이러한 사유의 단초가 아직 부족하기는 하지만 이미 드러났다고 볼 사례도 있다. 극히 부유한 사람들이 자신들에게 더 많은 세금을 거두라고 요구하거나 자산 대부분을 자선 사업에 쓰기로 결정한 사례들이 있다. 월트 디즈니의 손녀 아비게일 디즈니와 록펠러 가문의 5대손 스티븐 록펠러를 포함한 미국 뉴욕의 부자들은 스스로 자신들의 조세부담률을 올려달라고, 소위 백만장자세를 부과해 달라고 청원하였으며, 마이크로소프트의 창업자인 빌 게이츠와 페이스북의 창업자인 마크 저커버그는 자신들의 재산의 대부분을 사회사업에 사용하기로 결정하였다. 물론 이들은 자신들의 자산의 운영을 사회에 위탁하기보다는 자신들의 재단을 설립하여 자신들의 계획에 따라 운영하기를 원하지만 그럼에도 불구하고 그들은 접합 이기주의를 벗어나기로 결심한 사람들이며 초-인간적인 사유를 시작한 사람들이다.

떼이야르는 인간 존재의 모든 다른 인간 존재에 대한 이러한 사랑을 인류감이라고 표현하였는데, 물론 그에게 이는 이보다 더 높은 경지의 사랑인 우주감으로 진화하는 중간단계로 평가된다. 그의 관점에서 보면 4차 산업혁명은 인류가 추가적인 진화의 기회로 삼아야 할 계기이며, 이를 통하여 인류는 인류감이라는 사랑 능력의 계발을 선택해야만 한다. 왜냐하면 인간에 대한 이러한 사랑 없이 인간은 4차 산업혁명을 기회가 아니라 위기로 경험할 수밖에 없을 것이기 때문이다.

더 넓게 더 깊게 읽을거리

1. 브린욜프슨, 매카피, 『기계와의 경쟁』, 정지훈, 류현정 옮김, 서울: 틔움출판, 2013.

2. 코웬, 『4차 산업혁명 강력한 인간의 시대』, 신승미 옮김, 서울: 이퍼블릭, 2017.

3. 떼이야르, 『인간현상』, 양명수 옮김, 서울: 한길사, 1997.

참고문헌 약어

○

[Borgmann] Albert Borgmann, *Technology and the Character of Contemporary Life*, Chicago: University of Chicago Press, 1984.

[Dreyfus] Hubert L. Dreyfus, *What Computers Still Can't Do: A Critique of Artificial Reason*, Cambridge: MIT Press, 1992.

[Dreyfus+] Hubert L. Dreyfus & Stuart E. Dreyfus, *Mind over Machine: The Power of Human Intuition and Expertise in the Era of the Computer*, New York: Free Press, 1986.

[Ihde] Don Ihde, *Technics and Praxis: A Philosophy of Technology*, Boston: D. Reidel, 1979.

[Mitcham] Carl Mitcham, *Thinking through Technology: The Path between Engineering and Philosophy*, Chicago: University of Chicago Press, 1994.

[Mumford] Lewis Mumford, *Technics and Civilization*, San Diego: Harcout Brace, 1934.

[Teilhard] Teilhard de Chardin, *Human Energy*, trans. by J. M. Cohen, New York: Harcourt Brace Jovanovich, 1971.

[강성화] 강성화, "자크 엘륄의 기술철학 연구", 서울대학교 박사학위논문, 2002.

[강원전] 강현두, 원용진, 전규찬『현대 대중문화의 형성』, 서울: 서울대학교출판부, 1998.

[그왠네] 그라프, 왠, 네일러,『어플루엔자』, 박웅희 옮김, 서울: 한숲, 2004.

[김동환] 김동환,『빅 데이터는 거품이다』, 서울: 페이퍼로드, 2016.

[김만권] 김만권,『호모 저스티스』, 서울: 여문책, 2016.

[김성동 기] 김성동,『기술 열두 이야기』, 서울: 철학과현실사, 2005.

[김성동 소] 김성동『소비 열두 이야기』, 서울: 철학과현실사, 2006.

[김성동 인] 김성동,『인간 열두 이야기』, 서울: 철학과현실사, 2002.

[김성동 현] 김성동,『현대사회와 인문학』, 파주: 연암서가, 2017.

[네이피어] 네이피어,『손의 신비』, 이민아 옮김, 서울: 지호, 1999.

[다이아몬드 제] 다이아몬드,『제3의 침팬지』, 김정흠 옮김, 서울: 문학사상사, 1996.

[다이아몬드 총] 다이아몬드,『총, 균, 쇠』, 김진준 옮김, 서울: 문학사상, 1998.

[디코] 디아만디스, 코틀러,『볼드』, 이지연 옮김, 서울: 비즈니스북스, 2016.

[떼이야르 인] 떼이야르,『인간현상』, 양명수 옮김, 서울: 한길사, 1997.

[떼이야르 자] 떼이야르.『자연 안에서 인간의 위치』. 이병호 옮김, 왜관: 분도출판사, 2006.

[램버트] 램버트,『그림자 노동의 역습』, 이현주 옮김, 서울: 민음사, 2016.

[롤랜드버거] 롤랜드버거,『4차 산업혁명 이미 와 있는 미래』, 김정희, 조원영 옮김, 파주: 다산북스, 2017.

[리프킨] 리프킨,『노동의 종말』, 이용호 옮김, 서울: 민음사, 2005

[마] 마,『빅데이터』, 안준우, 최지은 옮김, 서울: 학고재, 2017.

[마르크스] 마르크스,『경제학-철학 수고』, 김태경 옮김, 서울: 이론과실천, 1987.

[매크래켄] 매크래켄,『문화와 소비』, 이상률 옮김, 서울: 문예출판사, 1996.

[보드리야르] 보드리야르,『소비의 사회』, 이상률 옮김, 서울: 문예출판사, 1991.

[보엠] 보엠,『숲속의 평등』, 김성동 옮김, 서울: 토러스북, 2017.

[브매] 브린욜프슨, 매카피, 『기계와의 경쟁』, 정지훈, 류현정 옮김, 서울: 틔움출판, 2013.

[색스] 색스, 『아날로그의 반격』, 박상현, 이승연 옮김, 서울: 어크로스, 2017.

[선대인] 선대인, 『프리라이더』, 고양: 더팩트, 2010.

[슈밥] 슈밥, 『클라우스 슈밥의 제4차 산업혁명』, 송경진 옮김, 서울: 메카스터디, 2016.

[슈밥+] 슈밥 외 26인, 『4차 산업혁명의 충격』, 김진희, 손용수, 최시영 옮김, 서울: 넥스트웨이브미디어, 2016.

[슬레이터] 슬레이터, 『소비문화와 현대성』, 정숙경 옮김, 서울: 문예출판사, 2000.

[싱어] 싱어, 『실천윤리학』, 황경식, 김성동 옮김, 파주: 연암서가, 2013.

[아이디] 아이디, 『기술철학』, 김성동 옮김, 서울: 철학과현실사, 1998.

[앤더슨] 앤더슨, 『메이커스』, 윤태경 옮김, 서울: 알에이치코리아, 2013.

[앨초] 앨스타인, 초더리, 파커, 『플랫폼 레볼루션』, 이현경 옮김, 서울: 부키, 2017.

[엘륄] 엘륄, 『기술의 역사』, 박광덕 옮김, 서울: 한울, 1996.

[엥겔스] 엥겔스, 『영국 노동계급의 상황』, 이재만 옮김, 서울: 라티오, 2014.

[오윤] 오생근, 윤혜준 엮음, 『성과 사회』, 서울: 나남, 1998.

[유엔] 유엔, 『광고와 대중소비문화』, 최현철 옮김, 서울: 나남출판, 1998.

[쟐리] 쟐리, 『광고 문화: 소비의 정치경제학』, 윤선희 옮김, 서울: 한나래, 1996.

[전방욱] 전방욱, 『DNA 혁명 크리스퍼 유전자 가위』, 서울: 이상북스, 2017.

[체이스] 체이스, 『경제의 특이점이 온다』, 신동숙 옮김, 서울: 비즈페이퍼, 2917.

[카] 카, 『유리감옥』, 이진원 옮김, 서울: 한국경제신문 한경BP, 2014.

[카너만] 카너먼, 『생각에 관한 생각』, 이진원 옮김, 파주: 김영사, 2012.

[코웬] 코웬, 『4차 산업혁명 강력한 인간의 시대』, 신승미 옮김, 서울: 이퍼블릭, 2017.

[포드] 포드, 『로봇의 부상』, 이창희 옮김, 서울: 세종서적, 2016.

[포퍼] 포퍼, 『과학적 발견의 논리』, 박우석 옮김, 서울: 고려원, 1994.

[하이데거] 하이데거, 『기술과 전향』, 이기상 옮김, 서울: 서광사, 1993.

[헤코] 헤니, 코브체, 『기본소득: 자유와 정의가 만나다』, 원성철 옮김, 인천: 오롯, 2016.

[홉스테드] 홉스테드, 『세계의 문화와 조직』, 차재호, 나은영 옮김, 서울: 학지사, 1995.

후주

1 http://m.pressian.com/m/m_article.html?no=145601

2 http://it.donga.com/27137/)

3 http://news.khan.co.kr/kh_news/khan_art_view.html?artid=20120823212153
5&code=930401

4 http://www.scienceall.com/방적기로-산업혁명을-일구다-리처드-아크라이트/

5 http://www.time.com/time/time100/builder/profile/ford.html

6 http://www.willamette.edu/~fthompso/MgmtCon/Fordism_&_Postfordism.
html

7 http://www.hankookilbo.com/v/15c6116c6270443a8ab6102404b757a0

8 http://sitehomebos.kocca.kr/k_content/vol22/vol22_05.pdf

9 https://weloveadidas.com/2016/08/11/adidas-speedfactory/

10 http://news.hankyung.com/article/2016101678791

11 http://news.hankyung.com/article/2015021657751

12 http://www.sisapress.com/journal/article/168479

13 http://workers-zine.net/26240

14 http://biz.chosun.com/site/data/html_dir/2017/10/16/2017101600282.html

15 http://it.donga.com/27137/